河北省社会科学基金项目(HB22GL067)

数字经济核心产业创新生态系统研究

刘培琪　刘　兵　著

清華大学出版社
北　京

内 容 简 介

本书聚焦数字经济核心产业创新生态系统的结构、形成、演化与运行效率问题，基于动态语义网络分析、案例研究、仿真建模与实证评价等多元方法，剖析数字产业创新生态系统的构成要素、结构特征与演化路径，构建系统运行效率评价指标体系，测度不同区域的系统运行效率，旨在为深刻理解数字经济核心产业创新生态系统的内在规律提供理论支撑，为相关政策制定和企业实践提供决策参考。

本书主要面向从事数字经济管理实践与研究的广大读者。

图书在版编目 (CIP) 数据

数字经济核心产业创新生态系统研究 / 刘培琪，刘兵著 .
北京 : 清华大学出版社 , 2025. 6. -- ISBN 978-7-302-69311-6

Ⅰ. F492

中国国家版本馆 CIP 数据核字第 2025HQ4361 号

责任编辑： 陈　莉
封面设计： 周晓亮
版式设计： 方加青
责任校对： 成凤进
责任印制： 杨　艳

出版发行： 清华大学出版社
网　　址： https://www.tup.com.cn，https://www.wqxuetang.com
地　　址： 北京清华大学学研大厦 A 座　　**邮　　编：** 100084
社 总 机： 010-83470000　　**邮　　购：** 010-62786544
投稿与读者服务： 010-62776969，c-service@tup.tsinghua.edu.cn
质 量 反 馈： 010-62772015，zhiliang@tup.tsinghua.edu.cn
印 装 者： 三河市铭诚印务有限公司
经　　销： 全国新华书店
开　　本： 170mm×240mm　　**印　　张：** 16.75　　**字　　数：** 282 千字
版　　次： 2025 年 6 月第 1 版　　**印　　次：** 2025 年 6 月第 1 次印刷
定　　价： 98.00 元

产品编号：110806-01

作者简介

刘培琪，女，管理学博士，讲师，硕士生导师，长期从事数字创新的研究工作；主持河北省社会科学基金青年项目、河北省教育厅青年拔尖人才项目等5项，作为主要成员参与完成国家自然科学基金、国家社会科学基金项目等10余项；在《财贸研究》等期刊发表高水平论文10余篇，部分论文获人大复印资料全文转载；出版《上级监督对企业知识型员工创新行为影响研究》等学术专著2部；获河北省社会科学优秀成果奖二等奖，入选河北省优秀专家出国培训项目。

刘兵，男，工学博士，二级教授，博士生导师；主持国家自然科学基金、国家社会科学基金、国家软科学计划、河北省自然科学基金、河北省社会科学基金等项目20余项；在《科研管理》《中国软科学》等期刊发表论文80余篇，出版《区域人才聚集系统演化理论与实证研究》等学术专著6部；获得省级教学成果一等奖，省级社会科学优秀成果一等奖、二等奖等7项；2003年被批准为河北省新世纪“三三三人才工程”二层次人选，2006年被评为河北省“十大杰出青年教师”并荣记二等功，2009年被评为河北省优秀社科青年专家，2010年被评为河北省有突出贡献中青年专家，2010年入选教育部新世纪优秀人才支持计划。

前　言

数字经济的快速发展，正在深刻改变全球经济格局、产业生态和技术创新方式。数字经济核心产业(本书中简称“数字产业”)为推动社会进步和经济增长的新动力，其创新能力已成为衡量各国竞争力的重要指标。然而，如何构建适应数字经济时代的产业创新生态系统，探索其形成与运行机制，并对其运行效率进行科学评估，成为当前理论界和实践界亟须破解的难题。本书围绕数字产业创新生态系统的运行问题，按照系统结构、系统功能和系统治理的研究逻辑，进行数字产业创新生态系统的内部结构及形成过程分析；通过构建系统主体关系竞合模型，解释数字产业创新生态系统共生机制；通过构建评价指标体系，评价并对比区域数字产业创新生态系统运行效率，提出有针对性的治理策略。本书取得的创新性成果如下。

第一，系统剖析数字产业创新生态系统的结构与形成机制。本书从复杂系统理论视角出发，围绕数字产业创新生态系统的结构问题，提出系统要素识别和结构分析的方法，并通过动态语义网络分析技术揭示系统内核心要素之间的动态关联及相互作用机制。通过构建数字产业创新生态系统的基本框架和演化机制，明确资源整合、技术协同和要素聚合在系统形成中的重要作用，阐明数字产业创新生态系统的动态特性，揭示系统在不同发展阶段的结构特征和规律。

第二，揭示数字产业创新生态系统的共生机理。本书基于共生理论，深入分析数字产业创新生态系统中，不同系统要素间的协同关系及相互作用机制，从竞争、合作和竞合三个方面，构建涵盖多层次特征的共生模型。通过仿真技术对系统共生机制的运行规律进行模拟分析，揭示驱动系统共生关系发展、演化的动力因素，包括资本积累、资源瓶颈、交易成本和学习效应等。通过仿真模型揭示系统在竞争与合作环境下的动态平衡和适应性，分析系统共生结构对整体运行效能的影响。

第三，评价并对比各地区数字产业创新生态系统的运行效率。本书基于数字产业专利文本数据，对数字产业创新生态系统运行效率进行测度评价指标体系构建及实证分析，提出系统运行效率的评价方法和工具。通过开放性编码和数据分析，系统识别出影响系统运行效率的核心要素，并基于核心要素构建涵盖多维度的系统运行效率评价指标体系，包括生产制造与服务效率、资源配置与利用效率、经济效益与市场效率、业务运营与投资效率。基于评价指标体系，对我国东部、中部、西部和东北地区各省(区、市)的数字产业创新生态系统进行实证分析，揭示区域间系统运行效率差异及其背后的驱动因素。

第四，提出数字产业创新生态系统的优化策略与实施保障。针对提升系统运行效率的实际需求，本书从技术研发、政策引导、人才培养、区域协同等多个方面提出系统优化策略。技术研发方面，通过加大关键技术研发投入，提升技术创新能力；政策引导方面，通过优化政策环境，激发企业创新活力；人才培养方面，通过加强人才培养和引进，解决创新生态系统中高端人才短缺的问题；区域协同方面，通过区域间的协同发展，促进资源共享和经验交流。此外，本书详细分析保障措施的实施路径，从政策激励、制度建设到技术推广等方面，为数字产业创新生态系统的可持续发展提供实践指导。

从研究启动到最终成书，团队成员付出了极大的努力。本书得益于“河北省社会科学基金项目(HB22GL067)”和“河北省城乡融合发展协同创新中心”的支持，在此特别致谢。同时感谢河北传媒学院文化产业管理学院陈潇、张晨蕾、何明洋老师提供的支持，感谢清华大学出版社为本书提供了展示研究成果的重要平台。

2024年12月
于河北省石家庄

目 录

图表清单

图清单

表清单

第1章　绪　　论

作为全球经济增长的核心引擎，数字经济正在深刻重塑各国的产业结构和创新模式。数字产业如何通过构建和优化创新生态系统，提升其创新能力和市场竞争力，成为理论研究和实践应用中的重要课题。本章通过分析数字经济的发展趋势，揭示数字产业创新生态系统研究的重要性，阐述研究背景，明确研究问题和研究内容，并讨论本研究对学术界和产业界的理论意义与实践意义。

1.1　研究背景

1.1.1　实践背景

1. 数字经济快速发展

随着全球数字化转型的加速推进，数字经济已经成为推动世界经济增长和变革的重要引擎。根据国际经济组织的预测，数字经济在全球GDP中的占比将持续上升，数字技术的创新与应用成为各国提升经济竞争力的核心战略。数字经济不仅包括互联网、人工智能、大数据等数字技术的广泛应用，还涵盖传统产业的数字化转型。产业的数字化转型过程中，数字技术正在深刻改变核心产业的价值链、供应链和商业模式，推动产业生态系统的重塑。在此背景下，数字产业必须适应数字化转型的趋势，通过构建和优化创新生态系统，提升其创新能力和市场响应能力。然而，数字技术的发展带来前所未有的复杂性和不确定性，不仅要求数字产业具备更强的创新能力，还要求其在产业生态系统中扮演更加积极的角色。如何在复杂、多变的环境中识别、构建并维持健康的创新生态系统，成为当下产业主体和政府共同面临的重大挑战。因此，对数字产业创新生态系统形成、运行及评价等问题的研究，不仅是学术界的重要课题，还是产业界和政策制定者亟须解决的现实问题。

2. 企业创新模式转型需求

数字经济时代，创新已从企业内部的孤立活动演变为开放、协同、生态系统化的过程。传统封闭式创新模式逐渐被开放式创新模式所取代，模式的转变要求企业不能仅仅依赖内部资源，还需要整合外部资源，如与供应商、客户、竞争对手、研究机构及其他利益相关方合作。通过多方协作的方式，企业可加速技术创新、缩短产品开发周期、降低研发成本，并提高市场适应能力。然而，开放式创新也带来新的挑战，企业需要在更加复杂的生态系统中运作，生态系统涉及不同类型的合作伙伴，各类合作伙伴拥有不同的目标、资源和能力。企业不仅需要具备管理自身创新活动的能力，还需要能够协调和整合外部资源，以最大化整个系统的创新效益。因此，理解和掌握数字产业创新生态系统的形成过程、共生机理和运行效率，不仅有助于系统内部企业识别潜在的合作伙伴和竞争对手，还有助于对企业的资源配置优化和创新效率提升进行战略指导。此外，有效识别合作伙伴有助于帮助企业预见可能的生态系统变化，并制定相应的应对策略，从而在激烈的市场竞争中保持竞争优势。

3. 区域经济差异化竞争

尽管数字经济在全球范围内蓬勃发展，但其发展进程在国内不同地区表现出显著的不平衡性。东部沿海地区由于具备优越的基础设施、雄厚的资本和丰富的人才资源，成为数字经济的先行者和主要推动力。东部地区的核心产业在数字经济的推动下迅速实现转型升级，形成具有强大创新能力和市场竞争力的产业集群。相比之下，中部、西部和东北等地区，由于在基础设施、技术水平、人才储备和政策支持等方面存在短板，在数字产业创新生态系统的发展方面相对滞后。区域间数字产业创新生态系统的差异，不仅可能对未来全国数字经济的整体协调发展造成不利影响，还可能导致各地区的竞争力差异进一步扩大。因此，研究不同地区数字产业创新生态系统的运行效率，分析区域差距背后的原因，是推动区域经济协调发展、缩小区域差距的重要基础。

1.1.2　理论背景

1. 创新生态系统理论的发展与应用

创新生态系统理论最早由哈佛大学学者提出，旨在描述企业如何通过整合自身内部及外部的各类资源，并通过与外部环境的互动，形成类似于自然生态系统的创新环境(Moore，1993)。创新生态系统中各种创新主体，包括企业、大学、研究机构、政府、投资者等，通过资源共享、技术合作和市场竞争，共同推动创新活动的开展(Adner，2006；黄鲁成，2006)。创新生态系统理论强调，创新不是单个企业内部的封闭过程，而是涉及多类参与者的开放式系统，所有参与者通过合作与竞争活动，共同促进系统创新能力和整体效益的提升(Chesbrough，2006；苗红，黄鲁成，2007)。随着数字经济的发展，创新生态系统的概念得到进一步广泛应用和深入研究。然而，数字经济背景下的创新生态系统与传统创新生态系统存在显著不同，数字技术的快速发展和广泛应用使创新生态系统的结构更加复杂，参与者数量更多，系统主体间的互动关系更加紧密，系统的创新速度也极大加快(Nambisan et al.，2018；单子丹等，2022)。创新生态系统的特征变化对传统创新生态系统理论提出新的挑战，要求学术界及产业界对传统创新生态理论的内容进行扩展和深化，以解释和指导数字经济背景下的系统创新活动。

2. 共生理论与复杂系统理论的交叉应用

共生理论起源于生物学领域，主要描述不同生物物种之间如何通过互惠互利的关系实现共同生存和繁荣(Moore，1993)。在经济学领域和管理学领域中，共生理论被引入，用于解释企业与外部环境、其他企业之间的合作关系(Jacobides et al.， 2018)。共生理论强调，企业间的合作不仅可以提高资源的利用效率，还可以通过协同效应实现创新的加速和效益的最大化(Dekker et al.， 2016)。复杂系统理论则源于物理学和系统科学，旨在研究具有大量相互作用元素的系统，各类复杂系统往往表现出非线性行为、自组织特性和动态演化的特征(Holland，1992)。在创新生态系统中，复杂系统理论为理解系统内部复杂的互动关系、非线性的创新过程及系统的自适应演化提供理论工具(Holbrook，2002)。在数字经济背景下，创新生态系统的共生关系和系统复杂性显著增强，系统内部各类创新主体间的互动更加频繁且高度互相依赖。高度复杂的系统特征，使得传统的管理理论难以全面解释其运行机制(Anderson，Tushman， 2001)。因此，将共生理论与复杂系统理论相结合，可以为研究数字产业创新生态系统提供新的思路和方法。

3. 创新生态系统运行效率评价研究的发展与挑战

创新生态系统运行效率评价重点关注如何通过科学的方法和模型，评估系统在资源配置、生产制造、市场运作等方面的效率表现。传统的创新生态系统运行效率评价研究主要基于线性模型和静态分析，在分析相对简单、稳定的经济系统时具有较好的适用性(陈邑早等，2022)。然而，数字产业创新生态系统表现出更高的动态性和复杂性，传统的评价方法难以针对系统的动态复杂特征进行有效处理。数字产业创新生态系统包括物理层面的资源和技术，以及知识、数据和网络等无形资产的利用与配置。系统内的创新活动呈现出高度的动态性，且受外部环境的影响较大。因此，传统的创新生态系统运行效率评价模型难以全面捕捉系统的实际运行状况和效率表现。此外，数字技术的广泛应用及数字经济的发展，使得我国不同区域间经济发展程度的差异加大，如何科学评估不同区域的运行效率并提出改进建议，成为新的研究重点。

1.2 研究问题和研究内容

1.2.1 研究问题

1. 数字产业创新生态系统的内部结构与形成过程问题

数字产业创新生态系统不仅是产业竞争力的关键所在，还是推动经济高质量发展的重要动力，传统产业结构和生态系统逐渐被数字化、智能化的创新生态系统所取代。数字化转型需要深入理解创新生态系统的内部结构与形成过程，确保数字产业适应和引领数字经济的变革。因此，研究数字产业创新生态系统的内部结构与形成过程，是探索其内部复杂、动态演化机制的基础，也是为制定科学的产业政策和战略提供理论支持的必要步骤。数字产业创新生态系统的内部结构与形成过程研究需要明确以下问题：首先，如何识别数字产业生态系统的关键构成要素、创新主体和内部结构，通过何种方法揭示系统内不同要素间的相互关系和互动模式；其次，数字产业创新生态系统的形成及演化过程中，系统创新主体如何整合内外部资源，不同类型的创新主体及资源在系统形成过程中发挥何种作用，以及系统内部创新要素如何通过协同运作促进系统的稳定与发展；最后，如何分析数字产业创新生态系统的演化路径，数字产业创新生态系统的演化过程包含哪些阶段，以及系统演化各阶段包含哪些演变规律。

2. 数字产业创新生态系统的共生机理问题

数字产业创新生态系统内部，企业、平台、技术等要素之间的共生关系是系统稳定发展的重要保障。系统要素间的共生关系影响系统的整体效能，决定系统内资源的最优配置和创新能力的持续提升。因此，探究数字产业创新生态系统的共生机理，了解其内部共生要素之间的互动机制，是理解系统如何实现自我调节和可持续发展的关键。数字产业创新生态系统的共生机理研究需要明确以下问题：首先，如何识别并明确数字产业创新生态系统内部共生要素，如共生单元、共生平台等，系统内部共生要素具备哪些类别及特征，系统内部共生要素间如何相互作用，以及系统内部要素间的互动机制对系统整体的影响；其次，数字产业创新生态系统的共生动力来源有哪些，不同类型的系统共生动力源如何驱动或限制系统内的共生关系发展；最后，数字产业创新生态系统内部要素间的共生关系包含哪些类型，不同共生关系类型下系统共生演化结果如何，通过何种方式对系统内部要素间的共生关系进行模拟分析，如何量化评估不同共生模式下系统的运作机制和结构效应，系统在面对不同环境挑战时的应对策略和演化路径如何。

3. 数字产业创新生态系统运行效率评价与区域差异问题

在高度复杂和动态化的数字经济背景下，数字产业创新生态系统的运行效率直接影响其创新成果的转化速度和经济效益。因此，科学评估数字产业创新生态系统的运行效率，不仅有助于识别系统内部的瓶颈和不足，还为提升系统整体效能提供方向和策略。因此，构建和应用科学的系统运行效率评价体系，是确保数字产业创新生态系统健康运行的重要研究内容。数字产业创新生态系统的运行效率研究需要明确以下问题：首先，采用何种方法、技术提取影响数字产业创新生态系统运行效率的核心因素，进而识别系统运行效率评价的关键要素；其次，如何构建数字产业创新生态系统运行效率的评价指标体系，系统运行效率包含哪些维度，如何确定系统运行效率不同维度的测量指标，以及如何构建系统运行效率的完整评价模型；最后，如何对我国不同省份的数字产业创新生态系统运行效率进行评价，不同地区系统运行效率的特征分别有哪些，各地区系统运行效率存在哪些区域差异，区域差异的原因和表现形式有哪些。

1.2.2 研究内容

本书围绕数字产业创新生态系统运行问题，按照系统结构、系统功能和系统治理的逻辑，进行数字产业创新生态系统的内部结构及形成过程分析、系统共生机理仿真、系统运行效率评价，各章具体内容如下。

第1章绪论。本章包括研究背景、研究问题和研究内容、研究意义等。首先，研究背景部分，包括实践背景和理论背景的阐述，分析数字产业创新生态系统研究提出的现实背景与理论背景；其次，研究问题和研究内容部分，明确本书要解决的主要问题及所对应的三部分研究内容，即数字产业创新生态系统的结构识别、共生机理及运行效率评价；最后，研究意义部分，分别从理论意义和实践意义方面展开论述，分析数字产业创新生态系统研究的意义与价值。

第2章理论基础与文献综述。本章主要阐述本书相关理论内容，对相关领域的研究进行系统回顾，明确本书的理论框架。首先，理论基础部分，阐述资源基础理论、共生理论、复杂系统理论等理论的核心内容与观点，为研究数字产业创新生态系统提供重要的理论支撑；其次，文献综述部分，系统回顾创新生态系统、产业创新生态系统及数字产业创新生态系统的相关研究，梳理学术界相关领域的研究成果与进展；最后，研究述评部分，通过对已有研究的分析，揭示未来可能的研究方向。

第3章数字产业创新生态系统结构识别。本章重点通过动态语义网络分析方法，对数字产业创新生态系统的结构进行识别和分析。首先，研究设计部分，阐述动态语义网络分析方法的原理与应用，分析其在复杂系统语义关系构建方面的优势；其次，语义关系网络构建部分，详细阐述系统语义关系网络的构建过程，包括文本信息获取、预处理、关键词词向量的获取及最终的系统语义网络构建；再次，系统结构识别部分，通过分析系统的构成要素，识别数字产业创新生态系统的核心结构和关键要素，进一步通过语义网络分析揭示系统内各要素间的相互关系与互动机制；最后，演化路径分析部分，通过系统结构演化路径的分析，探讨系统不同发展阶段的演变规律与趋势，为理解系统的动态性提供依据。

第4章数字产业创新生态系统形成过程分析。本章基于资源编排的视角，研究生态系统在演化与治理过程中的关键步骤，探讨数字产业创新生态系统的形成过程。首先，研究思路部分，阐述资源编排与创新生态系统的关系，分析资源整合与利用在系统程序演化中的重要性；其次，研究设计与过程部分，阐述研究方法的选择、案例企业的选择与阶段划分、资料收集与处理、数据编码与数据分析等环节，为系统形成过程的深入分析提供理论基础；再次，案例分析与发现部分，研究系统构建战略的形成过程、资源编排策略的实施，以及系统最终的形成与发展；最后，系统形成过程阶段分析部分，进一步细化系统演化不同阶段的特征，揭示系统形成各阶段资源配置与战略选择对系统形成的影响。

第5章数字产业创新生态系统共生机理分析。本章主要探讨数字产业创新生态系统内的共生机理，分析系统内不同要素之间的共生关系。首先，共生要素部分，详细阐述系统共生单元、共生平台、共生界面和共生网络的定义与特征，分析系统要素在系统中的地位和作用；其次，共生动力部分，探讨资本积累、资源瓶颈、交易成本和学习效应等因素在共生关系中的驱动作用，揭示驱动因素如何影响系统内各要素的互动与协同；再次，共生结构及效应部分，通过分析系统的共生结构，探讨共生关系对系统整体效应的影响，以及系统要素共生机制对系统内资源的最优配置与利用的影响；最后，共生机制部分，进一步探讨共生演化机制、共生伙伴选择机制及共生治理机制，分析系统在不同环境下的适应性和治理模式，总结系统内不同类型的共生模式，为理解生态系统的多样性提供理论依据。

第6章数字产业创新生态系统共生机制仿真分析。本章重点通过对系统不同竞合环境进行仿真建模，明确不同竞合环境下数字产业创新生态系统的共生机制。首先，竞争共生模型部分，通过对竞争共生模型的构建与仿真，研究竞争环境下不同共生单元之间的互动机制和共生关系，揭示竞争共生模型的内在逻辑和对系统运行效率的影响；其次，合作共生模型部分，探讨合作环境下系统内不同要素之间的协同效应，分析合作共生模式下系统的结构特征及其效应；最后，竞合共生模型部分，通过整合竞争与合作的双重机制，构建竞合共生模型，并通过仿真分析，探讨系统在复杂环境下的适应性和动态平衡。

第7章数字产业创新生态系统运行效率评价要素识别。本章旨在识别和构建数字产业创新生态系统的运行效率评价要素。首先，研究设计部分，阐述研究方法的选择、研究对象的选取、文本内容的获取和预处理过程，为评价要素的识别奠定基础；其次，评价要素识别部分，通过开放性编码、轴心编码和选择性编码等方法，识别出影响系统运行效率的关键要素，并对关键要素进行分类和分析；最后，典型案例分析部分，通过选择典型案例，对评价要素进行区域性特征分析，进一步探讨要素在实际系统运行中的表现和作用。

第8章数字产业创新生态系统运行效率评价体系构建。本章重点在于构建数字产业创新生态系统的运行效率评价体系。首先，评价指标选取部分，阐述评价指标数据的选取原则和确定过程，确保评价体系的科学性和客观性；其次，评价指标体系构建部分，基于数字产业领域专利摘要文本，通过编码分析提取系统运行效率核心要素，明确系统运行效率的不同维度，进而构建系统运行效率的评价指标体系，系统地衡量各个维度效率；再次，评价模型构建部分，结合各维度指标内涵特征及测量数据特点，构建系统运行效率各维度的相应评价模型，并分析不同模型在系统运行效率评价中的应用和效果；最后，评价指标赋权部分，阐述评价指标的赋权方法和权重计算过程，确保评价体系的合理性和科学性。

第9章数字产业创新生态系统运行效率评价。本章聚焦数字产业创新生态系统的运行效率评价。首先，研究设计部分，阐述评价的整体流程，包括数据来源和评价步骤，确保评价结果的科学性和可靠性；其次，系统各维度效率评价部分，通过对生产制造与服务效率、资源配置与利用效率、经济效益与市场效率、业务运营与投资效率等维度的测量分析，全面衡量系统的运行效率；再次，系统运行效率评价结果部分，分别对我国东部、中部、西部和东北地区的系统整体运行效率及各维度效率的评价结果进行描述分析；最后，区域差异分析部分，分析我国东部、中部、西部和东北地区各省(区、市)的系统运行效率特征，揭示不同区域在系统运行效率各维度及整体的差异，结合各地区的区域及资源特征，分析系统运行效率评价区域差异的影响因素。

第10章数字产业创新生态系统运行效率提升策略与运行实施保障。本章重点探讨如何通过策略制定和实施保障来提升数字产业创新生态系统的运行效率。

首先，运行效率提升策略部分，提出多种提升系统运行效率的策略；其次，运行实施保障部分，从技术研发与推广、人才培养与引进、政策引导与激励、区域协作与经验分享等多个角度，探讨如何为系统运行效率的提升提供全方位的保障措施。

1.3　研究意义

1.3.1　理论意义

首先，数字产业创新生态系统结构识别与形成过程研究方面，本书运用动态语义网络分析方法，系统分析数字产业创新生态系统内部不同要素及要素间复杂关系。传统创新生态系统研究侧重于对生态系统中各要素功能进行描述，本书创新性地采用动态语义网络分析方法，揭示系统内各要素的语义关系，构建系统语义关系网络，明确数字产业创新生态系统的整体结构。动态语义网络分析方法在数字产业创新生态系统领域的应用，有助于促进创新生态系统研究从静态要素分析向动态关系分析发展，深化对创新生态系统复杂性和动态性的理解，为学术界提供新的研究视角和方法论工具。

其次，数字产业创新生态系统共生机制研究方面，本书通过分析数字产业创新生态系统的共生机理，扩展共生理论的应用范围。以往关于共生理论的研究，多用于解释生物学领域的问题，研究生物主体间的互利关系，本书将共生理论引入数字产业创新生态系统，分析共生单元、共生平台、共生界面等要素的相互作用机制，并探讨资本积累、资源瓶颈、交易成本、学习效应等共生动力因素对共生关系的影响。通过构建竞争共生、合作共生和竞合共生模型，揭示不同共生模式下系统的运作机制和结构特征，为理解数字经济环境下系统创新主体间的关系提供理论支持。研究结论有助于拓展共生理论在经济学和管理学领域的应用，也为未来相关领域的研究提供参考路径。

最后，数字产业创新生态系统的运行效率评价方面，本书通过构建数字产业创新生态系统运行效率评价指标体系，对我国不同省(区市)的系统运行效率进行评价对比。传统的效率评价研究多聚焦于企业或组织内部效率，本书通过开放性编码、轴心编码和选择性编码过程，构建涵盖生产制造与服务效率、资源配置与利用效率、经济效益与市场效率、业务运营与投资效率等多维度的系统运行效率评价指标体系。评价指标体系设计有助于为系统运行效率研究提供系统性框架，也为跨区域的系统运行效率比较研究提供新的理论依据。同时，通过实证分析，对我国不同地区的系统运行效率进行评价，并揭示我国不同区域间的系统运行效率差异特征，有助于丰富数字产业创新生态系统研究的理论基础，并为探索数字经济在不同地区的发展模式提供新的视角。

1.3.2　实践意义

(1) 数字产业创新生态系统结构识别与形成过程分析，有助于为企业数字化转型的战略规划提供参考依据。本书运用动态语义网络分析等分析工具，系统识别和解析数字产业创新生态系统中的关键要素及其相互关系，有助于帮助企业明确在数字化生态系统中所扮演的角色，以及与利益相关方的互动关系，从而为企业制定更加精准、有效的数字化转型战略奠定基础。通过对创新生态系统的结构识别与形成过程的探究，为企业在资源整合、协同创新及价值创造等方面提供理论支持。识别系统内的核心要素及其相互关系，有助于为同类企业在创新过程中的决策提供数据支持和分析框架。理解和把握创新生态系统的结构和形成机制，有助于企业更加有效地预测市场趋势、识别创新机会，制定相应创新战略，从而在数字化转型过程中取得领先地位。

(2) 共生机理的分析与仿真建模，有助于为企业和行业提供决策支持工具。本书通过识别共生要素，如共生单元、共生平台、共生界面和共生网络等，深入探讨共生要素在系统内的作用机制及其相互关系，揭示资本积累、资源瓶颈、交易成本和学习效应等共生动力因素如何驱动或限制共生关系的发展，有助于企业精准定位其在生态系统中的角色，也有助于企业制定相应的战略以优化其在共生网络中的位置。通过构建竞争共生、合作共生和竞合共生模型，分析不同共生模式下系统的运作机制和结构特征，探讨其对系统整体效应的影响，分析结果有助于为企业在实际运营中平衡竞争与合作关系、优化共生机制提供有力的实践指导。决策支持工具在系统运行机制分析中的应用，有助于企业灵活调整战略，优化其在数字产业创新生态系统中的地位与作用。

(3) 运行效率评价指标体系构建与运行效率评价，有助于为政策制定者和企业管理者提供科学的决策支持。本书基于数字产业专利摘要文本数据，构建数字产业创新生态系统运行效率评价指标体系，通过实证分析，深入探讨我国不同省份和区域数字产业创新生态系统的运行效率，并对不同区域的具体表现进行深入剖析，揭示区域差异的潜在原因，有助于帮助各区域系统主体有效理解和把握自身运行效率，为政策制定者提供有效工具，以评估和优化产业政策的实施效果。对各地区的优势进行总结，为其他地区提供经验参考，分析系统运行效率不高的原因，并提出有针对性的改进建议，为地方相关部门和企业提供优化运行效率的路径，为实现区域间的协同创新提供实践指导。

第 2 章　理论基础与文献综述

本章旨在构建数字产业创新生态系统研究的理论基础，并根据系统的文献综述确定本书理论框架和研究视角。通过梳理资源基础理论、共生理论和复杂系统理论等核心理论内容，为理解和分析数字产业创新生态系统提供多维度视角。系统回顾创新生态系统、产业创新生态系统及数字产业创新生态系统的相关研究进展，对产业创新生态系统的构建与运作机制进行分析，并对产业创新生态系统的内部结构特征、运行机制及共生关系的研究现状进行梳理。

2.1　理论基础

2.1.1　资源基础理论

1. 资源基础理论的提出

资源基础理论(resource-based view，RBV)由Edith Penrose(1959)首次系统提出，由Wernerfelt(1984)和Barney(1991)进一步发展与完善。Penrose (1959)提出，企业增长与竞争优势不仅依赖外部市场的机会和条件，而且在更深层次上依赖企业内部资源的积累与优化。资源基础理论强调，企业的竞争优势源自企业内部资源的异质性和稀缺性，构成企业在市场中的差异化能力，企业内部资源包括企业资产、能力、组织流程、企业属性、信息和知识等(Kozlenkova et al.，2014)。资源基础理论强调资源的VRIN特征(即价值性、稀缺性、难以模仿性和不可替代性)，资源特征是资源为企业带来持续竞争优势的必要条件(Olavarrieta，Ellinger，1997)。Barney(1991)明确指出，企业的竞争优势资源必须具备价值性、稀缺性、难以模仿性和不可替代性4个特征，能为企业带来经济价值，并能够防止竞争对手的模仿和替代。此外，资源基础理论强调，企业对自身资源的配置和优化，不仅是企业实现短期效益的手段，而且是其实现长期战略目标和保持持续竞争力的重要途径。

2. 资源基础理论的核心内容

资源基础理论的核心在于分析企业如何通过资源获取、积累、整合和利用实现竞争优势(Acedo et al.， 2006)。资源可被划分为有形资源和无形资源，有形资源包括土地、厂房、设备、原材料等传统的物理性资产，有形资源较易于评估和复制，通常为企业提供短期竞争优势。无形资源包括品牌、技术专利、管理能力、组织文化、企业声誉、客户关系等，无形资源具有高度的不可见性和难以模仿性，往往是企业获得长期竞争优势的关键(Wan et al.， 2011；温兴琦等，2024；张广胜，杨春荻， 2023)。资源基础理论强调资源异质性的重要性，即不同企业拥有不同的资源禀赋，资源独特性是企业竞争优势构建的核心，资源的异质性使处于相同市场环境中的不同企业表现出不同的绩效水平(Alvarez，Busenitz，2001)。资源基础理论还强调资源市场的不完全性，即资源的获取和整合不仅受到市场供需关系的影响，而且受到企业内部管理能力和历史积累路径的制约(Barney et al.， 2011；孙笑明等，2023)。资源市场的不完全性导致企业无法轻易获得和模仿其他企业的关键资源，从而形成资源垄断和竞争优势。

动态能力(dynamic capability)是资源基础理论的重要延伸，是指企业在不断变化的市场环境中，通过不断更新和重组其资源与能力，维持竞争优势的能力(Lin，Wu，2014；李煜华等，2022)。动态能力包括环境感知、机会识别、资源重组和持续创新等方面，企业必须具备动态能力，才能在技术变革迅速、市场需求多变的背景下，及时调整战略方向和资源配置，避免竞争优势的丧失(Wójcik，2015；王开阳等， 2024)。动态能力理论强调企业在自身资源基础上的灵活性和适应性，进一步丰富了资源基础理论的内涵。资源基础理论还提出资源的“路径依赖”特性，即企业资源和能力的发展受到其历史决策和资源积累路径的制约(曲小瑜，2022；王娟，李岳翰，2024)。路径依赖性意味着企业在资源配置和能力建设过程中会形成特有的积累模式，该模式既可能是竞争优势的来源，也可能成为企业创新和变革的阻碍(Kero，Bogale，2023；姜忠辉等，2023；刘政等，2024)。路径依赖性使得企业的资源积累和能力发展具有锁定效应，锁定效应对于解释企业的长期战略和演化过程具有重要意义。

3. 资源基础理论的主要应用

资源基础理论广泛应用于多个管理学领域，包括战略管理、创新管理、企业并购、国际化经营、企业文化建设、组织行为学等。战略管理领域研究中，资源基础理论为企业提供从内部资源视角制定竞争战略的框架，强调资源整合和能力培养在战略制定中的核心地位(Das，Teng，2000；曹霞，张鑫，2024)。创新管理领域研究中，资源基础理论用于解释企业如何通过资源优化和能力提升实现技术创新和商业模式创新，特别是在高科技产业中，资源基础理论有助于分析企业创新资源的积累和创新绩效的关系(曹霞等，2024；贾昌进，张宝建，2022；李亚兵等，2022)。企业并购领域研究中，资源基础理论强调通过并购获取战略性资源的过程，并解释了并购后资源整合的挑战和战略协同效应。国际化经营领域研究中，资源基础理论为企业进入国际市场提供了资源配置视角，分析企业如何利用已有资源建立国际竞争优势(Barney et al.， 2021)。同时，资源基础理论在企业文化建设和组织行为学等领域同样应用广泛，用于解释企业如何通过文化塑造和组织能力的提升来推动内部资源的高效配置和利用。资源基础理论还应用于数字经济和平台经济领域研究，有助于企业理解如何利用数据资源、数字平台、用户网络等构建新的竞争优势(张广胜，杨春荻，2023；赵树宽等，2022)。资源基础理论与网络效应、平台战略等理论结合，为企业数字化转型提供资源优化的策略和方法。

本书聚焦于数字产业创新生态系统的结构识别与形成过程分析，资源基础理论为揭示系统中各主体如何通过资源获取和整合实现创新提供理论支撑。数字经济背景下，创新主体所拥有的资源形式不再局限于传统的物质资源，而是扩展到数据、数字化技术、平台资源、生态网络关系等新型资源。新型资源的独特性和高度不可模仿性使得企业在生态系统中占据关键地位，形成自身竞争优势(Barney，1991)。资源基础理论有助于系统分析数字产业创新生态系统中，资源的类型、获取途径及整合策略(Wernerfelt，1984)。资源基础理论的框架有助于揭示系统内各主体间的资源流动机制，识别系统的核心要素和关键资源(Grant，1991)。此外，资源基础理论的动态能力视角，有助于进一步探讨数字产业创新生态系统如何通过不断调整资源配置和优化创新模式，保持系统的动态稳定和创新活力(Teece et al.， 1997)。路径依赖性分析有助于理解系统演化过程中资源积累和能力构建的特征，为制定系统优化和创新策略提供理论依据。

2.1.2　共生理论

1. 共生理论的提出

共生理论(symbiosis theory)最早由德国植物学家Heinrich(1987)提出，用于描述生物界中不同物种之间的互利共生关系。随着研究的深入，共生理论的概念逐渐拓展到生态学、社会科学和经济学等领域，成为研究多主体互动关系的重要框架。20世纪初，英国生态学家Tansley(1920)提出“生态系统”的概念，将共生关系作为生态系统内物种协同作用和共同演化的基础。共生理论的跨学科应用揭示了复杂系统中不同主体间，通过共生实现资源共享和共同利益的可能性(Zhang et al.， 2015)。经济学和管理学领域，共生理论用于解释企业、组织、市场和社会各主体间的互动关系(Zaccaro， Horn，2003；周青等，2024)。Moore(1993)首先提出“商业生态系统”的概念，认为企业与市场、竞争者、供应商、客户和其他利益相关者间存在类似于生物共生的关系，通过合作、竞争和共生互动，共同构建动态的商业生态系统。共生理论在商业和管理中的应用，有助于进一步拓展对企业间合作、竞争和协同创新的理解，成为研究创新生态系统和产业共生网络问题的重要理论基础(Chertow， Ehrenfeld，2012；刘家树等，2022)。

2. 共生理论的核心内容

共生理论的核心在于研究不同主体之间如何通过互动、合作和资源共享形成共生关系，共生关系包括互惠共生、寄生共生、偏利共生和竞争共生等类型(Leidner，2018；吴彬，徐旭初，2022)。共生关系不仅是简单的资源交换，而且是不同主体通过复杂的合作机制和竞争博弈，实现资源的最优配置和整体系统效应的最大化(Sapp，2004；赵艺璇等，2022)。共生理论提出共生单元、共生界面、共生平台和共生网络等概念，为系统化分析多主体协同提供了理论工具。共生单元指生态系统中具有独立功能的个体主体，如企业、研发机构、政府部门等；共生界面指共生单元之间的互动界面，包括信息传递、资源交换、技术协同等形式；共生平台是多主体进行合作和资源共享的平台支撑，如数字化创新平台、供应链协同平台、开放创新网络等；共生网络是由多个共生单元通过共生界面和共生平台连接形成的多层次互动网络，互动网络中的资源流动、信息交换和创新协同构成共生关系的核心机制。

共生理论强调共生动力的来源，共生动力包括资源优势互补、技术创新协同、市场风险分担和竞争压力等，共生动力有助于推动生态系统的形成和演化，使系统内多主体在共生关系中实现互利共赢(刘军等，2024；杨力等，2023)。共生理论特别关注共生关系的动态演化过程，强调不同共生模式对系统稳定性和创新效率的影响，通过合作创新、竞争共生和资源共享，共生单元间的互动关系不断调整和优化，实现系统整体效应的提升(宁连举等，2022)。此外，共生理论还提出系统共生的演化路径，强调共生关系并非一成不变，而是随着外部环境变化和内部资源配置不断演化。共生的演化过程受到共生单元内部资源整合能力和外部环境适应能力的双重影响，共生系统的稳定性和创新能力依赖于共生单元之间的协同效率和相互支持(储节旺，李佳轩，2023；张影等，2022)。共生理论系统地揭示了复杂系统内多主体如何通过共生关系实现协同发展和创新突破。

3. 共生理论的主要应用

共生理论广泛应用于商业生态系统、产业创新集群、区域经济发展、创新网络、供应链管理等多个领域。商业生态系统研究中，共生理论用于分析系统内各商业主体间的战略联盟、合作创新和市场竞合，揭示系统主体如何通过共生关系构建动态的竞争优势(Xie et al.， 2021；辛杰等，2022)。产业创新集群研究中，共生理论用于解释集群内部企业的互动模式，尤其是如何通过技术合作、资源共享和市场协同实现集群整体创新效率的提升(Huang et al.， 2019；Xu et al.，2017)。区域经济发展研究中，共生理论用于分析城市群、区域经济带和产业园区的协同发展机制，研究区域内不同城市、产业和组织如何通过资源互补和协同创新实现经济的协调增长(Wang et al.， 2023；罗秀丽等，2024)。创新网络研究中，共生理论揭示了科研机构、企业、政府和用户等主体之间的共生关系，强调知识共享、技术转移和创新扩散对网络整体效能的提升作用(何建洪等，2024；孟方琳等，2022)。供应链管理研究中，共生理论用于分析上下游企业间的协同关系，特别是如何通过共生互动提升供应链的响应能力和创新水平，供应链中的共生关系表现为信息共享、资源整合和风险共担，系统的稳定性和效率直接受到共生单元间互动质量的影响。

共生理论有助于为分析数字产业创新生态系统中，多主体互动和共生机制提供重要的理论支撑，数字产业创新生态系统包含企业、平台、政府、用户、供应商等多种主体，各类主体通过共生关系实现资源共享、技术协同和创新协作(Jato-Espino， Ruiz-Puente， 2021；宁连举等，2022)。共生理论有助于揭示系统内共生单元如何通过共生界面进行资源交换和创新互动，共生平台如何支撑系统内各主体的协同创新，共生网络如何形成多层次、多主体的复杂生态关系(Zhang，Lam，2013)。共生理论有助于分析数字产业创新生态系统的共生模式，建立不同共生关系的仿真模型，有助于分析竞争共生、合作共生和竞合共生对系统整体效应的影响(刘经涛等，2023)。共生理论的框架有助于识别系统内共生动力的来源，揭示资本积累、资源瓶颈、学习效应和技术创新如何驱动共生关系的形成和演化，为理解数字产业创新生态系统的运行机制和创新效率提升路径提供理论依据，并为政策制定者和企业管理者提供优化共生关系、提升系统创新能力的实证支持。

2.1.3 复杂系统理论

1. 复杂系统理论的提出

复杂系统理论(complex systems theory)起源于20世纪中期，受系统论、控制论和信息论的影响，由物理学、数学、生物学和计算机科学等多学科交叉融合发展而成。Prigogine(1987)对非平衡态热力学的研究，以及Lorenz(1993)在气象系统研究中发现的混沌现象，标志着复杂系统研究的开端。复杂系统理论强调对由多主体相互作用构成的系统进行整体性研究，探索系统的非线性行为、自组织现象和演化规律，揭示系统在不确定环境下的动态适应和涌现行为(Mitchell，Newman，2002)。Prigogine(1987)的自组织理论指出，复杂系统能够在远离平衡态的条件下，通过内部机制实现自我组织和结构重组。复杂系统的非线性特征意味着系统的输入与输出之间不存在简单的线性关系，小幅度的变化可能会导致系统的重大调整。Lorenz(1993)的混沌理论进一步揭示复杂系统的敏感依赖性，即初始条件的微小差异会引发系统行为的巨大差异，此种现象被称为“蝴蝶效应”，奠定了复杂系统理论的基础，并进一步推动了其后期在多领域的广泛应用。

2. 复杂系统理论的核心内容

复杂系统是指由众多要素或子系统组成，系统整体功能特征无法用部分要素或子系统的功能特征进行解释的整体(Roundy et al.， 2018；Shin，Konrad，2017；盛昭瀚，于景元，2021)。复杂系统的概念界定是相对于简单系统而言的，简单系统通常由少量联系较弱的要素或子系统，或者大量行为较为一致化的要素或子系统所构成(于景元，2014)。由于简单系统的构成元素间的相互联系及交互作用较少，要素通常具有一致化或相近的运动规律及特性，系统的整体性特征可根据部分要素的特征进行推测，因而，简单系统功能及行为规律的特征可通过总结归纳、统计平均的方式得出(Straton，2006)。复杂系统的组成元素通常具有一定的智能性，要素能够根据系统内外部环境的影响而对自身行为选择进行智能化决策，且系统要素间具有复杂的联系及交互作用，从而使得难以通过探究部分要素的行为特征来推测系统整体性规律(盛昭瀚，2019；Jordon et al.， 2010)。智能型个体在现实环境中较为常见，如企业组织中的员工、生态系统中的动物及供应链网络中的企业等(Lichtenstein， Plowman，2009)。

复杂系统通常具有以下特征。

(1) 主体异质性。复杂系统通常是由数量众多的异质性要素所构成，要素之间具有复杂的联系及交互关系，面对内外环境变化具有差别化的反应，难以通过传统的演绎法或归纳法进行分析与研究(Roundy，Bradshaw，Brockman，2018)。

(2) 不稳定性。对于复杂系统的内部环境而言，系统组成要素之间处于动态性交互状态，使复杂系统的整体结构及行为方向处于非稳定状态(Wollmann，Steiner，2017；戴万稳等，2006)。

(3) 智能性和自适应性。复杂系统的组成要素具有一定的智能性，遵循一定的规则产生行为。智能化的要素能够根据内外部环境做出行为反馈，同时不断调整自身行为，并改变规则，使得自身内外部环境的适应性更强(汪寿阳等，2021)。

(4) 非线性。非线性表示复杂系统整体与外部环境、系统要素间，要素与系统间，子系统间及系统不同结构与层级间均存在非线性的交互作用关系(Inigo，Albareda，2016)。

(5) 局部性。复杂系统单个的要素或子系统由于信息不完全或有限理性等因素，仅对部分关联度较高的要素及环境产生作用，而系统的整体性则是众多要素相互竞争、协作的涌现性行为规律体现(Adams et al.， 2014；齐磊磊，2014)。

(6) 突现性。无论是复杂系统还是系统组成元素，其行为均遵循一定的规则，并具有一定的活动阈值，当复杂系统由于内外部影响突破活动阈值时，将出现新的行为特性，即突现性(Boal， Schultz，2007)。

(7) 不可精确预测性。受诸多外部环境因素的影响，外部环境通常复杂且动态多变，系统环境的难以准确预测性造成系统整体性质准确预测的困难。复杂系统的内部要素众多，相互间的竞争和协作关系呈现互相交互的复杂状态，造成了要素所构成的系统性质难以准确预测(Schneider， Somers，2006)。

3. 复杂系统理论的主要应用

复杂系统理论广泛应用于社会科学、工程管理、金融市场、创新管理、城市规划和区域发展、生态学等领域。社会科学领域研究中，复杂系统理论多用于研究经济波动、社会网络、群体行为和文化演化，揭示多主体互动对系统整体行为的影响(Turner，Baker，2019；Whitney et al.， 2015；殷杰，王亚男，2016)。在工程管理领域研究中，复杂系统理论用于优化复杂项目管理、供应链网络、智能制造系统和交通系统，通过系统仿真与优化，提高系统的整体效率和适应性(李菲菲等，2019；刘寅斌等，2020；盛昭瀚等，2022)。在金融市场领域研究中，复杂系统理论用于研究市场动态、价格波动和风险管理，帮助金融机构理解市场的非线性和不确定性特征(Foster，2005；Ramos-Martin，2003)。在创新管理领域研究中，复杂系统理论用于研究创新生态系统、技术网络和组织变革，通过分析创新主体之间的互动模式，揭示创新扩散和技术转移的机制(Schneider et al.，2017；曲冠楠等，2020)。此外，复杂系统理论还应用于城市规划和区域发展领域，帮助城市管理者理解城市系统的自组织行为和涌现现象，优化城市基础设施布局和资源配置，提高城市的可持续发展能力(Saurin et al.， 2013)。在生态学领域，复杂系统理论用于研究自然环境和人类活动的互动关系，为生态保护和环境治理提供科学依据(Ma'Ayan，2017)。

复杂系统理论为本书提供了分析数字产业创新生态系统的整体框架，帮助理解系统的复杂性、动态性和演化路径。数字产业创新生态系统是由多主体、多要素、多层次组成的复杂系统，系统的运行和演化受到内外部多种因素的影响。复杂系统理论内容有助于揭示数字产业创新生态系统内部各主体的相互作用机制，以及系统的自组织行为和创新涌现现象，为系统结构识别和形成过程的深入分析提供理论支持。

2.2 文献综述

2.2.1 创新生态系统相关研究

1. 概念界定及主要类型

创新生态系统(innovation ecosystem)的概念最早由Moore(1993)提出，Moore将其类比为自然生态系统，认为创新生态系统是一种由多个利益相关方相互依存、相互协作的动态网络，以创新为核心驱动力，促进系统内部和外部资源的流动与再分配。创新生态系统强调在技术创新过程中，企业、科研机构、政府、供应商、投资者和市场等多个主体通过共生、竞争与合作的复杂关系，实现知识、技术、产品和服务的创新(Moore，2006)。不同类型的创新生态系统具有各自的特征和运作逻辑，区域创新生态系统围绕特定地理区域内的创新活动展开，通过区域内企业、科研机构和政府的协同作用，推动区域经济的可持续发展(Davis，2016； Oh et al.， 2016；韩凤芹等，2024)。产业创新生态系统以特定产业为核心，构建企业与上下游供应链、技术服务商等主体之间的互动网络，促进产业技术进步和市场竞争力提升(de Vasconcelos Gomes et al.，2018；Hao et al.， 2022；王宏起等，2023)。技术创新生态系统专注于某项特定技术(如人工智能、区块链等)创新的系统化协同，强调技术研发、应用和推广过程中各主体的分工协作。

2. 系统特征及内部结构

创新生态系统的内部结构较为复杂，由多个相互联系的子系统组成，其运行特征体现在以下方面：第一，多样性。创新生态系统包含多种类型的创新主体，如企业、科研机构、政策制定者和资本提供者等，系统主体具有不同的创新动机、资源和能力(吴欣桐，梅亮，2024)，多样性使系统具有较强的适应性和弹性，能够应对外部环境变化(Katri et al.， 2017)。第二，非线性互动。系统内部各主体之间的关系是非线性的，合作与竞争共存，知识与资源的流动不受线性路径的约束，创新的发生往往呈现为随机性与突变性并存的特征(Xu et al.， 2018；郭金花等，2024)。第三，适应性与自组织性。创新生态系统能够根据外部市场和技术环境的变化，自主调整内部结构和功能配置，实现动态的自我优化。自组织性体现了系统的内在调节能力，使得创新生态系统能够持续适应复杂多变的外部环境(Walrave et al.， 2018)。第四，知识流动与共享。知识是创新生态系统的核心资源，其流动和共享是系统创新能力的重要保证，创新生态系统通过各主体之间的频繁互动和合作，促进隐性知识与显性知识的快速传播与转化，推动技术创新和应用扩散(Dedehayir et al.， 2018)。

3. 不同视角下的相关研究进展

创新生态系统的研究近年来逐渐向多视角、跨学科、多方法的方向发展，不同视角为理解创新生态系统的复杂性和多样性提供了独特的洞察。生态视角强调创新生态系统内部的竞争与合作关系，重点分析不同创新主体之间的共生机制，认为创新主体间的合作关系能够有效降低创新风险，提高创新效率，而竞争关系则在激励创新速度和创新质量方面发挥重要作用(Chen et al.， 2018；王文静等，2023)。系统视角从系统论的角度，研究创新生态系统内部各要素的功能分工及其协调机制。系统视角下的研究强调创新生态系统的整体性，探讨各要素之间的协同效应及对创新产出的集成影响(Adner，2017；闫晓勇等，2023)。网络视角聚焦于创新生态系统的网络结构特征，探究各创新主体间的节点关系和网络密度对创新绩效的影响，通过分析知识、技术、资源的网络化流动，揭示创新生态系统中网络结构的关键作用(Borgattı， Foster，2003)。动态视角强调创新生态系统的演化过程，探讨系统在不同发展阶段的特征及影响因素，提出创新生态系统的演化受多方面因素的驱动，包括技术变革、政策支持、市场需求等，演化路径多样且阶段特征明显(Nelson， Winter，1982)。

2.2.2　产业创新生态系统相关研究

1. 概念界定及主要类型

产业创新生态系统是指围绕特定产业，通过产业链上下游企业、科研机构、政府、投资者和市场用户等多主体协同合作，实现产业创新和经济价值创造的复杂系统(de Vasconcelos Gomes et al.，2018；辛晓华等，2023)。产业创新生态系统不仅是资源集成和技术创新，而且强调通过跨组织、跨产业链的深度协同，实现整体创新绩效的提升(Hao et al.，2022)。根据产业特征的不同，产业创新生态系统主要分为以下几种类型：制造业创新生态系统，以传统制造业为核心，通过引入数字技术和智能制造，实现生产过程的数字化、智能化和网络化，推动制造业的转型升级(王歌等，2024；周全等，2024)；服务业创新生态系统，围绕现代服务业的创新需求构建，通过服务创新和服务模式的创新提升服务业的核心竞争力，典型代表如金融科技、共享经济等；新兴产业创新生态系统，新兴产业如生物科技、新能源、信息技术等，通过不断吸纳创新主体和创新资源，构建新兴技术的创新生态，推动新产业的快速成长和规模化应用(李律成等，2024；邱锐等，2024)。

2. 系统特征及内部结构

产业创新生态系统的内部结构高度复杂，各主体通过多种方式互动并形成高度关联的网络系统(赵玉帛等，2022)。产业创新生态系统包含以下特征：高度专业化分工，系统内部的创新主体在产业链中扮演不同的角色，企业专注于技术研发与产品生产，科研机构提供创新知识与技术支持，政府和金融机构为创新活动提供政策和资金保障，专业化分工有助于提升系统的整体创新效率(张治河，高中一，2023)；协同创新机制，产业创新生态系统通过多主体之间的协同创新来推动技术进步和产业升级，协同创新包括横向的跨行业合作、纵向的上下游协同及创新链各环节的无缝对接；动态适应能力，面对不断变化的市场需求和技术挑战，产业创新生态系统展现出较强的动态适应能力(Ge，Liu，2022)，系统通过不断调整内部资源配置、优化合作模式，实现对外部环境变化的快速响应；价值链整合，产业创新生态系统强调价值链的整合与优化，通过上下游资源的高效整合，实现从原材料采购到产品市场销售的全流程创新，为系统内部各主体创造协同效益(赵天一等，2023)。

3. 不同视角下的相关研究进展

产业创新生态系统的研究视角多样，包括系统视角、网络视角及生态视角等。系统视角重点关注产业创新生态系统内部各要素的协调机制，强调系统功能的整体性和各子系统间的协同效应，系统视角的研究通常采用系统动力学、投入产出分析等方法，探讨产业创新生态系统的运作模式及优化策略(Pasi et al.，2022；辛本禄等，2024)；网络视角研究多采用网络分析方法，探讨系统内部各主体之间的复杂网络关系，重点关注创新网络的密度、中心性及网络结构对系统创新绩效的影响，高密度的网络结构有助于促进知识共享和技术扩散，提高系统整体的创新效率(Granovetter，1985)；生态视角从生态学的角度，研究产业创新生态系统的竞争与合作关系，强调生态位的优化与资源的动态配置，通过探究产业创新生态系统中“捕食者—猎物”式的资源竞争和合作关系，为理解系统内部复杂关系提供了重要视角(Iansiti， Levien，2004)；政策视角强调政府在产业创新生态系统构建中的重要角色，研究聚焦于政策支持如何影响创新主体的行为和系统整体的创新绩效，近年来，政策对产业创新生态系统的引导和调控作用日益显著，政策设计的合理性直接关系到系统的创新活力和可持续发展(Mazzucato，2013)。

2.2.3 数字产业创新生态系统相关研究

1. 系统概念界定

数字产业创新生态系统是随着数据要素和数字技术的广泛应用而逐渐形成的一种新型经济结构。Chae(2019)研究提出数字产业创新生态系统的概念，是指由多种社会和技术要素组成的复杂网络，涵盖组织、技术、基础设施和制度等多种系统要素。李东红等(2021)的研究同样指出，数字产业创新生态系统结构与传统创新生态系统相似，均为由多样化和异质化的主体组成的多层次网络结构。系统各主体间存在合作和交互关系，共同演化形成共生关系(Granstrand，Holgersson，2020)。然而，数字产业创新生态系统与传统模式有所不同，数据要素是数字产业创新生态系统的核心，数字技术应用是推动系统发展的关键动力。Yoo(2015)的研究强调数字技术在形成数字产业创新生态系统中的重要作用，并提出数字技术的应用使数字产业创新生态系统展现出独特特征，如要素数据化、主体虚拟化及关系生态化等。Nambisan等(2017)及刘洋等(2020)的研究同样提出数字产业创新生态系统的要素及主体特征。

2. 系统类型

从数字技术的应用领域角度而言，数字产业创新生态系统包含两种类型：一是基于数字技术赋能而形成的数字产业创新生态系统，体现为传统产业数字化转型的探索与实践，如智能制造、数字化服务、数字融合等(Yoo et al.， 2010)；二是基于数字技术本身的增量创新而催生的数字产业创新生态系统，体现在数字产业化的开发与扩大，如购物平台、社交平台等(Chesbrough，2007)。在物理世界中，两种类型的数字产业创新生态系统在流程、元素及主体等多方面存在交叉，同样没有清晰的界限。对于数字创新的形成、演化及影响相关研究，难以从数字技术的应用领域角度进行严格拆分，需要进行数字产业创新生态系统的整体性研究。Wang(2021)同样指出，数字产业创新生态系统与其构成要素间不是单纯的叠加、组成关系，从系统要素的角度进行研究，将忽视不同层级要素及子系统间的交互作用，难以明晰交互作用下形成的系统整体功能。

3. 系统特征

数字产业创新生态系统具备复杂网络特性，可从复杂网络的视角通过社区结构分析，对数字产业创新生态系统的结构及演化过程进行探究。复杂网络表示由若干节点和节点间连线构成的庞大网络，具有分层模块化、演化、涌现、自组织及自适应等特性(Costa et al.， 2007；Kolagar et al.， 2022；孙永磊等，2023)。社区结构是复杂网络的重要属性，复杂网络内部元素相互作用形成社区，并通过不断吸收新元素、损失旧元素而发生变化(Vial，2019)。随着数字技术的创新和广泛应用，数字化元素出现增减、交互、聚集等动态变化，逐渐形成动态性数字化复杂系统(Hanelt et al.， 2021)。语义网络分析是自然语言处理领域常用的技术方法，基于自然语言中关键词及关键词间语义关系构建语义网络，可以呈现网络内部结构特征及网络间的联系，在经济政策研究、社交网络分析及舆论危机处理等领域均有广泛应用(Cho et al.， 2021；Oh， Kim， 2020；蔡冬松等，2021)。

4. 当前研究视角及进展

现有研究分别从生态学理论、共生理论及韧性理论等视角对传统创新生态系统及其结构进行了研究，为进一步分析数字产业创新生态系统结构的形成和演化提供了理论基础。数字产业创新生态系统以数字技术和数据要素为创新资源，系统主体数量庞大且呈现异质交互性，系统结构呈现动态复杂性，是运用传统理论进行数字产业创新生态系统研究时难以解决的问题(王震等，2023；魏江，赵雨菡，2021)。数字技术融合了数字元素与物理元素的特性，使得数字产业创新生态系统呈现出时间演化性和层次模块化等特征，数字产业创新生态系统常被视为由异质性数字元素构成的复杂动态网络(Chae，2019)。复杂网络理论为探究数字产业创新生态系统的结构及演化路径提供了思路，复杂网络理论多用于物理世界中的复杂系统研究，当前在城市空间、交通等领域已得到广泛应用(罗桑扎西等，2021)。Chae(2019)指出，复杂网络理论中的演化机制及结构特性内容适用于进行数字产业创新生态系统的结构分析与演化路径研究。

本书将数字产业创新生态系统定义为在数字技术的驱动下，由多种异质性主体基于创新协同和价值共创构成的复杂经济结构。异质性主体不仅包括传统的企业和研究机构，还包括新兴的数字平台、创业公司及用户社群等。不同创新主体通过数字技术的连接和协作，共同推动创新的发展和价值的创造(Suseno et al.，2018；魏江，赵雨菡，2021)。数字产业创新生态系统中，各种主体利用数字技术跨越地理和行业界限，实现快速的信息交换和知识共享，从而加速创新过程并提高创新效率。此外，数字产业创新生态系统的形成和发展受政策制定者、法律法规及市场动态等外部因素的影响，内外部因素共同塑造数字产业创新生态系统的运行环境和发展轨迹。

2.3　研究述评

综合现有文献可知，创新生态系统和产业创新生态系统的研究为数字产业创新生态系统提供了理论支撑，数字产业创新生态系统的重要性日益凸显，相关的构建和治理研究仍然相对较少。目前的研究多集中于产品技术的开发和创新活动的推动，对生态系统形成的机制和发展路径的探讨还不够深入(韩少杰，苏敬勤，2023)。首先，数字产业创新生态系统的结构识别研究大多停留在定性分析层面，缺乏基于大数据和语义网络的定量识别方法，未能深入揭示系统内各要素之间的复杂语义关系；其次，共生理论在数字产业创新生态系统中的应用研究较少，特别是在共生动力的定量分析和仿真建模方面，仍需要进一步探索，共生关系的演化机制和共生单元之间的互动模式在现有文献中尚未得到充分研究；最后，关于数字产业创新生态系统运行效率的研究多集中于单一维度的效率评估，缺乏多层次、多维度的综合评价框架，同时对区域间效率差异的研究也相对薄弱。

第 3 章　数字产业创新生态系统结构识别

本章旨在对数字产业创新生态系统的结构进行系统识别与分析。随着数字经济的发展，产业创新生态系统的复杂性和多样性不断增加，如何有效识别和理解系统的核心构成要素，成为研究数字产业创新生态系统的关键问题。本章基于数字产业新闻数据，通过对大量文本信息进行语义处理和网络构建，揭示系统内不同要素间的关系和互动模式，并通过分析数字产业创新生态系统的构成要素，识别系统核心要素和关键结构特征，揭示系统内各要素间的相互关系与互动机制。

3.1　研究设计

3.1.1　研究思路

以人工智能、区块链、物联网和大数据为代表的数字技术开启了新一轮科技革命，数字技术的应用能力和创新能力成为数字经济时代的核心竞争力(靳毓等，2022)。数字产业创新生态系统建立在数字技术的基础上，由多种创新主体共同参与开发和实施，构成复杂经济结构(Suseno，Laurell，Sick， 2018；吴艳等，2024)。根据创新生态系统理论内容，数字产业创新生态系统内部要素具有多样性特征，系统要素通过非线性和动态方式相互作用，形成不断演化的分层模块化结构(Moore，1993)。系统内部结构的复杂性及动态演化性，导致系统内部结构的识别、演化规律的判断及演化路径的可视化变得较为困难(Tushman，

O'Reilly，1996)。系统要素的数字化、创新主体的虚拟化及主体关系的生态化，使得系统呈现动态性、多样性和无边界性的特点，系统要素及主体特征使得传统创新生态系统的理论和方法难以有效分析和解释系统结构与演化规律，传统理论在该领域的适用性受到一定程度的限制(戈兴成，季璐，2023)。因此，构建完整的数字产业创新生态系统数据库，识别系统内部不同阶段的要素和结构，以及判断系统结构的演化路径，成为当前需要解决的问题。

基于上述分析，本书采用动态语义网络分析方法，以大数据新闻文本为研究对象，深入分析数字产业创新生态系统的内部结构和结构演化路径，本章包含以下两部分内容：第一部分，基于复杂网络理论视角，对数字产业创新生态系统的结构进行研究。以往研究主要集中于数字创新的概念界定和理论框架构建方面，如Wang(2021)和张超等(2021)的研究，关于数字产业创新生态系统结构的研究文献相对较少。本书基于前人的研究，利用复杂网络理论的方法和工具，对数字产业创新生态系统的结构要素进行详细分析和探讨，揭示不同系统要素如何支持系统内部架构的构建和运作。第二部分，采用动态语义网络方法，探究数字产业创新生态系统的结构演化路径。现有研究多通过案例分析和系统动力学等方法，对系统结构演化问题进行分析，如谷斌和李润宜(2022)、杨伟等(2020)的研究，多聚焦于个别案例企业，缺乏对大规模样本的分析。因此，在现有研究的基础上，本书引入动态语义网络分析方法，结合机器学习和自然语言处理技术，分析数字产业创新生态系统的结构演化特征，同时探究其演化过程中的不同阶段。

3.1.2　动态语义网络分析方法

动态语义网络分析用于揭示和分析文本数据中语义结构及其随时间变化的方法，通过捕捉信息随时间的累积和演变研究语义的动态性(Cao et al.，2024)。该方法运用词嵌入模型和聚类算法识别关键语义词汇，通过对关键语义词汇属性的加权组合进行量化，构建能够准确分类文本的模型，识别和理解文本的复杂语义关系(Mikolov et al.，2013)。动态语义网络分析的核心思想是构建不同时点的语义网络，通过比较语义网络观察语义结构的变化，可以帮助精准理解文本的时间演变特征。通过动态语义网络分析方法进行文本信息处理的流程如下：首先，文本预处理，对文本数据信息进行清洗、筛选和处理，包括分词、词形还原、去除停用词等，获取语义网络的关键构建信息；其次，构建语义网络，根据预处理后的文本数据，计算关键词汇或概念间的共现关系，进而构建静态语义网络，每个节点代表一个词汇或概念，边的权重反映词汇间的共现频率或语义相似度(Blei et al.，2003)；再次，进行时间切片，将文本数据按时间分段，每个时间阶段构建一个独立的语义网络，各语义网络被称为时间切片；最后，网络比较与演化分析，通过比较不同时点的语义网络，识别网络结构的变化，如节点的重要性变化、新边的形成、旧边的消失等，揭示概念间关系的动态变化(Hou et al.，2018)。

3.1.3　研究过程

数字产业创新生态系统是由多样化元素组成的复杂网络，系统元素通过进化机制相互作用，推动系统的形成和随时间的演变。数字产业创新生态系统展现出复杂网络的各种特性，如模块化、要素动态交互性、时间演化性等。因此，本书将数字产业创新生态系统中各类系统要素抽象为不同节点，通过构建节点网络，分析系统节点间关系，探究系统网络内部结构特征和系统的演化轨迹，具体的分析过程如下：首先，对新闻文本进行预处理，建立数字产业创新生态系统的数据库，基于文本分析技术从系统数据库中提取关键词，建立系统文本语料库，运用Word2Vec模型对语料进行训练，构建关键词词向量，并根据关键词间的语义关系，形成数字产业创新生态系统的语义网络；其次，运用PageRank算法对系统内部的元素进行分析，并运用社区发现技术对语义网络进行社区划分，明确不同阶段数字产业创新生态系统内部的特征；最后，计算不同阶段系统内部社区间的关联度，判断社区主体间的演化关系，并进一步分析数字产业创新生态系统结构的演化规律。

3.2　数字产业创新生态系统语义关系网络构建

3.2.1　文本信息获取

沿用以往研究中的数据信息获取方式，本书通过关键词检索的方式，进行关键信息的提取与分析。新兴技术是推动数字化进程的关键节点，各类新型数字技术的出现和创新应用是数字产业创新生态系统形成与发展的核心动力。数字技术创新涵盖多个前沿领域，如人工智能技术、区块链技术、5G技术及虚拟现实技术等。数字技术分支中，“ABCD”四大领域被视为数字技术的代表，即人工智能(AI)、区块链(blockchain)、物联网(IoT)和大数据(big data)(刘洋等，2020)。本书遵循该分类方法，将人工智能、区块链、物联网和大数据4种技术作为文本信息检索的关键词。为确保所收集信息的高度相关性和精确性，并最大限度地减少信息的重复性与冗余性，借鉴Chae(2019)研究中的等时差分析法，明确研究的时间范围。

新闻文本信息获取的具体过程如下：首先，选取2019—2021年为研究范围，按季度分为12个时间阶段，以人民网为检索对象，通过关键词检索该时间范围内的全部新闻资料；其次，对所检索的新闻文本信息进行严格筛选与信息提取，每篇新闻报道均提取新闻标题、新闻的发布日期、新闻来源及新闻正文内容等关键信息；再次，按照季度对新闻文本信息进行系统性整理，共涵盖12个季度的数据；最后，对获取的全部新闻文本进行去重处理，通过汇总、统计与分析，共保留28 160篇新闻文本资料，保留的文本资料主要来源于各省的地方性新闻报道，以及部分国际新闻报道，涉及财经、科技、政治、教育和健康等多个领域，各时间阶段新闻数量如表3.1所示。

表3.1　各时间阶段新闻数量

区间编号	时间阶段	新闻数量/篇	区间编号	时间阶段	新闻数量/篇
1	19-1	750	7	20-3	2555
2	19-2	955	8	20-4	3999
3	19-3	1166	9	21-1	3132
4	19-4	1483	10	21-2	3428
5	20-1	71	11	21-3	3296
6	20-2	1071	12	21-4	6254

3.2.2　文本信息预处理

为确保研究对象的精确性及关键词选择的科学性和合理性，构建数字产业创新生态系统新闻文本数据库前，对相关新闻文本进行预处理。新闻文本预处理过程包含以下步骤：①从各个时间阶段的新闻文本中提取关键信息，包括每篇新闻文本的标题和正文内容，确保所提取的信息能够反映该新闻文本的核心事件和主题；②对提取的文本信息进行严格筛选，剔除其中的无效内容，无效内容会对后续所提取关键词的准确性造成干扰，且对系统语义网络构建结果的准确性产生影响；③检查并剔除可能降低信息质量的各种因素，如新闻标题和正文中的乱码信息、无意义符号及重复性内容等，以上信息会对新闻文本信息的质量和后续分析的可靠性产生影响；④为确保所保留信息的质量，进一步筛选掉新闻文本中的冗余信息和与研究主题无关的内容；⑤依据时间序列对新闻文本进行分类，形成涵盖12个时间阶段的数字产业创新生态系统新闻文本数据库，包含新闻文本的标题和正文等信息，同时整合各时间阶段内的关键新闻文本语义信息，为后续语义网络构建提供数据支持。

3.2.3 关键词词向量获取

构建数字产业创新生态系统的语义关系网络，目标是确定语义网络的节点及节点之间的关系，文本数据库中的关键词被视为语义网络中的节点，关键词间的语义关系作为语义网络中的边。从文本数据库中进行关键词提取的具体过程如下：首先，利用Jieba分词工具对数字产业创新生态系统数据库中各时间阶段的文本信息进行关键词划分，Jieba分词工具可对中文文本进行分词处理，有效识别文本中的关键术语；其次，将特定关键术语添加至Jieba分词库，本书重点关注人工智能、区块链、物联网、大数据等特定数字技术及数字经济领域专业术语，以上术语在传统的分词工具中可能被错误拆分，将关键术语作为非拆分词添加至Jieba分词库中，可确保特定关键词在文本处理中能够被正确识别和处理；再次，运用哈工大停用词表过滤不必要的停用词，停用词对语义分析的贡献较小，在分词过程中予以剔除处理，停用词包括虚词、数字、特殊字符等；最后，统计拆分后的关键词频次，并按照频次大小对关键词进行排序。各时间阶段的关键词、非重复性关键词及高频关键词数量如表3.2所示，关键词将作为语义网络的节点，构成语义网络构建的基础。

表3.2　各时间阶段关键词、非重复性关键词、高频关键词数量

区间编号	时间阶段	关键词数量	非重复性关键词数量	高频关键词数量(词频>5)	区间编号	时间阶段	关键词数量	非重复性关键词数量	高频关键词数量(词频>5)
1	19-1	50 279	6028	1045	7	20-3	152 903	13 005	2647
2	19-2	62 550	6825	1217	8	20-4	199 389	20 742	4146
3	19-3	71 744	6511	1481	9	21-1	160 440	18 590	3610
4	19-4	91 709	10 300	1892	10	21-2	335 622	23 180	5269
5	20-1	45 443	7439	1197	11	21-3	252 220	17 294	4237
6	20-2	67 372	9405	1606	12	21-4	327 018	20 279	5100

完成系统关键词提取后，进一步构建关键词的词向量。词向量构建是通过将关键词映射到高维空间中，以向量形式表示关键词语义信息的过程。本书采用Word2Vec模型构建关键词词向量，关键词词向量构建前，对新闻文本全部关键词语料进行训练。具体而言，采用Word2Vec模型中的Skip-gram模型，对数据库中全部关键词进行语料训练，Skip-gram模型可通过预测给定关键词的上下文，学习每个关键词的语义信息，使训练后的关键词包含关键词本身的语义信息，以及关键词上下文的语义信息。该模型适合处理文本、数字资料较多的样本，能够有效捕捉丰富的上下文信息。

为确保训练效果，利用Gensim自然语言处理库实现Word2Vec模型的高效训练。同时，借鉴Daouadi(2021)的研究过程，设置关键训练参数，具体来说，首先，将词向量的维度设置为300，即每个关键词被映射到一个300维的向量空间；其次，词向量的最小词频设定为默认值5，即语料库中出现5次及以上的关键词被纳入模型进行训练；再次，采样阈值设定为0.001，控制训练过程中对高频词的采样，避免高频词对训练结果造成过度影响，最小词频设置为5，是计算关键词词向量时考虑的最小词频阈值；最后，将训练的并行数设定为3，以提高训练效率。进一步，利用训练好的Word2Vec模型，将各时间阶段的关键词映射为关键词词向量。

3.2.4　动态语义网络构建

按照时间序列构建各时间阶段关键词语义网络，将每个时间阶段的全部关

键词视为一个关键词集 W_i，包含数量为 n 的关键词 $W_i=\{w_{i1},w_{i2},w_{i3},w_{i4},\dots,w_{in}\}$。利用训练好的Word2Vec模型，将关键词集中的全部关键词映射为关键词词向量，形成关键词词向量集合 V_i，$V_i=\{v_{i1},v_{i2},v_{i3},v_{i4},\dots,v_{in}\}$，计算关键词词向量集合中两两词向量的余弦值 $\cos(v_{ix},v_{iy})$，形成余弦值集合 E_i，$E_i=\{e_{i1},e_{i2},e_{i3},e_{i4},\dots,e_{i(\frac{n^2-n}{2})}\}$。关键词词向量和词向量余弦值，构成时间阶段 i 的语义网络 G_i，逐一构建各时间阶段的语义网络形成网络集合 G，包含12个关键词语义网络 $G=\{G_1,G_2,G_3,G_4,\dots,G_{12}\}$。

以2021年第四阶段为例，构建该阶段数字产业创新生态系统语义网络，本阶段共获取6054篇新闻文本。将新闻文本的标题和正文进行合并，利用Jieba分词工具对新闻文本进行分词，剔除关键词中的停用词，共保留327 018个关键词。对所保留的关键词进行词频统计，计算每个关键词的词频，共保留20 279个非重复性关键词。将词频大于5的关键词视为节点关键词，剔除低频关键词后保留5100个关键词，形成关键词集 $W_1=\{w_{11},w_{12},w_{13},w_{14},\dots,w_{15100}\}$。将关键词集 W_1 输入训练后的Word2Vec模型，构建关键词集中每个关键词的词向量，形成该阶段关键词词向量集合 $V_1=\{v_{11},v_{12},v_{13},v_{14},\dots,v_{15100}\}$。进而利用词向量计算两两关键词词向量的余弦值，形成余弦值集合 $E_1=\{e_{11},e_{12},e_{13},e_{14},\dots,e_{1(\frac{5100^2-5100}{2})}\}$，词向量集合 V_1 和余弦值集合 E_1 共同构成2021年第四阶段的语义网络 G_1，该语义网络是由5100个关键词词向量和两两词向量的余弦值构成的复杂矩阵，部分关键词及余弦值构成的语义网络如表3.3所示。

表3.3　部分关键词及余弦值构成的语义网络

关键词	人工智能	技术	经济	数字	精密仪器	能源动力	数据安全	生物医药	新兴产业	集成电路
人工智能	1	0.573	0.343	0.473	0.517	0.475	0.306	0.320	0.347	0.357
技术	0.573	1	0.363	0.501	0.514	0.545	0.328	0.331	0.365	0.346
经济	0.343	0.363	1	0.622	0.373	0.323	0.293	0.366	0.529	0.336
数字	0.473	0.501	0.622	1	0.406	0.319	0.354	0.355	0.410	0.348
精密仪器	0.517	0.514	0.373	0.406	1	0.728	0.281	0.489	0.539	0.532
能源动力	0.475	0.545	0.323	0.319	0.728	1	0.335	0.521	0.528	0.557

(续表)

关键词	人工智能	技术	经济	数字	精密仪器	能源动力	数据安全	生物医药	新兴产业	集成电路
数据安全	0.306	0.328	0.293	0.354	0.281	0.335	1	0.267	0.268	0.236
生物医药	0.320	0.331	0.366	0.355	0.489	0.521	0.267	1	0.594	0.655
新兴产业	0.347	0.365	0.529	0.410	0.539	0.528	0.268	0.594	1	0.521
集成电路	0.357	0.346	0.336	0.348	0.532	0.557	0.236	0.655	0.521	1

3.3　数字产业创新生态系统结构识别

3.3.1　系统构成要素分析

利用PageRank算法进行数字产业创新生态系统构成要素分析，PageRank算法的核心思想是，通过系统语义网络中的链接关系确定节点的重要性。PageRank算法通过计算语义网络中全部阶段的节点重要度，识别语义网络中的关键节点，在创新生态系统语义网络特征分析领域应用广泛(Haveliwala，2003)。节点重要度是识别语义网络节点重要程度的关键指标，节点的重要度取决于本节点被其他节点链接的数量，还取决于所链接节点的重要度(Brin，Page，1998)。因此，数字产业创新生态系统中，某些技术创新节点因为与众多相关领域的节点相连，而被赋予较高的重要度，反映了该技术在推动产业发展和技术进步过程中的核心地位。节点重要度通常以PR值表示，PR值越高说明该节点在语义网络中的重要程度越高，越能够代表整个语义网络。节点重要度计算公式为

$$\mathrm{PR}(i)=(1-\alpha)+\alpha\sum\nolimits_{j\to i}\mathrm{PR}(j)/d_j \tag{3.1}$$

式中，α为阻尼系数，通常取值0.85；d_j为语义网络中节点i之外其余节点j的出度；$\mathrm{PR}(j)$为节点j的节点重要度。

对语义网络中全部节点进行评估后，依照节点重要度指标对全部节点进行排序，识别语义网络中重要性排名前100的网络节点，作为代表网络特征的关键词。进一步对100个具有代表性的关键词进行筛选，剔除含义过于广泛，无法提

供具体语义信息的关键词，以及与系统要素相关性不高的关键词。筛选后共保留54个具有代表性的特征词，用于对系统内部要素进行分类。架构者理论认为系统创新的主体由内部架构者和外部架构者组成(Jacobides et al.，2018；Jacobides et al.， 2016)，两类架构者在外部环境中相互作用，通过资源要素的交互，共同推动系统的价值创造和动态发展。资源要素的交互作用有助于促进资源的有效配置，推动生态系统适应环境变化，从而实现持续创新和进步。

根据架构者理论和创新生态系统理论，本书将系统内部要素分为内部架构者、外部架构者和资源要素三类，并基于此绘制了数字产业创新生态系统基本要素构成模型，描述数字产业创新生态系统的基本要素，如图3.1所示。内部架构者指系统内部进行决策和管理的个体或组织，外部架构者指系统外部影响系统发展的个体或组织。资源要素包括能够被系统利用创造价值的资源，如技术、资本、信息等。要素构成模型揭示了各要素间的关系，展示了不同主题要素如何共同作用于系统的整体创新。模型的核心在于识别和优化内部架构者与外部架构者的作用，以及如何管理和动员资源要素，以促进系统的整体发展。

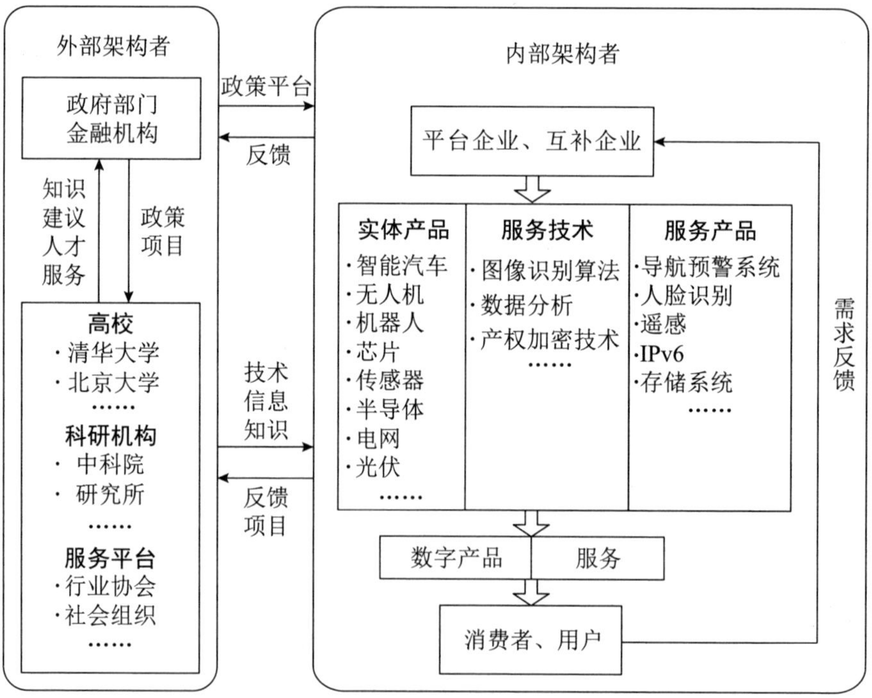

图 3.1　数字产业创新生态系统基本要素构成模型

1. 内部架构者

内部架构者是数字产业创新生态系统的主导者，为系统价值共创与演化提供能量，对系统的发展起到支撑作用，是推动系统价值共创与演化的核心动力，是整个系统发展演化的基础(Adner，2006；Moore，1993)。核心企业是整个产业创新生态系统的核心，引领整个产业的创新发展方向，通过开放平台的建设，核心企业促进相关企业、开发者及消费者等系统主体间的互动与合作，形成紧密相连的网络。通过语义网络节点分析，内部架构者包含“企业”“开放平台”“产业”“开发者”“华为”“腾讯”和“消费者”等特征词。通过对语义网络节点特征的分析可知，数字技术的创新发展催生数字化创新主体及数字赋能的创新主体，为数字产业创新生态系统提供了全新的构成要素。随着数字技术的不断创新，数字技术赋能的创新主体随之出现，对传统的商业模式变革产生推动作用，利用大数据、人工智能、云计算等先进技术，不断探索和拓展数字经济的边界。

2. 外部架构者

外部架构者是数字产业创新生态系统的价值创造支持者，对系统的发展起到指导和监督的辅助作用，外部架构者通过提供指导和监督，引导生态系统的发展方向，同时促进内部架构者间的协同工作(Nambisan et al.， 2017)。语义网络中外部架构者包含“清华大学”“中科院”“金融机构”“政府部门”“服务平台”和“北京大学”等特征词。由此可见，外部架构者中关键系统主体主要由科研机构、高校及政府服务部门构成，在数字产业创新生态系统中发挥技术及服务支持作用，为内部架构者提供专业支持及服务。系统中的机构和组织构成支持网络，为产业创新生态系统内各主体提供必要的资源和服务。特别是科研机构和高等教育机构，通过前沿的研究和创新，为整个系统注入新的活力和动力。政府部门则通过制定相关政策和提供资金支持，为生态系统的健康发展提供保障。数字产业创新生态系统中，外部架构者的作用包括提供专业技术和服务，构建和维护开放和包容的环境，帮助系统参与者明确自身在系统中的位置并充分发挥自身潜力，外部架构者为内部架构者提供稳定而富有成效的工作平台。

3. 资源要素

资源要素是各系统主体间互动的关键部分，系统的发展变化伴随着不同资源要素的流动(Chesbrough，2006；Teece，2018)。语义网络中的资源要素包含“关键技术”“人工智能”“产业链”“产业基地”“基础设施”“前沿技术”“算法”和“芯片”等特征词。数字经济背景下，传统的技术信息要素与新兴的数字技术、产品紧密结合，共同构成复杂而多元的生态系统。数字要素的流动和交互尤为频繁，不仅包括数字化技术本身，还包括由数字技术衍生出的各种产品和服务。数字要素的高频出现，反映了数字要素在当前经济中的重要性，也反映了系统未来发展的趋势。数字技术不仅改变了产品和服务的形态，也重塑了产业间的关系。新兴的数字产业创新生态系统，以其独特的资源要素配置，促进不同学科领域的跨界合作，加速了知识的流动和创新的迭代。数字产业创新生态系统主体通过数字要素的交换和利用，寻求新的增长点和竞争优势。

3.3.2　系统结构识别

基于社区发现方法，对数字产业创新生态系统内部结构进行分析，进而对不同时间阶段系统结构演化路径进行探究。通过对各阶段语义网络内部社区结构进行探测分析，明确各阶段语义网络的结构构成，进而明晰各时间阶段数字产业创新生态系统内部结构。社区发现方法用于对复杂网络内部的社区结构进行划分，Louvain算法是进行社区划分与识别的关键方法。社区发现方法提供了深入分析内部结构和演化路径的手段，通过对各阶段语义网络内部社区结构进行分析，可识别系统内部的关键组成部分，以及系统内部要素相互作用和协同工作的方式。Louvain算法基于模块度最优化原则，评估语义网络中节点间的紧密程度，根据节点及其紧密程度对社区进行划分，并确定最佳的社区划分方案。Blondel等(2008)提出该算法，通过迭代优化模块度达到社区划分的目的，模块度本身是衡量社区内联系紧密程度的指标，反映了社区内部结构的紧密程度，高模块度值意味着网络中的社区划分得更为合理，社区内的节点联系更为紧密(Newman，2006)。模块度的计算公式如下：

$$Q=\frac{1}{2m}\sum_{ij}[A_{ij}-\frac{k_i k_j}{2m}]\delta(c_i,c_j) \tag{3.2}$$

式中，Q表示模块度；m表示网络中所有连边权重之和；A_{ij}表示节点i和节点j间的连边权重；k_i表示节点i所有连边权重之和，k_j表示节点j所有连边权重之和；$\delta(c_i,c_j)$表示节点i和节点j是否在同一社区，若在同一社区，$c_i=c_j$，

$\delta(c_i,c_j)$ 取值为1，否则 $c_i \neq c_j$， $\delta(c_i,c_j)$ 取值为0。

为避免社区识别过程中，关键词间弱关联关系的干扰，根据滕婕等(2022)关于语义依赖关系网络分析的做法，剪除关联关系较弱的节点间连边。通过导入语义网络，依次在网络中添加节点、边及边的权重，完成各时间节点语义网络的构建，利用Louvain算法进行社区发现并计算相应模块度，12个阶段的语义网络共识别出137个社区，各阶段社区划分结果如表3.4所示。

表3.4　社区划分结果

区间编号	时间阶段	社区数量	模块度	区间编号	时间阶段	社区数量	模块度
1	19-1	19	0.463	7	20-3	10	0.400
2	19-2	18	0.440	8	20-4	9	0.412
3	19-3	13	0.424	9	21-1	10	0.455
4	19-4	16	0.501	10	21-2	8	0.469
5	20-1	10	0.504	11	21-3	8	0.528
6	20-2	9	0.433	12	21-4	7	0.442

3.4　系统结构演化路径分析

社区相似度可用于判断不同阶段数字产业创新生态系统间的演化关系，反映社区间的关联关系。社区相似度计算过程如下。

定义全部时间区间的语义网络集合为 G，计算公式如下：

$$G=\{C_{L_1},C_{L_2},\ldots,C_{L_{(t-1)}},C_{L_t}\} \tag{3.3}$$

式中， C_{L_t} 为时间区间 L_t 内的社区集合。将各时间阶段社区代入公式3.3可得：

$$G=\{(C_1^{L_1},C_2^{L_1},\ldots,C_i^{L_1}),(C_1^{L_2},C_2^{L_2},\ldots,C_j^{L_2}),\ldots,(C_1^{L_t},C_2^{L_t},\ldots,C_n^{L_t})\} \tag{3.4}$$

式中， C_{L_t} 为时间区间 L_t 内社区集合； $C_n^{L_t}$ 为时间区间 L_t 内社区 n 。

基于社区划分结果，计算各社区的核心节点作为社区核心特征词。核心节点是语义网络中最具代表性的节点，选择节点重要度指标最高的节点作为社区核心节点，其对应的关键词视为该社区的核心特征词，形成12个核心特征词集合 H 。将社区核心特征词输入训练好的Word2Vec模型，对核心特征词构建词向量。计算相邻时间阶段社区的核心特征词词向量的余弦相似度，形成余弦相似度集合 SM 。相邻时间区间 $L_{(t-1)}$ 与 L_t 的社区相似度为 SM，计算公式如下：

$$SM = \text{sim}(C_{L_{(t-1)}}, C_{L_t}) \tag{3.5}$$

式中，SM 为社区相似度，C_{L_t} 为时间区间 L_t 内社区集合。将两阶段社区代入公式3.5可得，

$$SM = \text{sim}((C_1^{L_{(t-1)}}, C_2^{L_{(t-1)}}, \ldots, C_m^{L_{(t-1)}}), (C_1^{L_t}, C_2^{L_t}, \ldots, C_n^{L_t})) \tag{3.6}$$

式中，$C_n^{L_t}$ 为时间区间 L_t 内社区 n； $\text{sim}(C_{L_{(t-1)}}, C_{L_t})$ 为时间区间 $L_{(t-1)}$ 与 L_t 的社区集合余弦相似度。

进一步计算相邻时间阶段社区内部核心关键词间的相似度，以判断相邻时间阶段社区的关联度，核心关键词相似度计算公式如下：

$$\text{sim}(H_{L_{(t-1)}}, H_{L_t}) = \text{sim}((H_1^{L_{(t-1)}}, H_2^{L_{(t-1)}}, \ldots, H_m^{L_{(t-1)}}), (H_1^{L_t}, H_2^{L_t}, \ldots, H_n^{L_t})) \tag{3.7}$$

式中，$\text{sim}(H_{L_{(t-1)}}, H_{L_t})$ 为时间区间 $L_{(t-1)}$ 与 L_t 的社区核心特征词集合余弦相似度；H_{L_t} 为时间区间 L_t 内社区核心特征词集合；$H_n^{L_t}$ 为时间区间 L_t 内社区 n 的核心特征词。

根据Liu等(2020)的研究，设定余弦相似度阈值为0.700，高于阈值的词向量视为相关，基于此构建12个数字产业创新生态系统结构演化路径。根据社区演化理论可知，社区的发展包含新生、成长、合并、衰减、分裂及衰亡等6个阶段(Blondel et al.， 2008；Palla et al.， 2007)。新生阶段，社区处于初始形成状态，社区内部成员数量有限，社区成员间交流活动不频繁。成长阶段，社区内部成员数量增加，交流活动变得更加活跃，社区的影响力和认知度开始上升，逐渐吸引更多的新成员加入。合并阶段是社区发展的转折点，多个小社区可能合并成大社区，共享资源和信息，社区在该阶段具有更强的凝聚力和更广泛的影响力。衰减阶段，社区的活跃度下降，社区内部成员间的交流减少，社区的凝聚力开始减弱。分裂阶段，原本统一的社区可能分裂为多个小社区，通常是由内部矛盾或外部压力导致的，各个小社区有自己的特色和发展方向。衰亡阶段，是社区生命周期的终点，该阶段社区的活动几乎停滞，团队内部成员流失严重，最终可能导致社区的解散。

图3.2和图3.3通过特征词间的关系展示了社区2019年和2020年的演化，图中特征词间的连线表示两个特征词间存在显著关联关系。连线上的数字代表两个特征词词向量的余弦值，数值越大表示特征词之间的联系越紧密。通过对图3.2和

图3.3的分析，可观察到社区核心特征词随时间演化的特征。例如从19-1阶段到22-2阶段，社区结构的演化呈现出由分散到集中的趋势。根据图中变化趋势可知数字产业创新生态系统的发展规律：从最初的结构分散，逐步演变为结构清晰，从而形成更加稳定和高效的社区生态系统。该过程体现了社区内部结构的优化，反映了社区在适应外部环境变化方面的动态调整能力。随着时间的推移，社区的核心特征词和特征词之间的关系更加明确，体现出数字产业创新生态系统由结构分散逐渐趋向于结构清晰的规律。

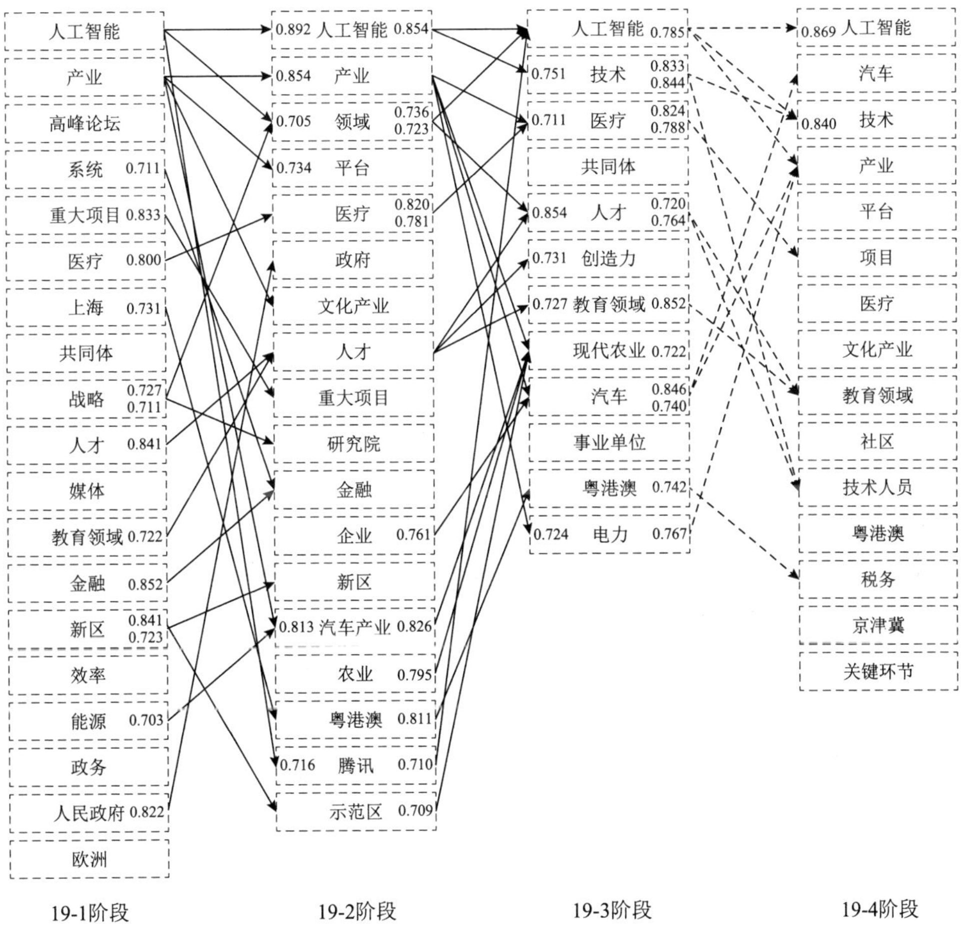

图 3.2　2019 年社区特征词演化过程

通过对图3.2所示的社区特征词演化过程进行分析可知，2019年数字产业创新生态系统结构的演化呈现出多样化的特点，反映了分裂、合并、成长、新生、衰减和衰亡等多种特性。19-1阶段，“产业”一词与19-2阶段的“文化产业”

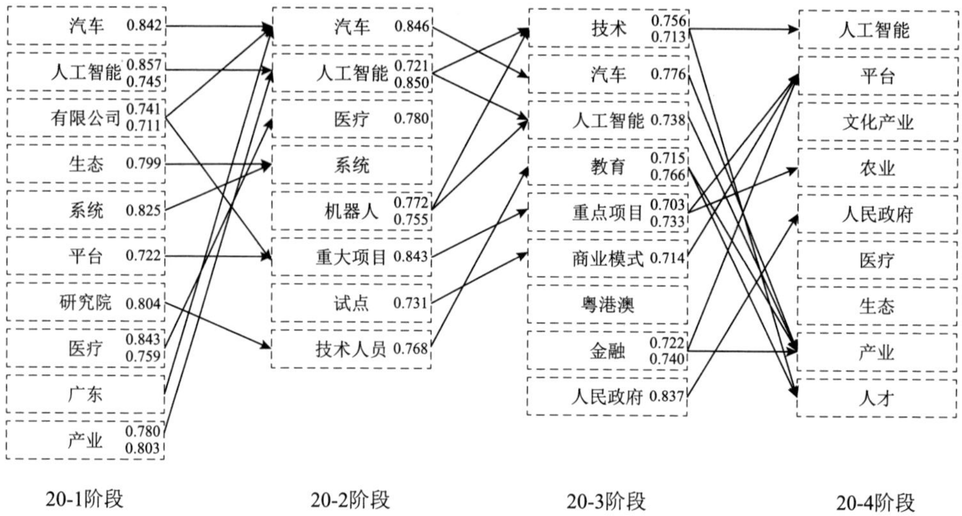

图 3.3　2020 年社区特征词演化过程

“企业产业”“产业”和“平台”等词汇有着密切的联系，说明社区在演化过程中的分裂特性。同样，19-2阶段，“人工智能”一词被进一步细分为19-3阶段的“技术”和“人工智能”，也是社区演化理论中分裂特性的体现。此外，19-2阶段的“人工智能”“领域”和“腾讯”与19-3阶段的“人工智能”有着高度的关联性。同时，19-2阶段的“产业”“农业”和“示范区”与19-3阶段的“现代农业”也显示出紧密的联系，是社区演化理论中合并与成长特性的具体表现。19-2和19-3阶段，“平台”和“电力”两个特征词首次出现，代表社区演化理论的新生特性。19-4阶段，“京津冀”特征词未能在后续的时间区间内继续出现，反映了社区演化理论的衰减和衰亡特性。

进一步分析19-1至19-3阶段的演化过程，可知数字产业创新生态系统结构的变化不仅局限于特定的词汇变化，同时反映了产业内部的动态调整和外部环境的影响。例如19-1阶段的“产业”与19-2阶段的“文化产业”间的关联，指向文化因素在产业发展中的重要性，以及文化与经济间的相互作用。“企业产业”的出现说明企业在推动产业发展过程中的关键作用，以及企业如何通过创新适应和塑造市场。19-3阶段，“技术”和“人工智能”的分裂代表技术发展的多元化趋势，以及人工智能作为独立领域的崛起。核心词汇的分裂反映了产业结构变化的趋势，揭示了技术进步如何推动产业的细分和专业化。同时，“现代农业”的出现表明农业领域的现代化转型，以及传统农业与现代技术结合的趋势。

通过对图3.3所示的社区特征词演化过程进行分析可知，2020年数字产业创新生态系统结构的演化过程，涵盖特征词的新生、衰亡、分裂、合并及成长等多个特性。20-1阶段，“广东”特征词首次出现，在随后的时间区间内没有再次出现，反映了社区演化理论的新生和衰亡特性。“人工智能”特征词经历分解，演变为20-2阶段中的“人工智能”和“机器人”两个相关特征词，且两个特征词在20-3阶段与“人工智能”保持高度的关联性。此外，20-3阶段，“人工智能”“汽车”“教育”和“金融”等特征词与20-4阶段中“产业”特征词显示出高度关联性，反映了社区演化理论中的分裂与合并特性，以及系统结构演化的连续性。20-1阶段，“汽车”“有限公司”和“产业”三个特征词与20-2阶段中的“汽车”保持高度的关联性，表明三个特征词在社区中的稳定性和重要性。20-3阶段，“技术”和“教育”两个特征词与20-4阶段中的“人才”特征词间的高度关联性，进一步体现了社区演化理论的合并和成长特性。

通过对图3.4所示的社区特征词演化过程进行分析可知，2021年数字产业创新生态系统结构的演化过程，涵盖合并、分裂、成长和消亡等多种特性。21-1阶段，“疫情”“产业”“医疗”“技术”等特征词与21-2阶段的“医疗”关键词存在显著的关联，以上关联性在21-3阶段更为紧密。21-4阶段，“产业”和“医疗”两个特征词明显分离，展现了社区演化理论的合并、分裂和成长特性，以及系统结构演化的连续性。21-2阶段，“技术”特征词进一步细化为“人工智能”“信息”和“人才”，反映了社区特征词在演化过程中的分裂特性。同时，21-1阶段的“创业”特征词在21-2阶段与“医疗”发生分裂，在随后演化过程中，“创业”未出现新的变化，体现了社区演化理论中的消亡特性。进一步分析21-1至21-4各阶段的演化过程可知，各阶段均存在独特的特征词变化，整个生态系统的演化存在连贯性特征，如“技术”在21-2阶段的分裂为“人工智能”“信息”和“人才”，说明技术领域的细分和专业化，预示未来可能的发展方向。此外，特定特征词如“创业”在演化过程中的消亡，表明某些概念或实践在特定时间内较流行，随着环境的变化和新概念的出现，逐渐失去影响力或被其他特征词取代。

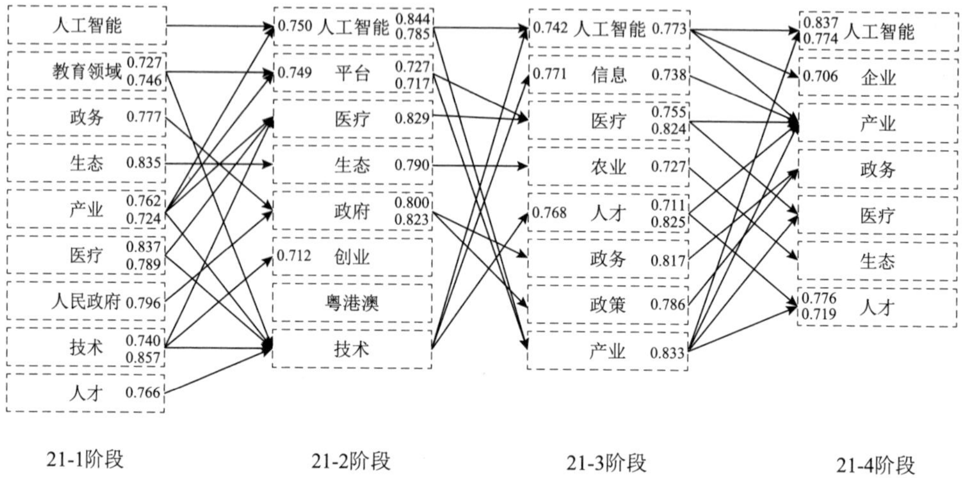

图 3.4 2021 年社区特征词演化过程

在深入研究社区特征词的演化过程及其成果的基础上，将数字产业创新生态系统的结构分为企业主体、科教主体、政府主体、技术要素和产业领域，详细划分结果如表3.5所示。数字产业创新生态系统中，企业主体扮演内部架构者角色，涵盖“腾讯”“平台”“重大项目”“公司”“企业”等关键词，企业主体是系统内部的核心创新主体，对系统的发展起引领作用。科教主体和政府主体则相当于外部架构者，科教主体包括“研究院”“人才”“技术人员”等关键词，政府主体涉及“政府”“事业单位”“政策”“政务”“战略”等。科教主体和政府主体在系统中发挥辅助创新的作用，为企业主体提供必要的咨询、服务和技术指导。技术要素是数字产业创新生态系统中不可或缺的资源要素，包括“人工智能”“机器人”“技术”“信息”等关键技术领域。此外，识别出产业领域类别，包含“现代农业”“金融”“文化产业”“医疗”“电力”“能源”“汽车”“生态”“教育”等多个行业，是数字创新和数字经济未来发展的关键领域。

表3.5 社区特征词类别

类别编号	系统结构类别	系统结构特征词
1	企业主体	腾讯、平台、重大项目、公司、企业
2	科教主体	研究院、人才、技术人员
3	政府主体	政府、事业单位、政策、政务、战略
4	技术要素	人工智能、机器人、技术、信息
5	产业领域	现代农业、金融、文化产业、医疗、电力、能源、汽车、生态、教育

根据社区核心特征词及系统结构的5个类别，统计各时间区间不同结构类别所包含的特征词，基于此绘制社区结构分布图，以分析数字产业创新生态系统结构类别的时间演化特点，如图3.5所示。图中圆圈代表不同类别要素在特定时间区间内的数量，圆圈面积大表示相应类别要素的数量多。通过对系统内部各类别要素的时间分布进行分析可知，系统内部各类别要素呈现出融合与合并的趋势。其中，产业领域类别的要素数量最为突出，但随着时间推移，该类别要素数量呈现逐渐下降趋势。技术要素类别的数量保持相对稳定，企业平台、科教人才和政府机构类别的要素数量从最初的不均匀分布，逐步过渡到较为稳定的状态。

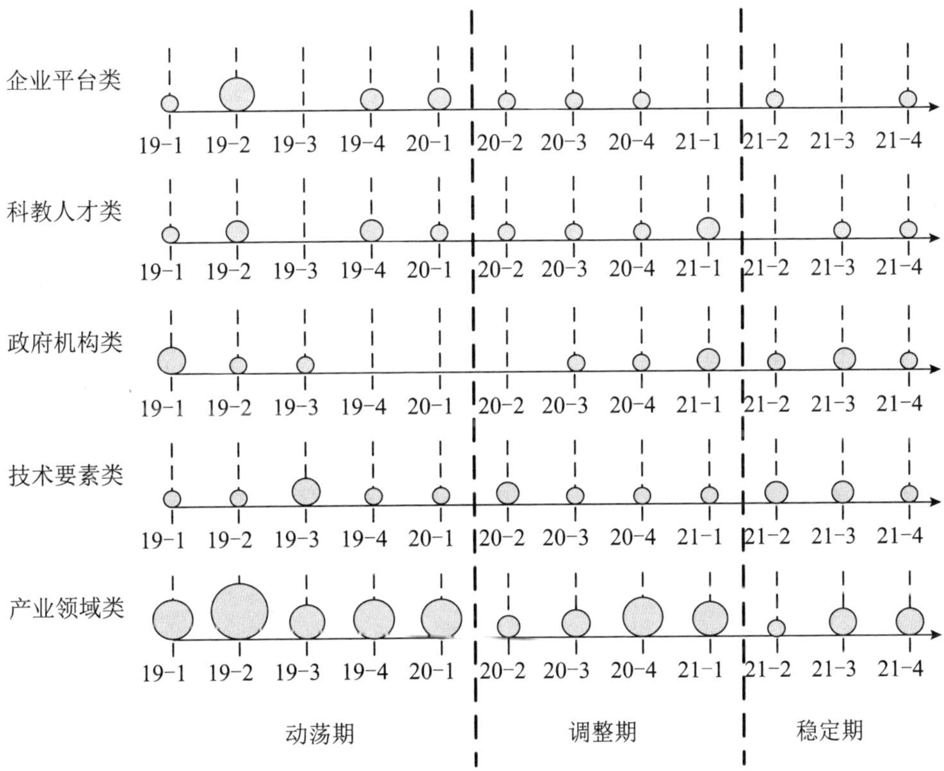

图 3.5　社区结构分布

进一步深入分析可知，基于数字产业创新生态系统结构类别在不同时间区间的特征词分布，可对系统结构演化过程进行阶段划分。产业领域类别的要素数量占据主导地位，与当时市场对新兴技术和创新模式的高度需求有关。随着时间推进，市场逐渐饱和，产业领域类别的要素数量开始减少，技术要素类别由于其核心地位和持续的创新需求，数量保持稳定。此外，企业平台、科教人才和政府机构类别的要素，最初由于政策导向、资金投入和市场环境等因素分布不均，随着政策的完善、资金的合理配置和市场环境的优化，要素的数量也逐渐趋向平衡。

深入分析系统结构的发展过程可知，数字产业创新生态系统演化轨迹可明显地划分为三个时期：动荡期、调整期和稳定期，每个时期都有其独特的内部动态和特征。

(1) 动荡期，即19-1阶段至20-1阶段，该时期数字产业创新生态系统内部经历了剧烈的变化。系统内部的社区核心特征词数量达到了顶峰，显示出多样化和复杂性的特点。核心特征词在不同的结构类别中分布极不均衡，尤其是在产业领域类别中，分布更是呈现出高度的集中性，核心特征词分布的不均衡性反映了系统内部各类社区之间的差异性和分化趋势。

(2) 调整期，即20-2阶段至21-1阶段，该时期数字产业创新生态系统开始逐渐适应内部和外部环境的变化，社区核心特征词开始向某些关键领域聚集，表现出趋于集中的动态。社区核心特征词的总量开始逐步减少，其在各个结构类别中的分布也趋向于均衡，表明系统经历初期动荡之后，开始寻找新的平衡点，以适应不断变化的环境。

(3) 稳定期，即21-2阶段至21-4阶段，该时期数字产业创新生态系统结构演化进入相对平静和有序的状态。社区核心特征词的数量和分布都显示出稳定的趋势，聚合态势有所减弱，社区核心特征词在各类别中的分布更加均匀，反映了系统内部各类社区间的差异性和分化趋势已减少，系统正向更加稳定和协调的方向发展。

3.5　本章小结

本章通过动态语义网络分析方法，系统识别并分析了数字产业创新生态系统的结构，揭示系统核心要素及其相互关系，为理解和优化复杂系统提供理论基础和实证支持。首先，构建系统语义关系网络，通过文本信息语义处理与网络化，揭示系统内不同要素间互动关系与逻辑联系，提取系统核心要素构建系统网络；

其次，通过对系统构成要素的分析，识别数字产业创新生态系统的核心结构特征，通过语义网络分析探讨要素间互动机制，揭示系统内协同创新过程与资源流动路径；最后，总结数字产业创新生态系统的基本结构框架，提出进一步优化系统结构的建议。通过对系统核心要素及其关系的深入分析，本章为理解数字经济背景下产业创新生态系统的复杂性和多样性提供了理论依据与实践指导。

第 4 章　数字产业创新生态系统形成过程分析

本章聚焦数字产业创新生态系统的形成过程。数字产业创新生态系统的形成是复杂、动态的过程，涉及多种资源的配置与整合，以及系统内外部环境的互动与影响。本章从资源编排视角出发，采用单案例探索性研究方法，分析数字产业创新生态系统的形成路径及关键阶段，揭示不同阶段的资源编排策略和战略选择。通过分析案例企业的创新行为和生态系统构建策略，构建数字产业创新生态系统的形成过程模型，对系统形成路径进行深入探讨。

4.1　研究思路

新一代信息技术环境下，科技前沿技术迅猛发展，在数字经济时代，企业需要整合数字技术，打破组织边界(赵艺璇等，2022)，构筑开放式数字产业创新生态系统，实现新的价值创新增长(Kolagar， Parida，Sjödin，2022)。然而，数字产业具有技术专有性强、技术研发周期长的特点(李树文等，2023)，使得核心企业面临核心技术创新瓶颈无法突破、数字技术融合行业壁垒高、跨界协作风险大等困难，导致构建数字产业创新生态系统存在诸多阻碍(Beltagui et al.，2020)。如何基于自身技术资源，灵活调整战略发展目标，有效整合其他主体的技术资源，实现跨界数字产业创新生态系统的构建，是核心企业数字化价值创造面临的关键问题。当前关于数字产业创新生态系统构建路径的研究仍处于探索阶段，多关注区域及行业数字产业创新生态系统演化及治理研究(李海艳，2022；

杨伟等，2022)。理论界关于数字技术对企业产品、生产流程及商业模式的创新影响效果已经基本达成共识，并认为数字技术的普及及不断迭代是数字产业创新生态系统形成的关键动因(Jacobides et al.， 2018；刘洋等，2020)，但关于数字技术如何驱动数字产业创新生态系统的形成未做深入探究。本章重点探讨核心企业如何通过自身的核心技术创新，以及如何通过整合和协调其他系统主体的资源，构建和发展数字产业创新生态系统。采用Mann等(2022)，以及Kohli和Melville(2019)提出的理论框架，通过分析企业系统的启动、开放和应用三个阶段，结合资源编排理论，探究数字产业创新生态系统的构建过程。

4.2　研究设计与过程

4.2.1　研究方法选择

数字产业创新生态系统构建过程研究，采用单案例探索性研究方法，选择理由如下。

(1) 单案例探索性研究适合解释内部机制和过程探索类型的问题(曹裕等，2023；孙新波，张明超，2023)。本章的研究问题是探究数字产业创新生态系统的构建过程，即数字产业核心企业如何利用数字技术，对数字资源及系统主体进行整合，构建数字产业创新生态系统，以及系统构建过程中的资源组合机制。因此，数字产业创新生态系统的组建过程研究属于探索系统形成过程及系统内部资源构建过程研究，适合采用单案例探索性研究方法。

(2) 单案例探索性研究适合探究特定问题背后规律提炼及理论归纳(Gioia et al.， 2013；贾卫峰等，2023)。数字产业创新生态系统的构建是一个多阶段的复杂过程，系统的不同构建阶段伴随着差异化构建目标及内容。采用单案例探索性研究方法，有利于更深入地探究系统构建过程中阶段化环境及任务，能够清晰地展现数字技术利用过程及系统资源组合过程，有助于从根本上把握数字产业创新生态系统构建特征及路径。

4.2.2　案例企业选择与阶段划分

1. 案例企业选择

本章选取ZD环保企业作为案例企业，研究ZD环保采用物联网、大数据等数字技术，进行环境智慧监管与决策支持系统的开发及市场应用，并基于此实现企业数字化转型的发展历程。选取ZD环保企业作为案例企业的理由如下：首先，ZD环保成功地将数字技术应用于生产、业务及商业模式中，并通过与其他企业或单位开展业务合作，实现企业间的价值共创；其次，ZD环保致力于环保技术开发及环保咨询服务，具有突出的研发能力及创新水平，自主研发的VOCs在线监测系统处于国内领先水平，采用了物联网感知、大数据、云计算及AI算法等数字技术，并与多家企业进行业务合作，完成智慧监管与决策支持系统的研发，基本实现企业的数字化转型；最后，ZD环保基于数字技术应用所研发的智慧监管与决策支持系统，已在多地成功完成试点应用，为区域生态环境智慧管理提供决策依据。ZD环保的核心技术产品开发历程如表4.1所示。

表4.1　ZD环保的核心技术产品开发历程

时间	核心产品研发	核心技术应用
1996—1999年	空气连续采样器	自动化采样控制技术
2000—2006年	水质在线检测系统	实时监测技术
	烟气连续在线监测系统	光谱质谱分析技术、自动校准技术
2007—2010年	EC空气产品	感应和控制技术
	浮标水质在线连续自动监测仪	传感技术、数据通信、浮标设计及制造技术
	PM2.5自动监测仪	光散射、激光散射颗粒物采集技术
2011年至今	地下水水质自动监测系统	自动取水技术、定位技术
	VOCs在线监测系统	GC-MS技术、质谱检测技术
	大气网格化精准监控及决策支持系统	微型化及小型化组合监测技术、源解析算法
	智慧生态环境精准管理平台	物联网、大数据技术、云计算及AI算法

2. 数字产业创新生态系统形成阶段划分

数字产业创新生态系统的形成得益于数字技术的应用，根据业务生态系统关于阶段划分的观点，结合案例企业通过数字技术应用进行资源统筹与整合的过程，可将数字产业创新生态系统的构建过程分为启动、开放和整合三个关键阶段(Mann et al.， 2022)。

(1) 启动阶段(2012—2015年)：基础感知层设计。2012年，ZD环保开始布局构建环境智慧监管与决策支持系统，共包含智慧决策系统基础感知层、智慧决策系统数据支持层和智慧决策系统整合应用层。2014年，ZD环保完成微型化、小型化监测设备的布设，推出环境监测网格系统，并成功进行基础感知层设备技术的研发，标志着数字产业创新生态系统的雏形初现，为后续的开放和整合奠定基础。

(2) 开放阶段(2016—2018年)：数字支撑层构建。2016年，ZD环保与物联网企业DM和网络通信企业ZY展开协作，致力于拓展物联网和大数据在环境智慧监管与决策支持系统中的应用。随着合作战略的实施，2018年，ZD环保与互联网企业AL共同构建大数据资源支持中心，完成基础感知层及数据支撑层的建设。数字产业创新生态系统的开放阶段丰富了数字产业创新生态系统的内部资源，为企业在数字领域的创新提供了更广泛的支持和可能性。

(3) 整合阶段(2019年至今)：智慧应用层整合。2018年，ZD环保与互联网企业HW协作，整合基础感知层与数据支撑层系统，建立智慧化环境决策平台，环境智慧监管与决策支持系统全部完成。2020—2022年，ZD环保基于环境智慧监管与决策支持系统，承担多地政府部门智慧环境建设项目。数字产业创新生态系统整合阶段的成功标志着数字产业创新生态系统的完善与应用，为企业在数字领域的持续发展奠定了坚实基础。企业数字产业创新生态系统构建的阶段划分如图4.1所示。

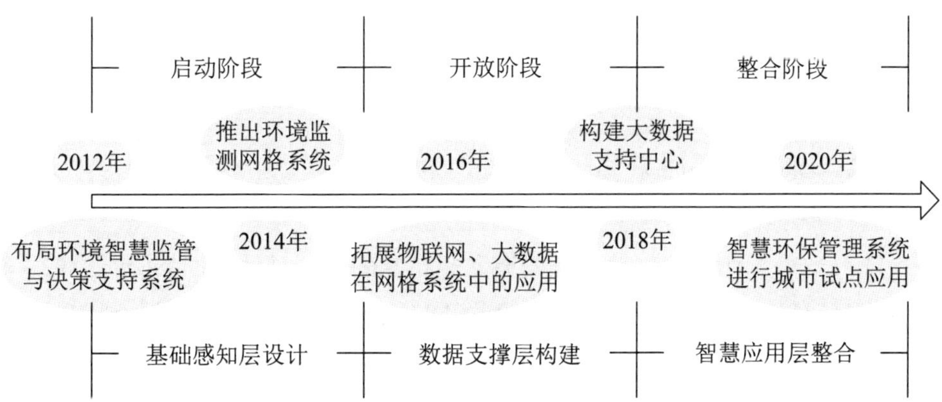

图 4.1　企业数字产业创新生态系统构建的阶段划分

4.2.3　资料收集及处理

本章将一手数据和二手数据结合作为研究基础，通过引入大数据采集技术，从企业官方网站、新闻报道等多渠道获取研究资料。为保证数据的完整性和客观性，研究过程遵循三角验证策略。通过多个独立来源获取的数据，通过相互验证确保数据准确性，以提高研究数据的信效度。通过多来源的数据资料深入探究数字产业创新生态系统构建过程中涉及的系统资源、系统主体及复杂的数字技术活动。企业的资料来源包括领导人公开访谈、管理人员行业会议发言、公告年报、社会责任报告、微信公众号资料、网页新闻资料及学术论文等。多元化资料来源为研究提供多维度的信息，有助于全面了解核心企业引领下数字产业创新生态系统的形成过程。通过初步的汇总与整理，获得案例企业相关文本资料93.6万字。

为使获取的文本资料更加聚焦研究主体，本书采用语义相似度分析法对企业文本资料进行拆分与筛选。语义相似度分析有助于提高文本数据的处理效率，确保文本内容聚焦于与数字技术创新与合作相关的内容，具体筛选过程如下：首先，利用自然语言处理工具，以篇为单位对文本资料进行句子分割，通过标点符号和语法规则判断句子的边界，形成由篇标题、句子、链接等内容构成的文本集；其次，借助Sentence2vec模型逐篇进行单句处理，将句子文本逐一转换为向量表示，形成多语句向量的文本向量集；最后，以“数字技术创新”“数字技术合作”为关键词进行词向量构建，利用余弦相似度逐一计算语句与关键词的相似度，按照余弦相似度值由高到低排序，保留余弦相似度值高于0.82的语句，形成标注核心文本信息资料库，共保留16.7万字的文本。

4.2.4　数据编码与数据分析

数据编码过程采用程序化扎根理论中的编码方法，分为开放性编码、主轴编码和选择性编码三个阶段。

(1) 开放性编码阶段，提炼初始概念和构建副范畴。开放性编码阶段的目标是通过提炼初始概念来构建副范畴。利用NVivo文本分析软件，导入全部文本资料，逐句进行分析标注。将与数字技术、数字产业、创新生态系统构建等相关的特征词汇标注为初始概念，标注过程中尽量保留文本资料的原始信息。通过词汇内涵的范畴化，得到文本信息的副范畴，共包含27个副范畴。该阶段的关键在于最大限度地保留文本资料的原始信息，标注初始概念时，充分运用文本信息的原始词汇，以确保所提炼的初始概念准确地反映文本内涵，保证后续编码阶段更精确地构建理论模型。开放性编码具体操作过程如表4.2所示。

表4.2　开放性编码具体操作过程范例

相关文本内容	初始概念	副范畴
S1结合物联网、云计算、GIS应用、遥感监测、时空数据挖掘、空气预测模型、环境模型模拟等高新技术手段，将生态环境全业务应用与科技创新有效整合，为环境管理及决策者提供行业领先的生态环境大数据综合解决方案	A1业务应用与科技创新整合 A2环境大数据综合解决方案	B1规范生态大数据 B2跨行业数据融合
S2能不能有一种有效的方法，结合我们现在比较流行的大数据、互联网等推出一个新的产品呢	A3数字技术产品研发	B3攻关关键技术 B4主导技术标准
S3系统打通了从环境监测到监管的通道，是对传统环境监测理念的一次重大创新	A4环境监测监管整合	B5监测设备整合
S4基于环境监测、物联网和大数据技术，组合布设微型化、小型化监测设备	A5数字技术融合环境监测 A6监测设备微型化、小型化	B6深度治理技术 B7加大科技创新力度
S5在未来的发展浪潮中，监测企业需要与软件商、IT企业展开合作，不断提升企业研发能力，由单纯的S6“硬件”设备销售向“软件”与“硬件”协同销售方向发展，强化数据挖掘、数据系统服务方面的能力	A7互联网企业合作 A8研发能力提升 A9数据挖掘能力强化、数据系统维护服务能力强化	B8研发国际领先设备 B9科技数据支撑
S7智慧环境是以通信网络和信息技术为特征的环境保护新模式，为环境保护的多个领域提供综合解决方案	A10整合通信网络和信息技术	B10监测信息化融合
S8利用互联网、GIS等信息技术手段，最终集成为多种数据分析模型，以直观的方式呈现数据分析结果，让环境管理规划、应急处置决策、污染管控措施更科学、更智慧	A11数据分析模型集成 A12信息技术手段集成 A13数据分析呈现 A14科学规划决策管控	B11精准数据筛选
S9不仅提供监测设备及相关技术研发和服务，还将重点发展以智慧环境为核心的大数据应用、物联网、管理咨询、环境治理等业务	A15设备技术研发 A16智慧环境咨询 A17环境治理大数据应用	B12全产链综合服务 B13构建创新生态链
S10由环境监测设备研发者、制造商转型成为生态环境监测数据的分析商、使用商，转型成为地方政府生态环境综合管理商及生态环境综合治理服务商	A18政府生态环境服务 A19地方生态环境综合管理	B14提供智慧决策服务

(2) 主轴编码阶段，组合副范畴获取文本信息的主范畴。主轴编码阶段的目

标是从副范畴中提取文本信息的主范畴，基于概念内容，将开放性编码阶段获取的副范畴进行组合，形成文本信息的主范畴。结合文本典型事件信息，将主范畴分别对应至数字产业创新生态系统构建的不同阶段，共获得9个主范畴，所提取的主范畴呈现了数字产业创新生态系统构建过程的关键特征。通过将主范畴与数字产业创新生态系统构建的不同阶段相对应，可以清晰地理解文本信息中涉及的主要主题。主轴编码操作结果如表4.3所示。

表4.3　主轴编码操作结果

主范畴	副范畴
C1内部评估导向战略	B7加大科技创新力度 B6深度治理技术 B8研发国际领先设备
C2外部合作导向战略	B25建立协同创新机制 B16联合技术攻关 B24深度共享商务资源
C3集成应用导向战略	B9科技数据支撑 B12全产业链综合服务 B13构建创新生态链
C4资源开发策略	B18技术资源优势 B19创新技术转化 B21数据链核心应用
C5资源建构策略	B15数据技术支持 B26产品技术转移 B27技术收购国产化
C6资源整合策略	B5监测设备整合 B10监测信息化融合 B17构建智能质控体系
C7网格化监测监控系统构建	B3攻关关键技术 B4主导技术标准 B22精准监控系统
C8大数据资源支持中心构建	B1规范生态大数据 B2跨行业数据融合 B20数据共享交互操控
C9智慧化环境决策系统构建	B11精准数据筛选 B14提供智慧决策服务 B23专业研判决策

(3) 选择性编码阶段，提炼核心范畴和构建理论模型。选择性编码阶段的目标是提炼文本信息的核心范畴，并根据核心范畴间的逻辑关系构建理论模型。通过对主轴编码阶段所获得的主范畴进行提炼，得到文本信息的核心范畴。结合主

范畴及其对应的典型事件，梳理核心范畴间的逻辑关系，依据逻辑关系构建理论模型。选择性编码结果如表4.4所示。

表4.4　选择性编码结果

核心范畴	主范畴
情境战略	C1内部评估导向战略
	C2外部合作导向战略
	C3集成应用导向战略
资源策略	C4资源开发策略
	C5资源建构策略
	C6资源整合策略
行动目标	C7网格化监测监控系统构建
	C8大数据资源支持中心构建
	C9智慧化环境决策系统构建

4.3　案例分析与发现

4.3.1　系统构建战略形成过程

1. 内部评估导向的战略形成过程

数字产业创新生态系统启动阶段，ZD环保的任务是明确构建数字产业创新生态系统的总体战略目标。系统构建前，企业需要全面评估内部资源的现状，并根据市场需求的变化，形成与自身发展阶段相适应的战略。内部资源的评估并非简单的资源整合，需要在企业内部形成基于资源开发的系统构建逻辑，确保战略目标的可行性和可持续性。在国家科技创新战略不断推进的背景下，ZD环保具备前瞻性眼光，紧跟行业市场的快速变化，尤其是在数字技术、人工智能和物联网等新兴技术应用方面。具体而言，ZD环保的空气监测系统在市场上已达到30%的占有率，但市场对智能化解决方案的需求越来越强烈，现有产品的技术水平无法完全满足需求。ZD环保重新评估现有技术，并基于技术环境的演进趋势和市场需求的变化，探讨新型环境治理模式。因此，ZD环保明确了构建集环境监测、控制和决策功能于一体的智慧环境决策系统的发展路径。

智慧环境决策系统构建的基础是全面的环境监测设备布设，ZD环保现有的环境监测网络覆盖不全，监测点位分布不规律，较大程度地影响了监测数据准确性和系统整体监控效果。针对此类问题，ZD环保深入挖掘企业内部资源，制定了构建网格化监测监控系统的目标，并将该系统视为智慧环境决策系统的基础感知层。基础感知层是整个智慧系统的重要组成部分，旨在通过更为密集和精准的监控网络，为环境治理决策提供高效、可靠的数据支持。数字产业创新生态系统启动阶段，随着市场需求的不断变化及行业技术发展的驱动，ZD环保形成了以内部评估为导向的网格化监测监控系统构建战略。

2. 外部合作导向的战略形成过程

数字产业创新生态系统开放阶段，ZD环保在监测设备的技术研发和改进方面取得显著进展，但仍然面临数据碎片化、信息管理不统一等问题。数量庞大且多样化的监测数据无法得到有效管理和应用，限制了企业监测系统的整体效能，阻碍了数据的进一步挖掘和利用。因此，ZD环保确立了以外部合作为导向的系统构建战略，旨在通过与外部合作伙伴的协作，提升整体技术能力并摆脱当前困境。ZD环保拥有种类繁多的环境监测设备，每种设备的连接方式各不相同，监测设备的多样化导致终端监测数据无法实现有效的协同控制。解决此类问题，需要通过标准化处理和传感器改造，确保不同终端设备间的数据无缝传输和高效处理。ZD环保提出构建大数据资源支持中心的战略目标，旨在为智慧环境决策系统提供数据支撑层。数据支撑层的任务是对各类实时监测数据进行全面收集和存储，并对数据的深层次价值进行充分挖掘和应用。

大数据资源支持中心构建过程中，管理层认识到企业在环境监测技术方面具有较高的研发能力，在大数据统筹管理应用方面的经验较少，需要外部相关企业提供技术支持。为实现对各类终端设备的协同控制，ZD环保与物联网企业DM、网络通信企业ZY和互联网企业AL合作，应用边缘计算技术，通过边缘网关将各类终端设备数据传输至数据使能平台。数据协同管理过程涉及环境监测终端设备改造、感知技术优化、通信技术整合，以及数据使能平台构建。数字产业创新生态系统开放阶段，随着企业战略目标的开展及大数据监管平台的构建需求，ZD环保形成了以外部合作为导向的系统构建战略。

3. 集成应用导向的战略形成过程

数字产业创新生态系统整合阶段，ZD环保已基本实现对监测设备的统筹管理和数据存储。随着环境监测数据量的急剧增加，ZD环保面临的数据挖掘与应用方面的挑战愈加复杂，特别是如何对海量生态环境实时监测数据进行深度挖掘，是企业面临的新困境。同时，如何通过海量数据为智慧系统提供支撑，提升企业的决策效率与环境治理能力，仍然是企业亟待解决的关键问题。因此，ZD环保提出了以集成应用为导向的战略发展方向。该阶段，企业管理层认识到依靠现有的网格化监测系统和大数据资源支持中心，已无法满足智慧化决策需求。为实现对生态环境的智能化、精细化管理，ZD环保需要基于现有技术基础进行深度挖掘，构建以集成应用为导向的智慧环保管理系统。

智慧环保管理系统属于数字产业创新生态系统智慧应用层，核心在于整合现有监测系统与大数据资源，通过数字技术构建先进的数据模型和决策模式，从而实现对环境质量监控、污染防治及生态保护的全面支持。智慧环保管理系统建设要求ZD环保对数据的全生命周期进行协同管理和优化，特别是在数据的收集、处理、分析和应用等方面，需要充分利用前沿人工智能和大数据技术，确保系统的高效性和精准性。为实现监测设备的统筹管理，与海量监测数据的存储应用，ZD环保通过与物联网企业DM、网络通信企业ZY、互联网企业AL及互联网企业HW协作，构建了企业智慧环保管理系统。数字产业创新生态系统整合阶段，基于系统统筹管理和智能化决策应用的需求，ZD环保形成了以集成应用为导向的系统构建战略。系统构建战略形成过程的核心编码及举证如表4.5所示。

表4.5　系统构建战略形成过程的核心编码及举证

主范畴	副范畴	原始文本内容及初始编码
C1内部评估导向战略	B7加大科技创新力度	持续加大减污降碳和现代化治理体系创新力度→“加大科技创新力度”
		作为大气污染防治的先行者、精细化管理的践行者，将会继续加大科技创新投入，优化环境管理模式→“加大科技创新投入”
	B6深度治理技术	结合企业现状与深度治理标准，进行精准数据筛选，制定深度治理技术方案→“制定深度治理技术方案”
		末端治理技术上，公司推出VOCs处理沸石转轮一体机，针对不同企业污染情况进行定制化设计→“末端治理技术推进”
	B8研发国际领先设备	引进先进卫星通信、遥感技术及智能传感器等尖端科技，进行国际领先设备的研发→“研发国际领先设备”

(续表)

主范畴	副范畴	原始文本内容及初始编码
C2外部合作导向战略	B25建立协同创新机制	在技术、业务层面建立协同对接机制，推动项目策划、项目执行落地→“建立协同对接机制”
		深化双方的技术、人才、服务、项目等全方位合作，加快协同创新和市场应用步伐→“加快协同创新”
	B16联合技术攻关	双方在环境监测、治理领域展开关键技术攻关，实现强强联合，优势互补→“关键技术攻关”
		联合全国多家单位，进行高性能光谱仪器关键元器件与部件的应用及工程化开发→“联合技术开发”
	B24深度共享商务资源	信息互通和资源实时共享，加强部门间协作、建立非道路移动机械诚信机制→“信息互通和资源实时共享”
		系统监测数据通过移动通信和互联网技术将机动车污染物排放数据实时上传至环保监控平台，可与尾气年检数据有机连接，实现数据资源共享→“数据资源共享”
C3集成应用导向战略	B9科技数据支撑	集VOCs排放摸底调查、治理台账建立等功能于一体，为环保决策提供强有力的数据支持→“提供数据支持”
		充分利用现代环境监测技术手段，为污染治理提供更加有效的监测数据支持→“提供监测数据支持”
	B12全产业链综合服务	不断研发装备制造新技术，领军环境管理与区域环境治理的全产业链综合服务变革→“全产业链综合服务”
		对整个环境监测设备研发、制造行业转型升级做出贡献，以持续的革新带动整个产业链向中高端方向发展→“带动产业链发展”
	B13构建创新生态链	采用产学研用结合方式构建技术创新生态链，形成联合研发模式→“构建技术创新生态链”

4.3.2 资源编排策略

1. 资源开发策略

数字产业创新生态系统启动阶段，ZD环保为实现内部评估导向的系统构建战略，采取内部资源开发策略。内部资源开发策略的核心在于通过技术创新对监测设备进行精准度和智能化改造，服务对象包括各地政府和环境管理部门、化工类企业等。因此，ZD环保需要根据不同地域的环境监测需求，开发高精度、低功耗、微型化及便携化的监测设备。尽管企业在大气治理与水治理领域已积累较丰富的技术经验和自主研发专利技术，但仍需要克服设备交叉干扰和受温湿度影响等问题。为解决技术难题，ZD环保通过企业内部技术研发，整合和开发自身现有资源，构建数字产业创新生态系统基础感知层。

数字产业创新生态系统基础感知层的构建，主要涵盖两方面工作：一方面，ZD环保致力于更新现有环境监测设备技术，追求微型化和便携化创新应用，如网格化微型站的研发；另一方面，ZD环保将新技术与传统设备融合，实现环境监测设备的创新应用，如数字化精度改进的气溶胶激光雷达设备。关键设备的研发和改进，使ZD环保的新产品能够满足广泛的市场监测需求，实现设备的灵活布设，从而完成不同地域的网格化监测监控系统的构建。通过对监测设备的微型化和便携化研发创新，以及对监测技术进行数字化精度改进，ZD环保基本能够实现灵活布设不同类型的监测设备，从而完成网格化监测监控系统的构建。在市场应用过程中，监测设备的改进与创新能够较大程度地满足环境管理部门及企业的不同监测需求，也为数字产业创新生态系统基础感知层的构建提供了设备基础。

2. 资源建构策略

数字产业创新生态系统开放阶段，ZD环保为实现外部合作导向的系统构建战略，采取外部资源建构策略。外部资源建构策略的核心在于通过与外部合作伙伴协同努力，利用新技术的引进与融合，实现监测设备物联感知网络的构建，以及数据资源的收集和存储。为实现对系统启动阶段网格监测设备的实时管理，ZD环保需要对环境监测设备进行标准化改造，实现终端设备数据处理及协同存储管理。通过对环境监测设备进行标准化改造，以及对环境实时监测数据的收集、传输与存储，实现对数字产业创新生态系统数据支撑层的构建。

数字产业创新生态系统数据支撑层的构建，主要涉及两方面工作，一是环境监测设备的端口统一化改造，二是局部数据采集、处理及传输协同存储管理。环境监测设备的端口统一化改造方面，通过与物联网企业DM合作，ZD环保对不同型号、类型的环境监测设备进行硬件改造，以解决企业设备型号各异、接口规则和通信规则不统一的问题，实现企业监测设备与物联网终端的硬件互联；局部数据采集、处理及传输协同存储管理方面，通过与网络通信ZY企业和互联网AL企业等多方合作，实现监测数据的采集与存储，利用边缘计算技术和物联网终端设备进行连接，完成监测数据的采集和初步分析。通过与网络通信企业ZY和互联网企业AL合作，构建大数据支持平台，为监测数据提供可靠的存储和管理，从而全面支持数字产业创新生态系统的开放阶段运行。

3. 资源整合策略

数字产业创新生态系统整合阶段，ZD环保为实现集成应用导向的系统构建战略，采取内外部资源整合策略。资源整合策略的核心在于将基础设备层与数据支撑层资源进行整合，从而实现对数据资源的深度挖掘与管理应用。ZD环保在该阶段的关键目标是构建环境智慧监管与决策支持系统，旨在实现对环境的智能化管理，包括监测、分析、溯源、预警及决策等功能，进而完成数字产业创新生态系统智慧应用层的构建。

数字产业创新生态系统智慧应用层的构建，主要包含两部分工作：环境监控、预警与溯源平台建设，以及环境智能评估决策平台构建。环境监控、预警与溯源平台建设方面，ZD环保通过整合网格化监测设备、物联网终端设备和边缘计算，搭建环境实时监控平台、风险预报预警平台及污染源识别溯源平台。设备的整合与平台的建设，使ZD环保能够实现对生态环境的持续实时监控，为环境管理提供准确、高效的定位监测点及污染区域的工具。根据ZD环保的统计数据，环境监控、预警与溯源平台的搭建为环境监测与管理带来显著效率提升，使得终端设备的无效巡查减少30%以上，污染问题准确处理能力在数量上提升45%以上；智能评估决策平台构建方面，ZD环保基于大数据支撑平台的数据资源，进行数据测算及决策模型设计，构建生态环境指标评价系统，形成智能评估决策平台。智能评估决策平台为环境质量的科学评级提供评价工具，对未来环境状态的发展趋势进行准确预测。资源编排策略实施的核心编码及举证如表4.6所示。

表4.6　资源编排策略实施的核心编码及举证

主范畴	副范畴	原始文本内容及初始编码
C4资源开发策略	B18技术资源优势	企业在智慧环境领域，拥有业界尖端技术水平及庞大的物联网大数据资源优势→“技术及资源优势”
		企业发挥技术和资源优势，持续加大科研投入，在行业领域稳步深耕→“技术和资源优势”
	B19创新技术转化	依托国外子公司平台，将先进、完善的产品线进行技术转化，进而将产品推向全球市场→“产品线技术转化”
		将创新技术转化为应用成果，持之以恒地推动环保技术创新和行业发展→“创新技术转化”
	B21数据链核心应用	基于数据链思维的工业园区环境风险预警体系构建，充分利用环境、厂界和企业内部的监测数据，加强数据的关联分析，相互印证，形成数据链→“数据链支持风险预警”
		企业综合走航监测系统融合应用数据链，赋能污染溯源与管控→“融合应用数据链技术”

(续表)

主范畴	副范畴	原始文本内容及初始编码
C5资源建构策略	B15数据技术支持	利用大数据技术，为工业园区环境污染监测、管理、预警、指挥、执法提供支撑→“数据技术支持”
		利用大数据技术挖掘数据之间的关系，结合水文气象数据及多种环境质量模型，甄别影响区域水质的主要因素及其污染贡献率，实现靶向控源和精准治污→“数据技术支持”
	B26产品技术转移	企业重视国外产品技术转移，做好专利申请和知识产权保护→“产品技术转移”
		企业在产品技术方面已达到全球领先水平，在国内广泛应用的基础上，已与联合国环境规划署及多个国家达成合作→“产品技术转移”
	B27技术收购国产化	企业收购的美国公司产品已经进行国产化，降低了成本→“技术收购国产化”
		通过走出去收购国外企业获取监测技术，促进国内技术快速提升→“技术收购国产化”
C6资源整合策略	B5监测设备整合	组合布设微型化、小型化监测设备，形成大范围、高密度的环境监控网络→“监测设备整合”
		组合各类微型监测设备，形成了一张覆盖整个城区，高时间分辨率、高空间分辨率和多参数的实时监测大网格→“监测设备组合”
	B10监测信息化融合	通过现代信息化手段实时监控数据异常、参数改变与运维质控过程，监督运维人员对仪器维护保养的关键环节→“信息化手段融合”
		“传统环境监测+大数据信息化”相互融合、“企业+院校科研”相互转化的“测、控、评、治、管”一体化“环保管家”新模式→“数据信息化融合”
	B17构建智能质控体系	聚焦环境治理重点领域和关键环节，不断创新智慧环保管理思路，打造智能化、现代化智慧环境管理体系→“智能化管理体系”
		依托空气站数据智能管理系统，进一步从机制上推动智慧化、智能化运营管理改革→“智能化运营管理”

4.3.3　系统形成过程

1. 网格化监测监控系统形成过程

数字产业创新生态系统启动阶段，ZD环保充分发挥自身在环境监测设备领域的技术优势，对环境监测设备技术进行升级改造。该阶段企业实施的关键举措如下。2012年，投入2000多万元资金，进行网格化监测监控系统研发，并持续对监测设备进行小型化与微型化改进，采用传感器微型站进行网格化传感器的布设。2014年，成功推出网格化监测监控系统，该系统具备对多种污染物进行不间断实时监测的能力。同年，收购美国M环保科技企业，进一步强化自身技术实力，掌握气溶胶分析技术，为网格化监测监控系统的技术改进提供有力支持。2016年，自主研发的网格化监测监控系统成功进入市场，成为企业主营业务的重要组成部分。系统启动阶段，ZD环保的业务覆盖全国二十多个城市，服务对象主要为政府部门及环境管理单位。网格化监测监控系统的研发，标志着ZD环保从技术创新到市场拓展的成功过渡。

2. 大数据资源支持中心形成过程

数字产业创新生态系统开放阶段，ZD环保通过外部资源引进，与关联领域领头企业进行紧密的技术协作。该阶段企业重点开展基础感知层硬件设备的互联互通与数据收集传输，以构建大数据资源支持中心。企业实施的关键举措如下。2016年，与物联网企业DM及互联网企业AL签署合作协议，为监测设备的协同管理进行合作研发。通过操作系统内置IP SDK技术和边缘计算网关的应用，实现区域环境监测设备数据的高效收集、标准化转化及加密传输。为进一步实现大数据资源支持中心的构建，2017—2018年，与网络通信ZY企业与互联网企业AL展开广泛合作，构建数据回传网络和云端平台，实现监测设备和边缘网关处理后的数据传输至云端平台。大数据资源支持中心的构建，涉及数据传输网络的搭建，以及借助数字技术解决网络节点故障问题，实现了网络状态的可视化。

3. 智慧化环境决策平台形成过程

数字产业创新生态系统整合阶段，ZD环保致力于将网格化监测监控系统和大数据资源支持中心的全部资源进行有机整合，旨在开展智慧应用层建设，满足不同地域和多样环境监测需求，提供系统智能化的环境治理解决方案。该阶段企业实施的关键举措如下。2018年，与互联网企业HW达成战略合作，为智慧环保管理系统开启新阶段。智慧环保管理系统构建的重点是，基于HL的数据应用能力和ZD环保的完备环境体系，共同构建“1+4”环境智能应用系统。其中，“1”代表智慧化环境决策平台，“4”代表生态环境实时监控平台、风险预报预警平台、污染源识别溯源平台及智能评估决策平台，形成涵盖各个智慧业务平台的协同系统。

2020年，ZD环保与市级政府部门达成协议，将智慧环保管理系统引入城市试点应用。同时，ZD环保专注于系统技术改进，以确保系统在实际应用中的高效性和可靠性。2021—2022年，与国内多所高校和研究院展开深度合作，推动智慧环保管理系统的技术改进和人才培养。同时，与4个省份的政府环境部门签署合作协议，在8个试点区域建立智慧环境管理系统，实现对区域生态环境的全面智慧管理。智慧环保管理系统的引入，为工业企业提供智慧化转型的支持，为产业升级注入新的动力。系统构建过程的核心编码及举证如表4.7所示。

表4.7　系统构建过程的核心编码及举证

<table>
<tr><th>主范畴</th><th>副范畴</th><th>原始文本内容及初始编码</th></tr>
<tr><td rowspan="6">C7网格化监测监控系统构建</td><td rowspan="2">B3攻关关键技术</td><td>企业依托研发科创中心，突破关键技术壁垒，助力环保产业链稳定持续发展→“突破关键技术壁垒”</td></tr>
<tr><td>颗粒物监测技术，企业重点关注量值溯源及影响因素，积极探究减少其影响的方法及检测颗粒物的标准量值溯源关键技术→“突破关键技术”</td></tr>
<tr><td rowspan="2">B4主导技术标准</td><td>分公司主导解决脉冲光源等水质监测关键技术与核心技术集成，制定了两项企业标准→“制定技术标准”</td></tr>
<tr><td>企业原创推出大气网格化监控系统并申请相关专利，在政府部门的发起下，牵头参与起草技术规范与行业标准→“起草技术规范与行业标准”</td></tr>
<tr><td rowspan="2">B22精准监控系统</td><td>区域布点完善的大气网格化监控系统有助于政府更精准地找到污染源，从而针对源头分类施策、科学治污→“精准监控系统”</td></tr>
<tr><td>将可露天使用的小型国标监测方法设备与传感器技术的微型站组合使用，改进网格化监控系统的数据不准问题→“网格化监控系统精准化”</td></tr>
<tr><td rowspan="6">C8大数据资源支持中心构建</td><td rowspan="2">B1规范生态大数据</td><td>以国标法设备为基础，通过大数据管理平台进行数据的监控，实时甄别异常数据→“数据管理规范化”</td></tr>
<tr><td>网格化监控需要用人工智能技术，将大数据监控校准与法定仪器传递校准相结合来修正和保证数据准确→“数据管理精准化”</td></tr>
<tr><td rowspan="2">B2跨行业数据融合</td><td>智慧环境平台以环境数据为中心，以智慧城市为依托，利用云计算及大数据科学计算出环境数据及其与行业数据的关系→“跨行业数据整合”</td></tr>
<tr><td>通过交通、人口、医疗健康等领域的跨行业数据融合，挖掘数据价值→“跨行业数据融合”</td></tr>
<tr><td rowspan="2">B20数据共享交互操控</td><td>利用互联网技术，协助各地政府实现数据共享与交互分析→“数据共享与交互分析”</td></tr>
<tr><td>利用互联网技术实现数据共享与交互操控，满足空气质量监测与应急指挥的需求→“数据共享与交互操控”</td></tr>
<tr><td>C9智慧化环境决策系统构建</td><td>B11精准数据筛选</td><td>平台会结合企业现状与深度治理标准，进行精准数据筛选→“精准数据筛选”</td></tr>
</table>

(续表)

主范畴	副范畴	原始文本内容及初始编码
C9智慧化环境决策系统构建	B14提供智慧决策服务	制定深度治理技术方案，做到一企一策，进行有针对性的整治→“制定深度治理技术方案”
		生态大脑在环保装备制造与生态环境大数据分析服务融合发展方面具有突出成果，能够助力各级政府智慧决策→“助力政府智慧决策”
	B23专业研判决策	智慧环境系统基于环境大数据中心，根据不同情况进行环境分析研判，针对不同区域、不同污染源的问题实时提供管控与治理方案→“精准管控与治理”
		采用先进的信息化手段，精准测算地方能源消费和碳排放总量，研判发展趋势→“研判发展趋势”

4.4 数字产业创新生态系统形成过程阶段分析

基于单案例探索性分析，通过分析数字产业创新生态系统构建过程，揭示了数字产业创新生态系统构建的不同阶段，明确了系统构建不同阶段系统的战略情境、资源策略及创新行动。数字产业创新生态系统构建过程如图4.2所示。

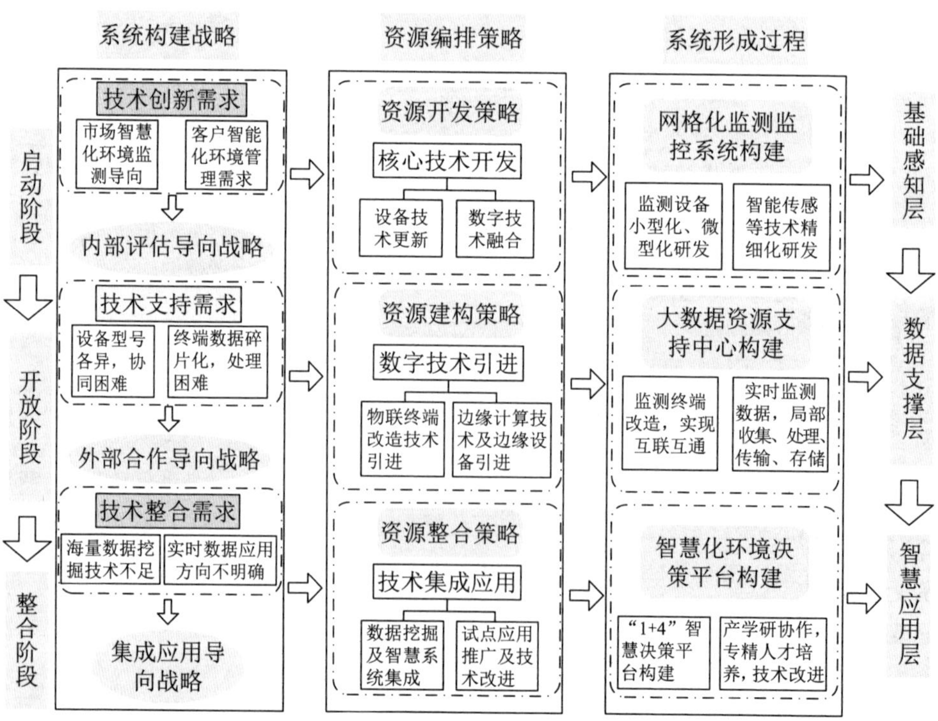

图 4.2　数字产业创新生态系统构建过程

数字产业创新生态系统启动阶段：内部资源评估的战略导向。企业面对市场需求和技术环境的动态变化，制定内部评估导向的情境战略目标，核心策略是资源开发策略，通过内部资源开发，充分利用自身技术资源进行网格化监测监控系统的构建。针对不同地域的监测需求，通过明确的情境战略目标，实现对监测设备的微型化和便携化创新应用。

数字产业创新生态系统开放阶段：外部资源引进与协作构建。企业根据技术需求明确外部合作导向的情境战略目标，核心策略是外部资源建构，企业通过引入外部技术进行协作，成功构建大数据资源支持中心。为应对数据碎片化、信息管理不统一等难题，企业选择与关联领域企业的技术协作，通过标准化处理和传感器改造，实现环境监测终端设备的协同控制，标志着企业在数字产业创新生态系统建设中的战略升级。

数字产业创新生态系统整合阶段：资源整合利用与智慧环境决策平台构建。企业面对智慧化决策管理需求，明确集成应用导向的战略目标，核心策略是内外部资源整合，通过整合内外部资源进行数据深度挖掘，构建智慧化环境决策平台。该平台不仅整合了网格化监测监控系统和大数据资源支持中心的全部资源，还实现了对生态环境的智能化、精细化决策，为数字产业创新生态系统的全面整合提供有力的支持。

4.5　本章小结

本章通过资源编排视角，系统分析数字产业创新生态系统的形成过程，揭示系统不同发展阶段的资源配置与战略选择的关键作用，为理解系统的动态演化提供支持与理论指导。首先，资源编排视角强调资源在系统形成过程中的核心地位，研究并详细分析资源获取、配置和整合如何推动系统动态发展，揭示系统资源在系统不同发展阶段的不同作用；其次，以ZD环保作为案例企业，探究数字产业创新生态系统的形成路径与策略，介绍企业构建和发展其创新生态系统过程中，所经历的资源积累、战略选择、资源整合和系统优化等阶段，揭示各阶段资源配置和战略选择对系统最终形成和演化的重要影响；最后，通过对系统形成过程的详细分析，明确数字产业创新生态系统的形成路径模型，并提出优化系统形成过程的建议。

第 5 章　数字产业创新生态系统共生机理分析

本章围绕数字产业创新生态系统共生机理问题，分析系统内各要素之间的共生关系及其动态演化过程。数字产业创新生态系统是一个复杂的、多层次的系统，不同创新主体(如企业、技术平台、资源提供者等)通过共生关系，实现协同创新和资源共享。本章从共生要素角度出发，识别系统内各要素的功能定位和作用机制，揭示系统要素在推动系统整体创新和资源整合中的关键作用。通过对数字产业创新生态系统的共生结构及其效应进行系统分析，探讨共生结构对系统整体效能的影响。

5.1　数字产业创新生态系统共生要素

5.1.1　共生单元

数字产业创新生态系统共生单元是在数字经济环境中，不同主体(如企业、政府、研究机构、消费者等)通过资源共享、技术合作和市场联动等方式形成的具有共生关系的基本单位(Adner，Kapoor，2010)。系统主体在系统中相互依存，形成高度动态和复杂的网络，复杂网络包括技术和资源的共享，以及信息的流动和知识的传播，从而促进整体创新能力的提升。系统共生单元由多个关键要素构成，包括技术创新主体、政策支持主体、市场需求主体和中介服务主体(Karrer，Newman，2011)。技术创新主体包含企业和研发机构，是创新的主要推动力，通过研发新技术和产品来引领市场(Nambisan，2017)。政策支持主体包括政府和政策制定者，通过制定和实施有利的政策来支持与引导创新活动(李海艳，2022)。市场需求主体是消费者和市场，消费者和市场的需求与反馈直接影响创新的方向和力度。中介服务主体包括金融机构和中介组织，通过提供资金、技术和信息等支持，帮助其他主体更好地实现创新目标。

数字产业创新生态系统共生单元通过多种机制发挥作用，包括信息共享、技术交流和合作开发等(Bacon et al.， 2019；Beliaeva et al.， 2020)。信息共享使各系统主体能够及时获取最新的市场和技术动态，做出更为准确的决策。技术交流促进不同主体间的知识和经验的传递，推动技术的进步和创新。合作开发使各系统主体共同投入资源和力量，进行联合研发和创新，降低单个主体的风险和成本，提高创新的成功率。系统共生单元间既有合作也有竞争，系统各主体通过资源共享和协同创新，共同推动生态系统的健康发展，同时，系统各主体在市场中争夺资源和市场份额，激发创新的动力和活力(Ferreira et al.， 2023；Rothaermel，Deeds，2004)。系统共生单元间的相互合作与竞争关系，使系统整体保持动态平衡，有助于促进系统内部主体创新活动的开展，并能够防止系统内部主体的垄断和资源浪费(李晓娣，张小燕，2019；李晓娣等，2020)。通过相互竞争和合作，共生单元不断适应市场和技术的变化，保持持续的创新能力和竞争力。

5.1.2　共生平台

数字产业创新生态系统共生平台指系统作为资源汇聚、信息交流和协同创新的重要载体，为系统各主体提供支持和服务的基础设施或平台(Gamidullaeva et al.， 2021)。数字产业创新生态系统共生平台具有开放性和共享性特征，能够有效连接不同的创新主体，促进资源的高效流动和利用。共生平台不仅是技术和信息的集散地，也是系统内部各主体创新的孵化器，通过提供各种支持和服务，帮助各主体实现创新目标，包括技术平台、信息平台、市场平台和政策平台等(Dentoni et al.， 2021；马鸿佳等，2024)。技术平台提供技术研发和转移服务，帮助企业和研究机构将创新成果转化为实际应用。信息平台负责信息收集、处理和共享，确保各主体能够及时获取最新的市场和技术动态。市场平台为产品和服务的交易提供支持，促进市场需求与供给的有效对接。政策平台提供政策解读和实施指导，帮助各主体理解和利用政策资源，推动创新活动的顺利进行。不同共生平台相互配合，共同构成数字产业创新生态系统完整的支持体系。

共生平台通过提供便捷的技术支持、丰富的信息资源和高效的市场交易环境，帮助各创新主体克服创新过程中遇到的瓶颈和障碍(Rey-Garcia et al.，2021)。技术支持方面，共生平台提供先进的研发工具和技术咨询服务，帮助企业和研究机构提高研发效率。信息资源方面，共生平台通过建立信息共享机制，确保各主体能够及时获取和利用最新的市场和技术信息。市场交易环境方面，共生平台通过提供便捷的交易平台和服务，促进产品和服务的快速流通与交易。同时，共生平台通过政策引导和激励措施，促进创新要素的聚集和整合，提升整个生态系统的创新能力(Bereznoy et al.， 2021)。政策引导方面，共生平台通过解读和宣传政策，帮助各主体理解和利用政策资源。激励措施方面，共生平台通过提供资金支持、税收优惠等措施，激励各主体积极参与创新活动。共生平台与共生单元间存在相互依赖的关系，共生单元利用共生平台资源进行创新活动，而共生平台通过吸引更多的共生单元来提升自身价值(王节祥等，2021)。

5.1.3　共生界面

数字产业创新生态系统共生界面是系统不同创新主体间进行互动、协作和资源交换的接触点或界面，是创新要素流动和交互的重要通道，直接影响整个生态系统的运行效率和创新成果(Öberg，Alexander，2019；Vial，2021)。共生界面是创新主体间的连接点，也是创新活动的催化剂，通过共生界面，各主体可以更高效地进行资源整合和技术合作，推动创新成果的快速转化和应用(Bharadwaj et al.， 2013)。共生界面包括技术交流界面、信息共享界面、市场对接界面和政策沟通界面等。技术交流界面负责技术知识的传递和合作，通过技术交流界面，各主体能够共享最新的技术成果和研发经验，促进技术的快速进步和应用。信息共享界面提供各类信息的互通和共享，确保各主体能够及时获取和利用最新的市场与技术信息，提升决策的准确性和效率。市场对接界面可以促进产品和服务的交易，通过市场对接界面，各主体能够更高效地进行市场推广和销售，提升产品和服务的市场竞争力。政策沟通界面则保障政策信息的传递和实施，通过政策沟通界面，各主体能够及时了解和利用最新的政策资源，推动创新活动的顺利进行。

共生界面通过优化资源配置、促进信息对称和提高协同效率，增强创新主体间的合作和互信(Calabrese et al.， 2021)。资源配置方面，共生界面通过提供便捷的资源整合和共享平台，帮助各主体更高效地利用和配置创新资源，降低创新成本，提升创新效率。信息对称方面，共生界面通过建立信息共享机制，确保各主体能够及时获取和利用最新的市场与技术信息，提升决策的准确性和效率。协同效率方面，共生界面通过提供标准化和规范化的交流机制，降低交易成本和不确定性，提升创新活动的稳定性和可预见性。同时，共生界面还通过建立信任机制，增强各主体间的合作和互信，推动创新活动的顺利进行(Li et al.， 2023)。通过系统创新主体间的相互作用，共生界面可以有效地提升整个生态系统的创新能力和竞争力。共生界面在共生单元间起到桥梁作用，促进信息流动和资源共享(Gawer，2014)。

5.1.4　共生网络

数字产业创新生态系统共生网络指由不同创新主体，通过多种形式的联系和互动，形成的复杂网络结构，涵盖技术、市场、信息和政策等多方面的联系，包括正式和非正式的协作关系(Gawer，2014)。共生网络使各创新主体在高度互联的环境中进行合作和竞争，推动创新资源的高效配置和利用。共生网络包括节点和链接，节点指创新主体，如企业、研究机构、政府部门和中介组织等。链接指系统创新主体间的各种互动关系，包括技术合作、市场交易、信息交流和政策沟通等(Gomes et al.， 2018)。系统网络中的各节点和链接共同构成动态和复杂的创新网络。共生网络节点间的链接包括正式的合作关系，如技术研发合作、市场推广合作等，还包括非正式的互动关系，如信息交流、经验分享等。共生网络中节点和链接间多层次、多维度的链接，使共生网络具有高度灵活性和适应性，能够快速响应市场和技术的变化(Blackstone et al.， 2016)。

共生网络通过加强各主体间的联系和互动，促进资源的流动和整合，提高创新效率和成果转化率(Capaldo，2007)。资源流动方面，共生网络通过提供便捷的资源共享和整合平台，帮助各主体更高效地利用和配置创新资源，降低创新成本，提升创新效率。信息传递方面，共生网络通过建立信息共享机制，确保各主体能够及时获取和利用最新的市场与技术信息，提升决策的准确性和效率。

知识共享方面，共生网络通过提供知识交流和合作平台，促进各主体间的知识和经验的传递，推动技术的进步和创新。协同效率方面，共生网络通过提供标准化和规范化的交流机制，降低交易成本和不确定性，提升创新活动的稳定性和可预见性。共生网络中的各个节点(共生单元)通过多种关系相互链接，形成复杂的网络结构，网络的密度和强度影响创新生态系统的效率和效果(Purbasari et al.，2020)。共生网络中的节点之间的链接越多，网络的密度越大，创新资源的流动和整合就越高效，创新效率和成果转化率也就越高。

5.2　数字产业创新生态系统共生动力

5.2.1　资本积累推动

(1) 资本特性。与传统产业相比，数字产业创新生态系统的资本特性有显著不同。首先，资本的无形化特征愈加显著，知识产权、技术专利、数据和信息等无形资产在数字经济中占据重要地位，无形资本具有高流动性和高附加值，可在全球范围内传播和应用(Holgersson et al.， 2018)；其次，资本的灵活性和流动性增强，数字经济使资本的跨境流动更加便捷，全球化投资和融资活动更加频繁(Bonini，Capizzi，2019)；最后，资本的技术依赖性增加，数字技术的发展使得资本的运用更加依赖于高新技术平台和工具，如区块链技术在资本管理和交易中的应用，使得资本运作更加透明和高效(Catalini，Gans，2020)。

(2) 资本效应。数字产业创新生态系统中，资本效应体现在以下方面。首先，资本对研发活动的支持作用显著，通过大量投入，企业能够加速技术研发和创新，从而提升市场竞争力(Reis et al.， 2021)；其次，资本能够推动新兴企业的快速成长，特别是初创企业通过获得风险投资和私募股权投资，能够迅速扩大市场份额和技术优势；再次，资本的进入能够促进产业链上下游的协同创新，通过资本的整合和优化配置，提升整个产业链的创新效率；最后，资本的流动性和多样性使得企业能够灵活应对市场变化，快速调整创新战略。

(3) 资本与创新。数字产业创新生态系统中，资本不仅是创新活动的资金来源，而且是创新生态系统中各主体间联系和协作的重要纽带。首先，资本的投入能够有效促进技术创新和产品开发，通过对前沿技术和高潜力项目的投资，推动了技术的快速进步和市场应用(辛冲等，2023)；其次，资本能够促进行业间的协同创新，通过对产业链上下游企业的投资，促进技术和资源的共享与整合，形成跨领域的创新生态；再次，资本在市场化进程中的作用显著，通过资本市场的运作，实现技术和创新成果的市场化转化，提升创新的市场价值和社会效益(李娜娜，张宝建，2021)；最后，资本能够推动创新生态系统的健康发展，通过对基础设施和公共服务的投资，优化创新环境，提升整个生态系统的创新能力和竞争力。

5.2.2　资源利用方式

(1) 资源现状。数字产业中，资源呈现出新旧资源并存的特点，传统的物质资源仍然是产业发展的基础，如能源、原材料和基础设施等(Huang et al.，2022)。随着数字技术的发展，数据、信息和知识等新型资源的重要性日益凸显，新型资源具有高流动性、高附加值和高可塑性，成为数字经济创新的重要驱动力(Awan et al.， 2021)。此外，人才资源也是数字产业的重要组成部分，高素质的技术人才和管理人才对产业的创新和发展起着关键作用(Zhang，Chen，2024)。然而，资源的分布和获取仍存在不均衡现象，特别是在技术前沿领域，高质量资源的竞争异常激烈。

(2) 资源分配。资源在数字产业中的分配需要兼顾效率与公平。首先，通过数字平台和大数据技术，实现资源的最优配置和精准分配，如通过云计算和物联网技术，可实时监测和调整资源的使用情况，提高资源利用率(Choi，Lim，2016)；其次，政府和企业需要制定科学的资源分配政策，确保资源分配的公平性和合理性，避免资源垄断和分配不公；再次，国际合作和资源共享机制的建立，有助于实现全球资源的优化配置，通过跨国合作和技术交流，共享资源和技术成果；最后，通过创新金融工具和模式，如绿色金融和普惠金融，促进资源在数字产业中的流动和利用，提高资源分配的效率和公平性(Zhang，Zhao，2023)。

(3) 资源整合。数字产业强调资源的整合与协同。首先，通过云计算、物联网和人工智能等技术，实现跨领域、跨地域的资源共享和优化，如利用大数据分析技术，可将分散的资源进行整合和优化配置，提高资源的利用效率(Yuan，

Pan，2023)；其次，通过产业链上下游的协同合作，促进资源的整合和共享，如通过建立产业联盟和合作平台，实现技术、人才、资金等资源的共享与合作，提升整体竞争力(Herczeg et al.， 2018)；再次，通过政策引导和市场机制，推动资源整合和优化配置，如政府通过政策扶持和财政支持，可促进资源的整合和流动，提升资源的利用效率；最后，通过创新模式和技术，推动资源的整合和优化，如通过区块链技术实现资源的去中心化管理和高效配置，提升资源的透明度和安全性。

5.2.3　交易成本转变

(1) 交易成本的定义。交易成本指在市场交易过程中产生的各类费用，包括信息获取成本、谈判成本、监督成本和契约执行成本等(Lesmond et al.， 1999)。数字产业交易成本的定义和内涵发生了变化，包括传统的物质交易成本，以及信息成本、数据处理成本和技术应用成本等(Akbar，Tracogna，2022)。交易成本直接影响企业的运营效率和市场竞争力，成为数字产业创新生态系统运行的重要影响因素。数字产业通过利用互联网和移动通信技术，信息获取成本大幅降低，企业和消费者可便捷地获取和共享信息，提升市场透明度。此外，人工智能和大数据技术的应用，可实时监控和分析交易行为，降低交易风险和成本，提升企业的运营效率和市场竞争力，提高创新活动的频率和质量。

(2) 交易成本降低。数字平台和区块链技术应用，使数字产业交易成本大幅降低(Patil et al.，2024)，具体表现在以下方面。首先，通过数字平台，可实现信息的快速传递和共享，减少了信息不对称和信息获取成本，电子商务平台通过整合供应链和物流资源，实现交易过程的透明化和高效化；其次，区块链技术通过去中心化的分布式账本，实现交易记录的不可篡改和透明化，降低监督成本和契约执行成本(Schmidt，Wagner，2019)；再次，智能合约技术的应用，通过自动执行交易协议，减少谈判成本和契约执行成本；最后，通过大数据和人工智能技术，可实时分析和预测市场需求和交易行为，降低交易风险和成本。

5.2.4　学习效应

(1) 学习效应的定义。学习效应指个体或组织通过持续的经验积累和知识获取，不断提升能力和技术水平的过程(Jiménez-Jiménez，Cegarra-Navarro，2007)。数字产业中，学习效应体现为技术能力的提升，管理能力、市场洞察力和创新能力的增强。学习效应机制主要通过大数据分析、机器学习和人工智能等技术，实现知识的快速积累和智能化应用(Schuchmann，Seufert，2015)。首先，通过大数据分析，实时监控和分析市场动态和技术趋势，帮助企业和个人及时调整学习策略和方向；其次，通过机器学习技术，实现知识的自动积累和应用，提升学习的效率和效果；再次，通过人工智能技术，实现个性化学习和智能推荐，提升学习的针对性和有效性；最后，通过在线学习平台和工具，实现知识的快速传播和共享，形成良好的学习生态系统，推动知识的积累和创新。

(2) 学习效应的影响。学习效应的提升显著增强创新能力和竞争优势(Kiziloglu，2015)。首先，学习效应能够提升技术能力和创新能力，通过持续的学习和知识积累，企业和个人可以掌握最新的技术与方法，提升创新的质量和效率；其次，学习效应能够提升市场洞察力和竞争力，通过不断学习和适应市场变化，企业和个人可以更好地把握市场机会和应对挑战，提升市场竞争力；再次，学习效应能够促进协同创新和资源共享，通过知识的传播和共享，企业和个人实现跨领域、跨地域的协同创新，提升整体创新能力和效率；最后，学习效应能够推动创新生态系统的持续优化和发展，通过知识的积累和创新，形成良性循环，推动数字产业的持续创新和发展。

5.3　数字产业创新生态系统共生结构及效应

5.3.1　系统共生界定

数字产业创新生态系统的共生性指系统创新主体间，通过数字技术实现的价值共创和资源共享(田庆锋等，2024)。系统主体进行价值共创的过程中，数字技术是促进系统活动的关键工具，同时是推动经济增长和社会进步的关键驱动力，通过连接不同的创新主体，促进知识的传播和技术的迭代，从而加速系统主体创新的进程。数字产业创新生态系统构成要素的多样性是系统共生性的基础，生产者、消费者、赋能者、运营者、研究者和生态环境等要素，各自承担不同的功能和责任。系统构成要素间相互作用，形成模块性、适应性、多样性、生长性和共生性的核心特征。通过系统创新要素的相互作用，有效促进创新主体间的协同合作，实现共同的发展目标。

共生性是数字产业创新生态系统运行机制的核心特征，描述不同创新主体间的相互作用和依存关系，生态系统中共生关系的类型是多样化的，各类型均具有独特特征和影响(李晓娣，张小燕，2018)。互利共生关系通常被学术界认为是相对理想的系统运行机制，涉及创新主体间通过相互支持与合作以实现共同目标。互利共生关系中，系统内外部各类系统主体均从合作中获取利益，从而推动资源和信息的有效流通与共享。系统共生共存关系强调系统内部各主体的和谐共处，有助于维护整个生态系统的平衡和稳定，确保系统持续运行，不会因为某主体的过度竞争或垄断而崩溃。

5.3.2 系统共生结构

(1) 系统共生结构的内容。数字产业创新生态系统共生结构指多维度、动态变化的网络，体现在主体间的相互依存和协同合作(Valdez-De-Leon，2019；解学梅等，2022)。系统的共生结构源于生态学中的共生理论，强调不同物种间的相互依存和互利共存，系统主体在生态系统中通过资源共享、信息交流和技术合作，形成互补和协同发展的网络结构(王玲等，2023)。共生性结构由多类关键要素构成，生产者提供产品和服务，消费者通过反馈和需求驱动创新，赋能者(如平台服务商)提供技术和数据支持，运营者负责市场运作和管理，研究者则通过研究和开发推动科技进步。此外，系统环境的法律、政策、文化和经济条件也对共生结构产生影响(Nel-Sanders，Thomas，2022)。共生结构的功能体现为各主体间的互补性和协同性，互补性意味着不同主体可提供彼此所需的资源或能力，协同性指不同主体间通过合作达到的整体效能大于各自单独作用的总和。

(2) 共生结构的演化机制。数字产业创新生态系统的共生性演化机制是复杂而多维的过程，涉及多层面的相互作用和协同，不同类型和来源的系统资源进行聚集整合，同时系统资源间实现彼此功能的互补和优化配置(Nachira et al.，2007；张笑楠，2021)。系统资源通过有效整合，可促进知识、技术、资本和人才等创新要素的有机结合，为生态系统内的创新活动提供有力支持。数字化创新能力提升是共生性演化机制的关键，随着数字技术的快速发展，创新主体需要不断提高数字化能力，适应和引领市场变化。数字产业创新生态系统的共生结构体现了不断变化和发展的过程，由技术革新、市场需求、政策法规及社会文化等因素的持续变化驱动(Palmié et al.， 2022)。数字价值实现是共生性演化机制的核心目标，也是衡量生态系统共生性演化成功与否的重要指标。系统创新主体不仅追求经济利益最大化，同时注重数字价值的实现，包括通过数字技术创造新的产品和服务，提高效率和用户体验，以及通过数字化手段实现社会责任和可持续发展目标。

5.3.3　系统共生效应

1. 协同效应

数字技术的创新与应用，为数字产业创新生态系统内各子系统提供了高度互联的平台，促进了系统内部资源的有效分配和利用，有助于加强信息与数据的实时流通，如云计算和大数据分析技术的应用，使不同子系统共享市场数据、客户偏好和行业趋势等信息，从而促进知识的共享和转移(Chen et al.， 2023；Zou et al.， 2022)。跨子系统的协同合作，有助于提高系统的创新速度和质量，可以有效降低研发成本。通过跨子系统的合作方式，不同子系统可相互补充，增强整个生态系统的竞争力和适应性。数字产业创新生态系统各子系统间，通过共享资源和信息，形成紧密相联的网络。数字技术的创新发展，使得新的子系统和参与者不断涌现，新兴参与者为系统注入技术与创新活力，进一步丰富生态系统的多样性(Senyo et al.， 2019)。系统内部参与者的多样性是生态系统创新能力的重要来源，有利于促进不同领域和专业知识的交叉融合，激发新的创意和解决方案。因此，数字技术对数字产业创新生态系统中各子系统的协同共生起到关键推动作用，通过提供高度互联的平台，加强子系统间的联系，促进资源和信息的有效流通。协同共生模式能够提高系统创新的速度和质量，并增强生态系统的竞争力和适应性，为持续的创新和发展奠定基础。

不同子系统间的优势互补和合作共赢是推动整个生态系统发展的重要动力，各子系统通过精准定位和资源优化配置，实现共同成长和发展(Sklyar et al.， 2019)。首先，协同效应有助于促进系统创新主体间的合作，推动整个产业的创新和进步，是推动区域创新绩效提升的关键驱动力，并通过促进技术子系统、商业子系统和科学子系统间的紧密合作，加强各子系统内部的创新活动，促进跨领域的知识融合与技术突破。其次，协同效应通过整合不同子系统的资源和能力，提高创新的效率和质量(Helfat，Raubitschek，2018)，如技术子系统通过整合研发资源，促进新技术的开发和应用；商业子系统通过整合市场信息和用户需求，加快新产品的市场推广；科学子系统通过整合学术研究和实验数据，加速科学发现和理论创新。最后，协同效应通过促进跨学科和跨行业的合作，对解决复杂的社会和经济问题发挥至关重要的作用，通过跨子系统合作，将不同领域的专业知识和技术相结合，产生新的思想和解决方案，推动区域经济的持续创新和高质量发展(Gupta et al.， 2019)。

2. 竞争效应

数字技术进步及技术迭代速度加快，是数字产业创新生态系统各主体存在竞争效应的主要原因(Lu，Shaharudin，2024)。数字技术进步为企业提供新的竞争工具和平台，使企业间的竞争超越传统的价格和质量因素，以技术和创新为核心的竞争模式，要求企业投入更多资源进行研发和技术升级活动。企业间的竞争包含产品功能和性能，以及客户服务、用户体验和供应链管理等方面，要求企业必须提供高质量的客户服务和优秀的用户体验，以满足顾客的期望(Porter，Heppelmann，2014)。此外，技术迭代的速度加快，技术创新周期显著缩短，意味着新技术和应用的出现频率加快，人工智能、大数据、云计算和物联网等前沿技术不断推动产业发生变革，为企业提供前所未有的发展机遇，对企业产品研发、市场定位和竞争策略提出新的要求(Appio et al.， 2021)。

外部资源的有限性也是数字产业创新生态系统主体竞争的原因，体现为创新性人才、资本资源及信息资源的竞争。首先，数字技术的发展应用，使企业对能够适应快速变化，并能提出创新解决方案的人才需求急剧增加，创新性人才具备深厚的技术知识，有能力将知识应用于实际问题，推动企业在激烈的市场竞争中保持领先(Berman，Hagan，2006)。创新性人才的引入能为企业带来新的思路和视角，对企业技术革新和产品开发至关重要。其次，资本、资源的充足性直接关系到企业市场竞争力，包括传统设备购置和运营成本覆盖，以及新技术研发的投入和创新项目的支持。系统创新主体通过有效的资本运作，确保在技术创新和市场开拓方面保持领先，在市场竞争中占据有利地位(Hao，Song，2016)。最后，数据资源是信息化时代竞争的关键，随着信息技术的发展，数据成为创新主体获取竞争优势的新型战略资源，通过大数据分析，从海量的数据信息中提取有价值的资源，对支持创新主体的决策制定和业务流程的优化具有重要意义。

5.4　数字产业创新生态系统共生机制

5.4.1　共生演化机制

资源共享机制。数字产业创新生态系统资源共享机制包含资源集成与分配、平台化资源整合、资源动态配置及资源共建共享。资源集成与分配方面，系统各主体通过资源集成与分配实现高效协同，资源集成包括技术、设备及数据资产等。系统主体通过建立多层次、多领域的资源共享平台共享关键资源，资源集成和分配机制能够提升系统资源的利用效率，有效降低创新成本，促进技术和市场的快速响应能力(Mohammed et al.，2023)。平台化资源整合方面，系统平台(技术开发平台、数据共享平台和商业合作平台等)通过提供开放的接口和服务，汇聚大量的资源和创新主体，并通过模块化设计和开放标准，使各领域资源高效对接，促进跨领域的创新合作和技术转化(Ochuba et al.， 2024)。资源动态配置方面，资源动态配置包括实时调整资源的分配比例、优先级和使用方式，系统主体通过建立基于大数据和人工智能的资源配置系统，实时监测市场需求、技术发展趋势和资源使用情况，及时调整资源配置策略(Ji et al.，2023)。资源动态配置机制有助于使系统资源迅速响应市场变化，提高创新的灵活性和适应性。资源共建共享方面，系统主体通过合作研发、联合投资和信息共享，共同开发新技术和新产品，如企业与科研机构和高校合作，共同研发前沿技术，并通过共享平台将研发成果转化为实际应用(Shi，Shi，2022)。此外，系统主体间信息的共享有助于促进市场需求的挖掘、技术趋势的洞察和创新成果的传播，提升整个生态系统的创新能力和市场竞争力。

协同创新机制。数字产业创新生态系统资源共享机制包含合作研发与知识共享、跨领域协同、开放创新与众创模式、生态系统内外协同。合作研发和知识共享方面，合作研发与知识共享是数字产业中推动创新的重要机制，通过建立合作研发联盟和知识共享平台，各主体共同开展前沿技术的研究和开发。通过开放的知识共享机制，各主体能够加快技术创新速度，提高研发效率(Chesbrough，Bogers，2014；Gawer，Cusumano，2017)。跨领域协同方面，数字经济的跨领域特征要求创新生态系统内各主体打破传统行业的界限，通过跨领域协同创新创造新价值，如信息技术、生命科学和能源产业的跨领域合作，可催生新的技术应用和商业模式。跨领域协同涉及技术层面的合作，以及市场需求、业务流程和管理模式的整合，进而有助于实现创新的深度融合和价值创造(Carmona-Lavado et al.，2023)。开放创新与众创模式方面，开放创新通过引入外部资源和创意，推动内部创新的加速，众创模式通过集体智慧和众多创新主体的参与，推动新产品和新服务的开发，增强创新的广度和深度，提升创新生态系统的活力和创造力。生态系统内外协同方面，内部协同包括企业、科研机构和政府间的合作，外部协同涉及与国际组织、行业协会和社区的互动。通过建立多层次的协同机制，各主体共享信息、资源和经验，推动创新活动的广泛开展。

5.4.2　共生伙伴选择机制

1. 共生伙伴选择动力构成

(1) 人才资源集聚与流动性。人才资源集聚方面，高素质人才群体是推动技术进步和产业革新的主力军，能够通过深入分析理解复杂数据，洞察市场趋势，提出前瞻性战略，为企业长远发展注入活力，如数据科学家、系统分析师和网络安全专家等，其专业知识对企业在数字经济中保持竞争力至关重要。人才资源集聚意味着将个体智慧和力量汇集成为社会进步的推动力，促进企业内部知识积累和技术创新，通过跨界合作实现知识和技术的跨行业融合，为整个产业链带来革命性变革(Davenport，Ronanki，2018)。人才资源流动性方面，人才资源的流动可以促进不同背景和专业领域的人才相互交流，激发新的创意和解决方案，人才资源流动性的提高，有助于加速知识传播和技能更新，增强企业的适应性和灵活性，帮助其快速响应市场变化和技术革新。

(2) 资本投入与风险管理。资本投入量和资本投入效率是选择共生伙伴的关键考量因素，资本注入可显著提高企业的研发能力，加速产品从概念到市场的转化，资本的有效配置可促进资源的最优化利用，为技术创新和市场拓展提供坚实的财务支持(Bertoni et al.，2015；Grilli，Murtinu，2014)。此外，资本流动有助于知识和技能的交流，对促进技术创新和知识产权的发展至关重要。因此，资本投入量和投资效率是衡量共生伙伴关系成功与否的重要指标。风险管理能力是衡量关系稳定性的重要指标，有效的风险管理策略包括对市场趋势的准确预测，需要系统主体具备深刻的市场洞察力和对行业动态的敏锐感知(Liu et al.，2023；Rauniyar et al.，2022)。此外，风险管理策略还应包括对潜在风险的识别和评估，以及制定相应的缓解措施，以保障投资的安全和收益。

(3) 信息资源共享与利用。共生伙伴间的信息共享机制有助于促进知识交流和技术传播，加强伙伴间的协同合作。通过有效的信息共享，各系统主体能够减少在信息搜集和处理方面的冗余工作，提高整体工作效率。信息共享机制是推动系统研发和创新的关键因素，有助于构建知识共同体，促进跨学科和跨行业的合作，并且能够降低研发成本，加速创新过程，从而提升整个生态系统的竞争力和可持续发展能力(West，Gallagher，2006)。信息资源的共享与利用对知识的积累和创新活动具有显著推动作用，共享的信息资源可激发新的思考和创意，促进跨界合作，带来新的产品、服务和解决方案。知识的积累能够增强企业的核心竞争力，使其在激烈的市场竞争中保持领先地位。通过信息共享，企业和研究机构能够建立丰富的知识库，用以支持新的研究项目和产品开发。

2. 共生伙伴选择影响因素

(1) 市场因素。首先，市场需求的变化。随着消费者偏好的演变和技术进步的推动，数字产业的市场需求呈现多样化和个性化趋势，选择共生伙伴时需要考虑潜在共生伙伴是否能够满足不断变化的需求，以及是否具备相应的产品创新能力和服务创新能力(Prahalad，Ramaswamy，2004)。其次，市场规模的增长。不断增长的市场规模能够提供更多商业机会，深入分析市场需求变化，有助于精准把握消费者需求的多元化趋势，包括产品和服务的种类，消费者对品质、可持续性和定制化的要求(Teece，2010)。再次，市场的动态性。在快速变化的市场环境中，企业需要选择能够迅速适应市场变化的伙伴，包括伙伴对新兴市场趋势的敏感度、预测市场变化的能力，以及能够在市场变化面前快速做出反应的能力，能够迅速采纳新技术或调整业务模式以应对市场变化的伙伴将成为企业首选(Day，

2011)。最后，市场竞争的激烈程度。在竞争激烈的市场中，企业将寻找能够提供竞争优势的伙伴，涉及伙伴的品牌影响力、市场占有率，以及在特定市场领域的专业知识和经验，强大的品牌可为企业带来信任和认可，高市场占有率意味着伙伴已在市场中建立坚实的客户基础(Barney，1991)。

(2) 技术因素。共生伙伴的技术水平、研发能力和技术成果转化能力是决定共生伙伴选择的关键因素。首先，技术水平方面，共生伙伴的技术研发投入和成果，以及知识产权积累，决定了其技术实力与创新潜力，通过与技术领先的伙伴合作，企业可更快地引进和应用新技术，提升自身技术水平和市场竞争力，有助于双方技术研发的深入合作，共同攻克技术难题，推动技术创新和产业升级(Teece，2007)；其次，研发能力方面，与技术研发资金支持充足的伙伴合作，可确保研发项目的顺利进行和技术创新的持续推进，高水平的技术团队能够高效地进行研发工作，针对技术问题迅速寻求解决方案，保证研发项目的顺利进行(Chesbrough，Rosenbloom，2002)；最后，技术成果转化能力方面，选择技术成果转化能力和技术标准制定能力较为突出的伙伴，有助于实现技术的商业化应用，提升市场竞争力，也有助于企业在行业中占据有利位置，增强技术领域的话语权和影响力(Collings，Mellahi，2009)。

(3) 人才因素。共生伙伴的人才培养与吸引能力、人才储备能力和持续学习能力直接影响共生合作的效果。首先，人才培养与吸引能力方面，企业在选择共生伙伴时，应优先考虑拥有高素质人才团队的伙伴，高素质人才团队具备跨学科的知识背景、强大的问题解决能力，以及持续学习和适应新技术的能力(Collings，Mellahi，2009)。有效的人才培养机制有助于企业不断提升团队的整体素质，吸引机制是确保企业吸引并留住优秀人才的重要手段。其次，人才储备能力方面，企业的竞争力在较大程度上取决于其人才储备和团队的整体素质，企业需要提升自身人才储备能力，引进新的人才，对现有人才进行培训和发展，以适应快速变化的市场需求。最后，持续学习能力方面，技术的迅速迭代要求企业具备强大的学习和适应能力，持续学习和适应新技术的能力是高素质人才团队不可或缺的特质。具有持续学习能力的高素质人才团队可以在技术方面持续发展、创新，掌握新技术并将其应用于实际工作，以在不断变化的市场环境中保持竞争力。

5.5　本章小结

本章通过对共生机理的深入分析，系统揭示数字产业创新生态系统内各要素间的共生关系及其作用机制，为理解系统的动态演化和整体效能提供理论支持与实证依据。首先，共生要素识别与分析，明确系统内各主体的功能定位与互动机制，研究表明，共生单元、共生平台、共生界面和共生网络等核心要素在系统内通过复杂、互动关系推动系统资源共享与协同创新；其次，通过分析资本积累、资源瓶颈、交易成本和学习效应等要素，揭示系统内各要素互动的内在驱动力，研究发现，系统共生动力在不同发展阶段对系统的影响存在显著差异；最后，分析系统共生结构及效应，揭示系统内各要素间的共生关系对系统整体效能的影响，共生结构优化能够提升系统的资源利用效率，降低交易成本和增强协同效应，进而提高系统整体运行效率。

第 6 章　数字产业创新生态系统共生机制仿真分析

本章在共生机理分析的基础上，通过仿真分析验证数字产业创新生态系统的共生机制。数字产业创新生态系统是高度复杂的系统，系统内各要素间共生关系动态多变，受外部环境强烈影响。本章通过构建和仿真不同的共生机制模型，探讨系统创新主体如何通过竞争与合作实现资源的最优配置。通过分析合作共生模型及竞合共生模型，进一步探讨不同环境系统内主体间的资源共享和竞争机制，揭示竞合关系如何影响系统的动态演化和效能变化。

6.1　数字产业创新生态系统竞争共生模型构建及仿真

6.1.1　竞争共生模型构建基础

1. 竞争理论的基本内容

创新生态系统竞争理论强调创新生态系统中的各主体通过竞争推动创新的发展。系统内各系统主体间的竞争是市场经济的核心驱动力，能够激发企业追求技术进步和效率提升，以在市场中获得优势地位。系统内各系统主体间的竞争不仅是企业间的行为，也涉及技术、资源和市场等多个层面的争夺。系统内各创新主体通过不断竞争，不断改进产品和服务，降低成本，提高效率，推动整个行业的进步和创新。创新生态系统竞争理论认为，市场中的竞争压力是系统主体创新的主要驱动力，各系统主体需要通过创新保持竞争优势，在激烈的市场环境中生存和发展。

2. 竞争理论的主要观点

(1) 技术竞争。技术竞争是创新生态系统的核心要素，创新主体通过研发投入，开发具有市场竞争力的新技术、新产品和新服务(林艳，卢俊尧，2022)。系统内部不同主体间的竞争有助于推动技术的快速发展，带动整个行业的进步，如智能手机市场中的技术竞争促使企业不断推出功能更强大、性能更优越的新产品，从而提升整个行业的技术水平。技术竞争的表现形式包括专利竞争、技术标准的制定和技术壁垒的构建等。专利竞争方面，创新主体通过获得和维护专利权，保护技术创新成果，防止竞争对手的模仿侵权；技术标准制定方面，创新主体通过参与技术标准制定，确立技术优势和市场地位；技术壁垒构建方面，创新主体通过技术创新和研发投入，建立起难以被超越的技术优势，从而在市场中获得长期竞争优势(Kogut，Zander，1992；Teece，1986)。

(2) 市场竞争。市场竞争是创新主体通过市场营销和品牌建设，占领更大市场份额。市场竞争中，创新主体通过不断改进产品质量、降低成本、提升服务水平，以满足消费者不断变化的需求(张培，刘世静，2023)。同时，创新主体通过有效的市场营销策略，提升品牌知名度和市场影响力，从而在激烈的市场竞争中脱颖而出。市场竞争的具体表现形式包括价格竞争、产品差异化竞争和品牌竞争等。价格竞争方面，创新主体通过降低产品价格，争取更多的市场份额和消费者。产品差异化竞争方面，创新主体通过开发具有独特功能和特点的产品，吸引特定的消费者群体，建立市场优势。品牌竞争方面，创新主体通过品牌建设和市场推广，提升品牌知名度和美誉度，树立良好的品牌形象，提高消费者的忠诚度和购买意愿。

(3) 资源竞争。资源竞争是创新主体通过争夺关键资源(如人才、资本、技术)提升竞争力。资源的获取和配置对企业的创新能力与市场竞争力具有重要影响，创新主体通过多种方式，吸引和留住高素质的人才，获得充足的资金支持，并获取和应用最新的技术，以在激烈的市场竞争中占据优势地位(Barney，1991；Grant，1996)。资源竞争的表现形式包括人才争夺、资本获取和技术引进等。人才争夺方面，创新主体通过提供优厚的薪酬和福利待遇、良好的工作环境和发展机会，吸引和留住高素质的人才，提升自身创新能力和竞争力。资本获取方面，创新主体通过多种融资渠道(如股权融资、债务融资和风险投资)，获得充足的资金支持，以满足自身在研发、生产和市场推广等方面的资金需求。技术引进方面，创新主体通过技术合作、技术转让和技术并购等方式，获取和应用最新的技术，提升企业的技术水平和市场竞争力。

6.1.2 竞争共生模型构建

1. 系统主体定义

数字产业创新生态系统由多个或多种相互竞争和合作的企业、平台与技术组成，系统中的不同系统主体可视为“物种”，如不同类型的企业、研究机构等，不同物种在市场中竞争资源(如用户、数据、技术)并相互作用、相互影响。

2. 基本模型

Lotka-Volterra竞争模型是一种经典的生态学模型，用于描述物种间的竞争关系。其基本方程为

$$\frac{\mathrm{d}N_i}{\mathrm{d}t}=r_iN_i\left(1-\frac{N_i+\alpha_{ij}N_j}{K_i}\right) \tag{6.1}$$

式中，N_i表示第i个主体的数量，r_i表示增长率，α_{ij}表示第j个主体对第i个主体的竞争系数，K_i表示环境容纳量。

3. 模型构建

设定数字产业创新生态系统中存在核心企业和明星企业两类企业，其中，核心企业是数字产业中具有领导地位的企业，具有较强的技术创新能力和市场影响力，是推动产业发展的主要力量。核心企业通过技术研发、产品创新和市场拓展，带动整个产业链的升级和发展。明星企业是数字产业中起辅助作用的中小型企业，在产业链中通过灵活的经营模式和创新能力，为核心企业提供支持和补充，其创新活动和市场竞争力对整个产业创新生态系统的健康发展具有重要意义。为了有效地对数字产业创新生态系统进行仿真模型构建，本书提出以下模型假设：首先，核心企业及明星企业的自然增长率与其当前规模成正比；其次，核心企业与明星企业之间存在竞争关系，竞争强度由竞争系数表示；最后，环境承

载能力表示系统中的市场容量或资源总量。

数字产业创新生态系统中，核心企业与明星企业存在竞争共生关系，当核心企业的创新能力远大于明星企业时，将在系统中占据较大比例的系统资源，获取较强的竞争能力，随着生态系统的演化，核心企业将持续保持市场占有率的增长，明星企业由于竞争能力不足被系统淘汰。反之，当明星企业的创新能力远大于核心企业时，将在系统中占据较大比例的系统资源，获取较强的竞争能力，随着生态系统的演化，明星企业将持续保持市场占有率的增长，核心企业由于竞争能力不足被系统淘汰。当核心企业与明星企业创新能力持平时，两类企业将在系统中共同存在。根据以上分析，可得系统中核心企业与明星企业的Logistic增长方程，如式6.2与式6.3所示：

$$\frac{\mathrm{d}N_1}{\mathrm{d}t}=r_1N_1\left(1-\frac{N_1+\alpha N_2}{K_1}\right) \tag{6.2}$$

$$\frac{\mathrm{d}N_2}{\mathrm{d}t}=r_2N_2\left(1-\frac{N_2+\beta N_1}{K_2}\right) \tag{6.3}$$

式中，N_1表示核心企业的数量，r_1表示核心企业的自然增长率，α表示明星企业对核心企业的竞争系数，K_1表示核心企业的环境容纳量；N_2表示明星企业的数量，r_2表示明星企业的自然增长率，β表示核心企业对明星企业的竞争系数，K_2表示明星企业的环境容纳量。

根据模型假设可知，核心企业及明星企业的自然增长率与其当前规模成正比，当核心企业与明星企业的数量增长时，其自然增长率随之增长。当式6.2与式6.3分别为0时，系统处于稳定状态，稳定状态模型为

$$N_1=K_1-\alpha N_2 \tag{6.4}$$

$$N_2=K_2-\beta N_1 \tag{6.5}$$

由此，可得稳定点的坐标：

$$N_1^*=\frac{K_1-\alpha N_2}{1-\alpha\beta} \tag{6.6}$$

$$N_2^*=\frac{K_2-\beta N_1}{1-\alpha\beta} \tag{6.7}$$

6.1.3　竞争共生模型分析

由式6.4计算可知核心企业的平衡条件，由式6.5计算可知明星企业的平衡条

件，核心企业与明星企业的平衡条件如图6.1所示，坐标图中的横坐标与纵坐标分别表示核心企业的数量与明星企业的数量。

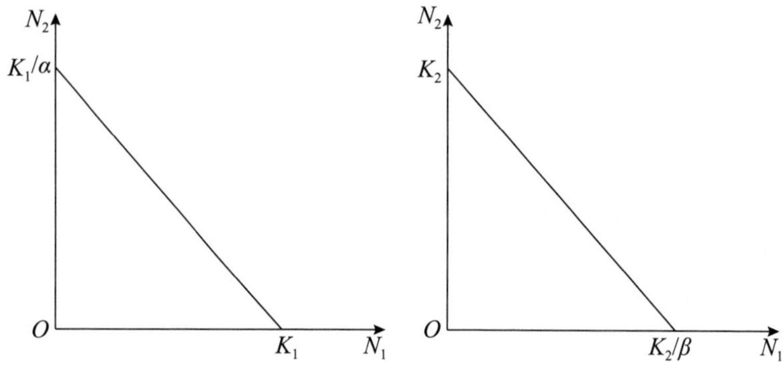

(a)核心企业的平衡条件　　(b)明星企业的平衡条件

图 6.1　核心企业与明星企业的平衡条件

通过结合分析核心企业与明星企业的平衡条件，可以得出两者在系统中的竞争结果可归纳为4种类型：第一种类型是核心企业占据竞争优势，第二种类型是明星企业占据竞争优势，第三种类型是核心企业与明星企业处于不稳定平衡状态，第四种类型是核心企业与明星企业处于稳定平衡状态。

第一种类型为核心企业占据竞争优势，如图6.2(a)所示。当$K_2/\beta<K_1$，$K_1/\alpha>K_2$时，核心企业的种群数量为$N_1=K_1-\alpha N_2$，其与N_1轴的交点为$(K_1,0)$，与N_2轴的交点为$(0,K_1/\alpha)$，构成图6.2(a)中“核心企业”线段。明星企业的种群数量为$N_2=K_2-\beta N_1$，与N_1轴的交点为$\left(K_2/\beta,0\right)$，与N_2轴的交点为$(0,K_2)$，构成图6.2(b)中“明星企业”线段。此类型中，两条线段在图中无交叉点，且核心企业的系统规模超过明星企业的系统规模，表示核心企业的系统竞争力强于明星企业。在系统竞争中，核心企业将保持持续的系统占有率增长，明星企业由于竞争能力不足将被系统淘汰。

第二种类型为明星企业占据竞争优势，如图6.2(b)所示。当$K_2/\beta>K_1$，$K_1/\alpha<K_2$时，核心企业的种群数量为$N_1=K_1-\alpha N_2$，其与N_1轴的交点为$(K_1,0)$，与N_2轴的交点为$(0,K_1/\alpha)$，构成图6.2(b)中“核心企业”线段。明星企业的种群数量为$N_2=K_2-\beta N_1$，其与N_1轴的交点为$(K_2/\beta,0)$，与N_2轴的交点为$(0,K_2)$，构成图6.2(b)中“明星企业”线段。此类型中，两条线段在图中无交点，且核心

企业的系统规模低于明星企业的系统规模，表示核心企业的系统竞争力弱于明星企业。在系统竞争中，明星企业将保持持续的系统占有率的增长，核心企业由于竞争能力不足将被系统淘汰。

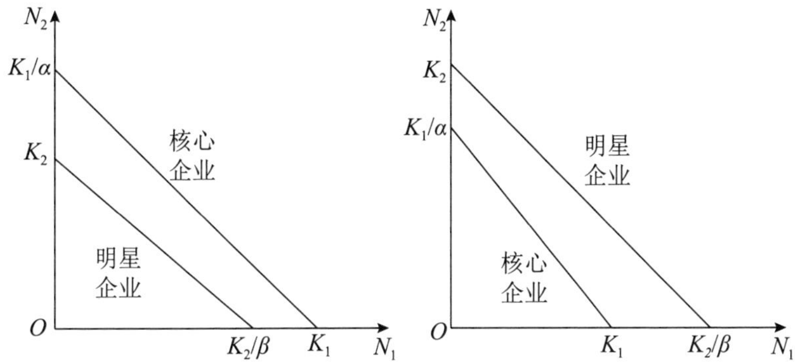

(a)核心企业占据竞争优势　　(b)明星企业占据竞争优势

图 6.2　核心企业占据竞争优势与明星企业占据竞争优势

第三种类型为稳定平衡状态，如图6.3(a)所示。当$K_2/\beta>K_1$，$K_1/\alpha>K_2$时，核心企业的种群数量为$N_1=K_1-\alpha N_2$，其与N_1轴的交点为$(K_1,0)$，与N_2轴的交点为$(0,K_1/\alpha)$。明星企业的种群数量为$N_2=K_2-\beta N_1$，其与N_1轴的交点为$(0,K_2/\beta)$，与N_2轴的交点为K_2。此类型中，两条线段在图中存在交点，在交点右侧，明星企业的系统竞争力强于核心企业，明星企业的种群数量将增加，而核心企业的种群数量将减少。在交点左侧，明星企业的系统竞争力弱于核心企业，核心企业的种群数量将增加，而明星企业的种群数量将减少。核心企业与明星企业数量均向交点方向移动，表明两者处于稳定平衡状态。

第四种类型为不稳定平衡状态，如图6.3(b)所示。当$K_2/\beta<K_1$，$K_1/\alpha<K_2$时，核心企业的种群数量为$N_1=K_1-\alpha N_2$，其与N_1轴的交点为$(K_1,0)$，与N_2轴的交点为$(0,K_1/\alpha)$。明星企业的种群数量为$N_2=K_2-\beta N_1$，其与N_1轴的交点为$(K_2/\beta,0)$，与N_2轴的交点为$(0,K_2)$。此类型中，两条线段在图中存在相交点，在交点右侧，核心企业的系统竞争力强于明星企业，核心企业的种群数量将增加，而明星企业的种群数量将减少。在交点左侧，核心企业的系统竞争力弱于明星企业，明星企业的种群数量将增加，而核心企业的种群数量将减少，核心企业

与明星企业数量均向交点相反方向移动，表明两者处于不稳定平衡状态。

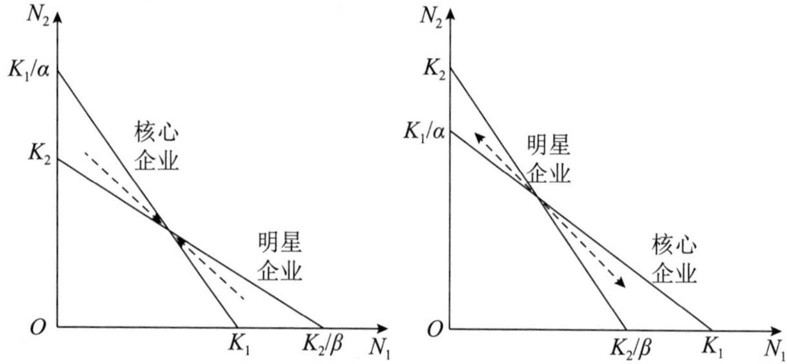

(a)稳定平衡状态　　(b)不稳定平衡状态

图 6.3　稳定平衡状态与不稳定平衡状态

6.1.4　竞争共生模型仿真及结果分析

1. 初始条件设置

为对系统竞争共生关系进行仿真模拟，设定核心企业的环境容纳量 K_1 及明星企业的环境容纳量 K_2 均为500，核心企业的自然增长率 r_1 为0.7，明星企业的自然增长率 r_2 为0.8。分别检验四种情况下，两类企业的竞争共存状态。第一种情况是明星企业对核心企业的竞争系数 α，小于核心企业对明星企业的竞争系数 β，且核心企业数量初始值 N_1 与明星企业数量初始值 N_2 均固定。第二种情况是明星企业对核心企业的竞争系数 α，大于核心企业对明星企业的竞争系数 β，且核心企业数量初始值 N_1 与明星企业数量初始值 N_2 均固定。第三种情况是明星企业对核心企业的竞争系数 α，略小于核心企业对明星企业的竞争系数 β，且两类企业竞争系数均较大，核心企业数量初始值 N_1 与明星企业数量初始值 N_2 均固定。第四种情况是明星企业对核心企业的竞争系数 α，略大于核心企业对明星企业的竞争系数 β，且两类企业竞争系数均较小，核心企业数量初始值 N_1 与明星企业数量初始值 N_2 均固定。

2. 仿真运行及结果分析

第一种情况是明星企业对核心企业的竞争系数 α，小于核心企业对明星企业

的竞争系数 β，且核心企业数量初始值 N_1 与明星企业数量初始值 N_2 均固定。设定明星企业对核心企业的竞争系数 α 为0.8，核心企业对明星企业的竞争系数 β 为1.4，核心企业数量初始值 N_1 为4，明星企业数量初始值 N_2 为6，该情况的仿真结果如图6.4所示。

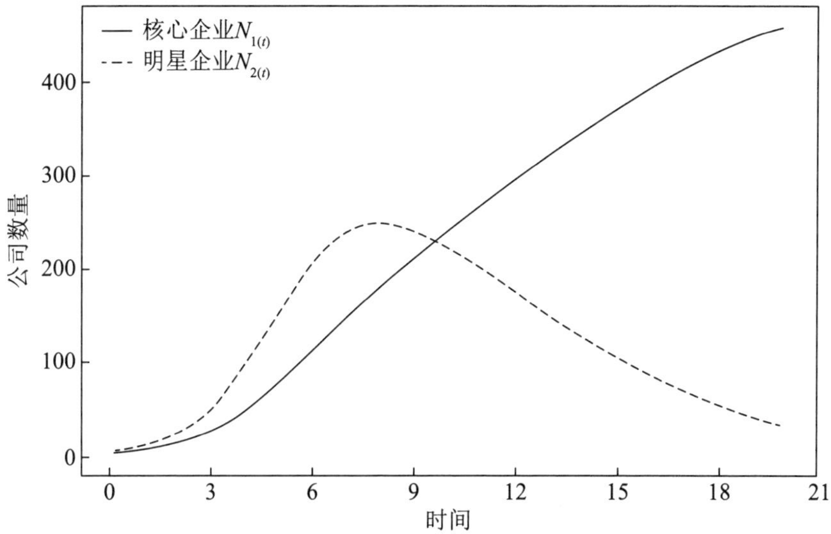

图 6.4　第一种情况竞争共生模型仿真结果

根据图6.4可知，明星企业对核心企业的竞争系数 α 为0.8，核心企业对明星企业的竞争系数 β 为1.4时，核心企业比明星企业的系统竞争力强，核心企业在系统内保持稳定的规模增长，稳定点趋近于固有增长点。明星企业的系统竞争力较弱，其系统规模逐渐趋于淘汰。由此可知，此类情况为竞争排斥情况，核心企业竞争优势较强，资源获取能力较强。竞争结果为核心企业种群完全取代明星企业种群，核心企业种群数量持续增长，最终趋向于自然容纳量状态。明星企业种群由于初始数量高于核心企业种群，其企业种群数量先保持增长状态，后趋向于数量减少至被淘汰。

第二种情况是明星企业对核心企业的竞争系数 α，小于核心企业对明星企业的竞争系数 β，且核心企业数量初始值 N_1 与明星企业数量初始值 N_2 均固定。设定明星企业对核心企业的竞争系数 α 为1.3，核心企业对明星企业的竞争系数 β 为0.8，核心企业数量初始值 N_1 为4，明星企业数量初始值 N_2 为6，该情况的仿真结果如图6.5所示。

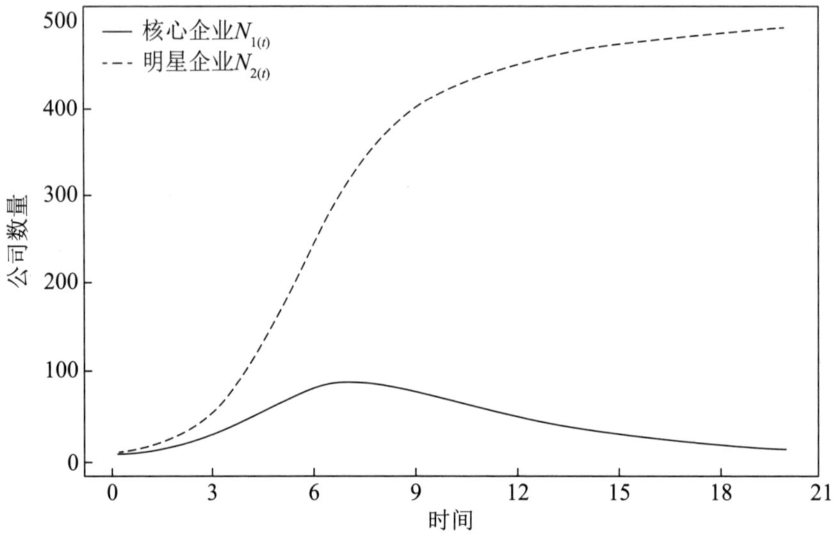

图 6.5　第二种情况竞争共生模型仿真结果

根据图6.5可知，当明星企业对核心企业的竞争系数 α 为1.3，核心企业对明星企业的竞争系数 β 为0.8时，明星企业比核心企业的系统竞争力强，明星企业在系统内保持稳定的规模增长，稳定点趋近于固有增长点。核心企业的系统竞争力较弱，其系统规模逐渐趋于淘汰。由此可知，此类情况为竞争排斥情况，明星企业竞争优势较强，资源获取能力较强。竞争结果为明星企业种群完全取代核心企业种群，明星企业种群数量持续增长，最终趋向于自然容纳量状态。核心企业种群数量先保持增长状态，数量增长至接近100时，趋向于数量减少至被淘汰。

第三种情况是明星企业对核心企业的竞争系数 α，略小于核心企业对明星企业的竞争系数 β，且两类企业竞争系数均较大，核心企业数量初始值 N_1 与明星企业数量初始值 N_2 均固定。设定明星企业对核心企业的竞争系数 α 为1.3，核心企业对明星企业的竞争系数 β 为1.4，核心企业数量初始值 N_1 为4，明星企业数量初始值 N_2 为6，该情况的仿真结果如图6.6所示。

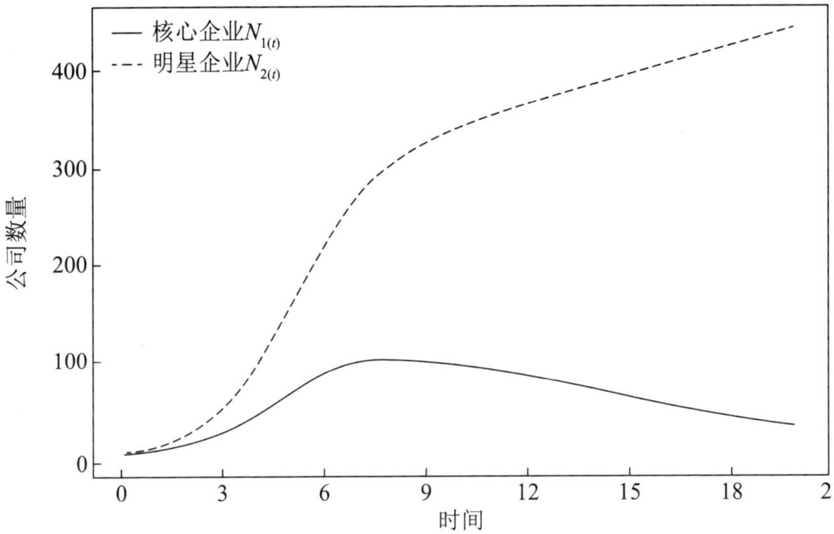

图 6.6　第三种情况竞争共生模型仿真结果

根据图6.6可知，当明星企业对核心企业的竞争系数 α 为1.3，核心企业对明星企业的竞争系数 β 为1.4时，且两类企业竞争系数均较大，由于明星企业的初始数量略高于核心企业，明星企业在系统竞争中存在一定优势，明星企业与核心企业将趋于合并，或核心企业趋于淘汰，两类企业处于不稳定状态。由此可知，此类情况为不稳定平衡状态，竞争初期核心企业竞争能力与明星企业较为接近，由于明星企业初始数量大于核心企业，且核心企业的自然增长率 r_1 为0.7，明星企业的自然增长率 r_2 为0.8，导致明星企业在长期竞争中的竞争优势越来越明显，种群数量持续增长，最终趋向于自然容纳量状态。核心企业种群数量先保持增长状态，数量增长至接近100时，趋向于数量减少至被淘汰。

第四种情况是明星企业对核心企业的竞争系数 α，略大于核心企业对明星企业的竞争系数 β，且两类企业竞争系数均较小，核心企业数量初始值 N_1 与明星企业数量初始值 N_2 均固定。设定明星企业对核心企业的竞争系数 α 为0.8，核心企业对明星企业的竞争系数 β 为0.7，核心企业数量初始值 N_1 为4，明星企业数量初始值 N_2 为6，该情况的仿真结果如图6.7所示。

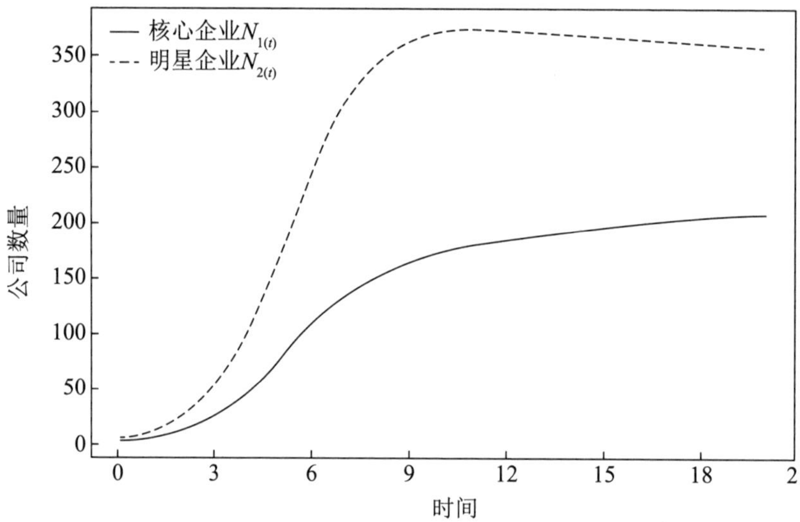

图 6.7　第四种情况竞争共生模型仿真结果

根据图6.7可知，当明星企业对核心企业的竞争系数 α 为0.8，核心企业对明星企业的竞争系数 β 为0.7时，且两类企业竞争系数均较小，核心企业数量初始值与明星企业数量初始值均固定时，核心企业与明星企业的竞争系数均较小，两者之间的竞争关系不明显，可以实现平衡状态。此类情况为不稳定平衡状态，竞争初期核心企业竞争能力与明星企业较为接近，由于明星企业初始数量大于核心企业，且核心企业的自然增长率 r_1 为0.7，明星企业的自然增长率 r_2 为0.8，导致明星企业在长期竞争中的竞争优势越来越明显，种群数量持续增长，最终趋向于350左右。核心企业种群数量先保持快速增长状态，后增长速度减小，最终种群数量保持在200左右，且明星企业种群数量始终高于核心企业种群数量。

6.2　数字产业创新生态系统合作共生模型构建及仿真

6.2.1　合作共生模型构建基础

1. 合作理论的基本内容

合作理论强调创新生态系统中的各系统主体通过合作实现资源共享和知识交

流，从而共同推动创新的发展。系统主体合作有助于克服单个主体在资源和能力上的局限性，实现协同创新。合作理论认为，创新不是单个系统主体的行为，而是通过多个主体的合作实现的。通过系统中各系统主体间的合作，创新主体可以共享资源、分担风险、互补优势，从而共同推动创新的发展。系统合作不仅包括企业之间的合作，还包括企业与大学、科研机构、政府机构等之间的合作。合作的形式多种多样，包括技术合作、研发合作、市场合作等。通过系统合作，创新生态系统中的主体可以实现资源的优化配置和创新能力的提升，从而推动整个生态系统的创新发展。

2. 合作理论的主要观点

(1) 资源共享。通过创新生态系统内各主体的合作，创新主体可以共享研发设施、技术和市场渠道等资源。在创新生态系统中，资源的获取和配置对企业的创新能力和市场竞争力具有重要影响。通过系统内各创新主体间的合作，创新主体可以共享研发设施和技术，降低研发成本，提高研发效率。创新主体还可以通过合作进入新的市场，拓展市场渠道。资源共享的具体表现形式包括联合研发、技术合作和市场合作等。联合研发是企业通过合作，联合开发新技术、新产品和新服务，共享研发设施和技术成果，降低研发成本，提高研发效率。技术合作是企业通过技术转让、技术许可和技术合作开发等方式，共享技术资源，提升技术水平。市场合作是企业通过市场推广、销售渠道和品牌合作等方式，共享市场资源，拓展市场渠道。

(2) 知识交流。创新生态系统内各主体的合作，有助于促进知识和信息的流动，加速创新的传播和应用。在创新生态系统中，知识和信息的流动对创新的实现和扩散具有重要影响。通过创新生态系统内各主体的合作，系统主体可实现知识和信息的共享，提升创新能力和市场竞争力。知识交流的具体表现形式包括技术交流、人才交流和信息共享等。技术交流是企业通过技术合作、技术培训和技术咨询等方式，共享技术知识和经验，提升技术水平和创新能力。人才交流是企业通过人才合作、人才培训等方式，共享人才资源，提升人才素质和创新能力。信息共享是企业通过信息合作、信息交流和信息共享平台等方式，共享市场信息、技术信息和管理信息，提升信息获取和应用能力。

(3) 风险分担。创新生态系统内各主体的合作，有助于分担创新过程中的风险，降低单个企业的创新成本。在创新生态系统中，创新活动具有高风险和高投入的特点，系统主体在创新过程中面临技术风险、市场风险和财务风险等多种风险。通过系统内各主体的合作，系统各主体分担创新过程中的风险，降低单个主体的创新成本，提高创新成功率。风险分担的具体表现形式包括合作研发、联合投资和风险共担等。合作研发是企业通过合作，共同承担研发风险，降低单个企业的研发成本和风险，提高研发成功率。联合投资是企业通过合作，共同投资创新项目，分担投资风险，降低单个企业的投资成本和风险，提高投资回报率。风险共担是企业通过合作，共同承担市场风险和技术风险，降低单个企业的市场风险和技术风险，提高市场竞争力和技术水平。

3. 合作共生模式

1) 寄生模式

寄生模式指一种主体(寄生者)从另一种主体(宿主)获取资源或利益，而宿主的利益或资源因此受到损害，在创新生态系统中可能表现为多种形式：①知识盗取，部分企业或个人通过不正当手段(如黑客攻击、商业间谍等)窃取其他企业的核心技术或专利，导致知识产权持有者的市场竞争力下降，甚至丧失市场地位。这不仅损害了被盗取方的利益，还可能导致整体创新环境的恶化。②资源榨取，部分系统主体在合作过程中利用对方的资金、技术、市场渠道等资源，但在合作结束后并未给予相应的回报，如部分小企业在与大企业合作时，利用大企业的研发能力和市场影响力，但在技术成熟后终止合作，转而成为大企业的竞争对手。③市场掠夺，部分系统主体通过不正当竞争手段(如恶意低价倾销、虚假宣传等)抢占市场份额，削弱其他市场主体的生存能力，此类行为可能导致市场价格体系紊乱，最终损害整个行业的健康发展。

寄生模式形成的原因：首先，短期利益驱动，创新生态系统中部分系统主体为了在短期内快速获得市场份额或技术优势，不惜采取不正当手段进行知识盗取或市场掠夺；其次，法律法规不健全，部分创新生态系统中，知识产权保护机制不健全，导致侵权行为难以受到应有的惩罚，助长寄生行为的发生；最后，竞争压力，在高度竞争的市场环境中，部分企业为了生存和发展，不得不采取激进的竞争策略，包括寄生行为。

寄生模式对创新生态系统的影响：首先，破坏创新生态系统的健康，寄生行为导致被侵害主体的资源和利益受损，影响其创新积极性和能力，进而影响整个生态系统的创新活力；其次，削弱合作信任，寄生行为将破坏创新主体之间的信任，导致合作意愿降低，进一步影响资源共享和协同创新；最后，长期、持续损害创新生态系统，寄生行为虽然可能带来短期利益，但长期来看，会破坏创新生态系统的平衡和稳定，导致资源流失和创新能力下降。

2) 互利共生模式

互利共生模式是创新生态系统中的理想状态，指参与主体间通过合作实现互惠互利，共同推动创新发展。互利共生模式体现了各主体间的良好合作关系，有助于整个生态系统的持续繁荣。互利共生模式的具体表现包括以下方面：首先，资源共享，各主体之间共享资源，如技术、知识、市场渠道等，通过合作提高资源利用效率和创新能力，如企业与高校合作，利用高校的科研设备和专业知识进行新产品开发，而高校通过企业的市场渠道将科研成果商业化；其次，优势互补，各主体充分发挥自身优势，互相补足短板，共同推动创新项目的进展，如初创企业具有灵活的创新机制和市场敏感度，而大企业则拥有雄厚的资金和完善的产业链，双方合作实现双赢；再次，共同发展，各主体通过合作不仅能够实现自身的发展目标，还能够促进整个创新生态系统的进步和繁荣，如部分地区的科技园区通过吸引各种类型的企业和科研机构入驻，形成创新生态系统，各主体互相合作、共同发展。

互利共生模式形成的原因包含以下方面：首先，共同利益驱动，互利共生模式的形成通常是因为各主体发现通过合作可以达到“1+1>2”的效果；其次，资源和能力互补，不同主体在资源和能力上存在互补性，合作可以实现资源的最优配置和能力的最大化利用；最后，政策和环境支持，良好的政策环境和支持措施(如政府的鼓励政策、知识产权保护机制等)也有助于促进互利共生模式的形成和发展。

互利共生模式对创新生态系统的影响包含以下方面：首先，增强系统的韧性和可持续性，互利共生模式通过合作和资源共享，提高了创新生态系统的韧性和可持续性，有助于抵御外部冲击和风险；其次，促进资源的高效利用，各主体通过合作，实现了资源的高效配置和利用，提高了整个生态系统的创新效率和产出；最后，推动整体创新能力提升，互利共生模式下，各主体在合作中不断学习和提升自身能力，提升了创新生态系统的整体创新能力。

3) 偏利共生模式

偏利共生模式介于寄生模式和互利共生模式之间，指一种系统主体从另一种系统主体中获取利益，而另一种系统主体不受影响，也不获得额外的好处。创新生态系统中，偏利共生模式的具体表现包括以下方面：首先，知识传递，系统主体通过非正式渠道(如行业交流会、学术会议等)获取另一系统主体的知识或经验，但知识提供方并未因此受益或受到损害，如企业通过参加行业会议，获取其他企业的技术动态和市场信息，但信息提供者并未因此受到影响；其次，市场渗透，系统主体通过另一系统主体的市场渠道或影响力，进入新的市场或获取新的客户，而另一系统主体并未因此获得额外收益或损失，如新创公司通过与大公司的业务合作，借助其市场影响力快速打开市场，但大公司并未因此获得直接利益；最后，资源利用，系统主体利用另一系统主体的闲置资源(如实验设备、办公空间等)进行创新活动，资源提供方未因此获得收益或损害，如科研机构在其设备闲置时，允许初创企业使用设备进行研发活动。

偏利共生模式形成的原因包含以下方面：首先，资源利用不充分，在创新生态系统中，部分系统资源可能存在闲置或未充分利用的情况，其他主体通过利用这些资源实现自身利益；其次，信息不对称，信息的不对称可能导致部分主体在不知情的情况下提供对其他主体有利的资源或信息；最后，低成本合作，偏利共生模式通常涉及低成本或非正式的合作形式，不需要双方投入大量资源或精力，因此更容易实现。

偏利共生模式对创新生态系统的影响包含以下方面：首先，提升资源利用率，虽然资源提供方未能从中受益，但偏利共生模式可以提高资源的利用率，间接促进创新生态系统的效率提升；其次，促进信息和知识流动，通过知识传递和市场渗透，偏利共生模式促进了信息和知识的流动，有助于系统整体创新能力的提升；最后，保持系统的稳定性，由于偏利共生模式不会对资源提供方造成损害，该模式不会对创新生态系统的稳定性和可持续性产生明显负面影响。

6.2.2　合作共生模型构建

1. 系统主体定义

数字产业创新生态系统由多个或多种相互竞争和合作的企业、平台与技术组成，系统中的不同系统主体可视为“物种”，如不同类型的企业、研究机构等，在市场中竞争资源(如用户、数据、技术)并相互影响。

2. 基本模型

Lotka-Volterra模型是一种经典的生态学模型，用于描述两个物种之间的竞争关系或合作关系，该模型可扩展用于描述核心企业与明星企业之间的合作共生关系，基本公式如下：

$$\frac{\mathrm{d}N_i}{\mathrm{d}t}=r_iN_i\left(1-\frac{N_i-\beta_{ij}N_j}{K_i}\right) \tag{6.8}$$

式中，N_i表示第i个主体的数量，r_i表示增长率，β_{ij}表示第j个主体对第i个主体的合作系数，K_i表示环境容纳量。

3. 模型构建

同样设定数字产业创新生态系统中存在核心企业和明星企业两类企业，并提出以下模型假设：首先，核心企业及明星企业的自然增长率与其当前规模成正比；其次，核心企业及明星企业之间存在合作关系，合作强度由合作系数表示；最后，环境承载能力表示系统中的市场容量或资源总量。数字产业创新生态系统中，核心企业与明星企业存在合作共生关系。根据以上分析，可得系统中核心企业与明星企业的Logistic增长方程为

$$\frac{\mathrm{d}N_1}{\mathrm{d}t}=r_1N_1\left(1-\frac{N_1-\alpha N_2}{K_1}\right) \tag{6.9}$$

$$\frac{\mathrm{d}N_2}{\mathrm{d}t}=r_2N_2\left(1-\frac{N_2-\beta N_1}{K_2}\right) \tag{6.10}$$

式中，N_1表示核心企业的数量，r_1表示核心企业的自然增长率，α表示明星企业对核心企业的合作系数，K_1表示核心企业的环境容纳量；N_2表示明星企业的数量，r_2表示明星企业的自然增长率，β表示核心企业对明星企业的合作系数，K_2表示明星企业的环境容纳量。

根据模型假设可知，核心企业及明星企业的自然增长率与其当前规模成正比，当核心企业与明星企业的数量增长时，其自然增长率随之增长。当式6.9与式6.10分别为0时，系统处于稳定状态，稳定状态模型为

$$N_1=K_1+\alpha N_2 \tag{6.11}$$

$$N_2 = K_2 + \beta N_1 \tag{6.12}$$

由此，可得稳定点的坐标为

$$N_1^* = \frac{K_1 + \alpha N_2}{1 - \alpha\beta} \tag{6.13}$$

$$N_2^* = \frac{K_2 + \beta N_1}{1 - \alpha\beta} \tag{6.14}$$

6.2.3 合作共生模型分析

由式6.11计算可知核心企业的平衡条件；由式6.12计算可知明星企业的平衡条件，核心企业和明星企业的平衡条件分别如图6.8所示，坐标图中的横坐标和纵坐标分别表示核心企业的数量与明星企业的数量。

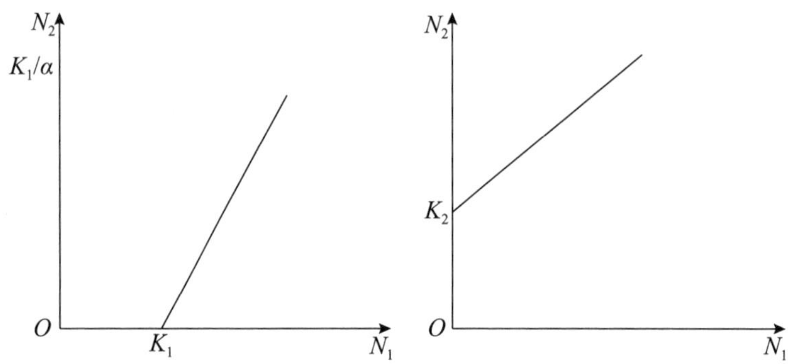

(a) 核心企业平衡条件　(b) 明星企业平衡条件

图 6.8　核心企业平衡条件与明星企业平衡条件

将核心企业与明星企业的平衡条件结合起来进行分析，可知核心企业与明星企业在系统中合作的结果共包含四种类型。第一种类型是条件共生情况1(当且仅当 $\alpha\beta<1$ 且 $\alpha<1$)，第二种类型是条件共生情况2(当且仅当 $\alpha\beta<1$ 且 $\alpha>1$)，第三种类型是互利共生($\alpha<1$ 且 $\beta<1$)，第四种类型是独立存在($\alpha>1$ 且 $\beta>1$)。

第一种类型为条件共生情况1，如图6.9(a)所示。当 $\alpha<1$，且 $\beta>1$ 时，核心企业的种群数量为 $N_1 = K_1 + \alpha N_2$，其与 N_1 轴的交点为 $(K_1, 0)$，与 N_2 轴的交点为 $(0, -K_1/\alpha)$。明星企业的种群数量为 $N_2 = K_2 + \beta N_1$，与 N_1 轴的交点为 $(-K_2/\beta, 0)$，与 N_2 轴的交点为 $(0, K_2)$。此类型中，两条线段在图中存在交点，在交点右侧，核心企业的系统竞争力强于明星企业，核心企业将保持种群数量的增加，明星企业保持种群数量减少。在交点左侧，明星企业的系统竞争力弱于核心企业，核心企业将保持种群数量的增加，而明星企业保持种群数量减少。此种情况下，核心企业与明星企业合作共生需要具备一定的条件，当核心企业种群与明星企业种群相互交叉产生均衡点，即核心企业数量增长斜率 $1/\alpha$ 大于明星企业数量增长斜率 β 时，两者可合作共生。

第二种类型为条件共生情况2，如图6.9(b)所示。当 $\alpha>1$，且 $\beta<1$ 时，核心企业的种群数量为 $N_1=K_1+\alpha N_2$，其与 N_1 轴的交点为 $(K_1,0)$，与 N_2 轴的交点为 $(0,-K_1/\alpha)$。明星企业的种群数量为 $N_2=K_2+\beta N_1$，与 N_1 轴的交点为 $(-K_2/\beta,0)$，与 N_2 轴的交点为 $(0,K_2)$。此类型中，两条线段在图中存在交点，在交点右侧，核心企业的系统竞争力强于明星企业，核心企业将保持种群数量的增加，而明星企业保持种群数量减少。在交点左侧，明星企业的系统竞争力弱于核心企业，核心企业将保持种群数量的增加，而明星企业保持种群数量将减少。此种情况下，核心企业与明星企业合作共生需要具备一定的条件，即核心企业数量增长斜率 $1/\alpha$ 大于明星企业数量增长斜率 β 时，两者可合作共生。

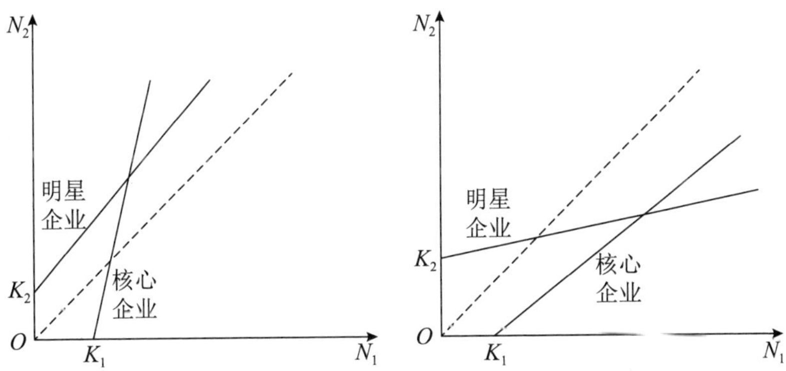

(a) 条件共生情况1　(b) 条件共生情况2

图 6.9　条件共生

由以上分析可知，当核心企业数量增长斜率 $1/\alpha$ 大于明星企业数量增长斜率 β 时，即 $\alpha\beta<1$ 时，核心企业和明星企业可合作共生，此两种类型的共生方式均为偏利共生模式，即两类企业的自然增长率相差较大，自然增长率大的企业种群比自然增长率小的企业种群发展快。

第三种类型为互利共生，如图6.10(a)所示。当 $\alpha<1$，且 $\beta<1$ 时，核心企业的种群数量为 $N_1=K_1+\alpha N_2$，其与 N_1 轴的交点为 $(K_1,0)$，与 N_2 轴的交

点为$(0,-K_1/\alpha)$。明星企业的种群数量为$N_2=K_2+\beta N_1$，与N_1轴的交点为$(-K_2/\beta,0)$，与N_2轴的交点为$(0,K_2)$。此类型中，两条线段在图中存在交点，在交点右侧，明星企业的系统竞争力强于核心企业，明星企业将保持种群数量的增加，而核心企业保持种群数量减少。在交点左侧，明星企业的系统竞争力弱于核心企业，核心企业将保持种群数量的增加，明星企业保持种群数量减少。此种情况下，核心企业与明星企业的自然增长率相差较小，有助于两类企业形成稳定的共生关系和平衡点，此种关系为互利共生关系。

第四种类型为独立存在，如图6.10(b)所示。当$\alpha>1$，且$\beta>1$时，核心企业的种群数量为$N_1=K_1+\alpha N_2$，其与N_1轴的交点为$(K_1,0)$，与N_2轴的交点为$(0,-K_1/\alpha)$。明星企业的种群数量为$N_2=K_2+\beta N_1$，与N_1轴的交点为$(-K_2/\beta,0)$，与N_2轴的交点为$(0,K_2)$。此类型中，两条线段在图中不存在交点，由于核心企业与明星企业的自然增长率均较强，使得两类企业群体间无法形成稳定的平衡点，无法形成合作共生关系。

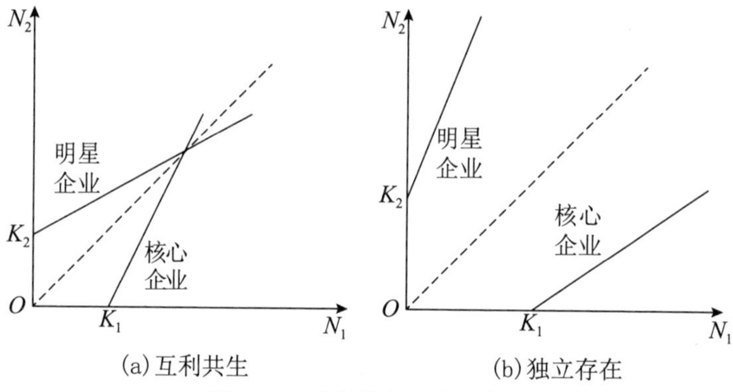

图 6.10　互利共生与独立存在

6.2.4　合作共生模型仿真及结果分析

1. 初始条件设置

为了对系统合作共生关系进行仿真模拟，设定核心企业的环境容纳量K_1及明星企业的环境容纳量K_2均为500，核心企业的自然增长率r_1为0.3，明星企业的自然增长率r_2为0.4。分别检验四种情况下，两类企业的合作共生状态。第一种情况是明星企业对核心企业的合作系数 α，小于核心企业对明星企业的合作系数 β，且核心企业数量初始值 N_1 与明星企业数量初始值 N_2 均固定。第二种情况是明星企业对核心企业的合作系数 α，大于核心企业对明星企业的合作系数 β，且核心企业数量初始值 N_1 与明星企业数量初始值 N_2 均固定。第三种情况是明星企业对核心企业的合作系数 α，略大于核心企业对明星企业的合作系数 β，且两类企业合作系数均较小，核心企业数量初始值 N_1 与明星企业数量初始值 N_2 均固定。第四种情况是明星企业对核心企业的合作系数 α，小于核心企业对明星企业的合作系数 β，且两类企业合作系数均较大，核心企业数量初始值 N_1 与明星企业数量初始值 N_2 均固定。

2. 仿真运行与结果分析

第一种情况是明星企业对核心企业的合作系数 α，小于核心企业对明星企业的合作系数 β，且核心企业数量初始值 N_1 与明星企业数量初始值 N_2 均固定。设定明星企业对核心企业的合作系数 α 为0.4，核心企业对明星企业的合作系数 β 为1.3，核心企业数量初始值 N_1 为4，明星企业数量初始值 N_2 为6，该情况的仿真结果如图6.11所示。

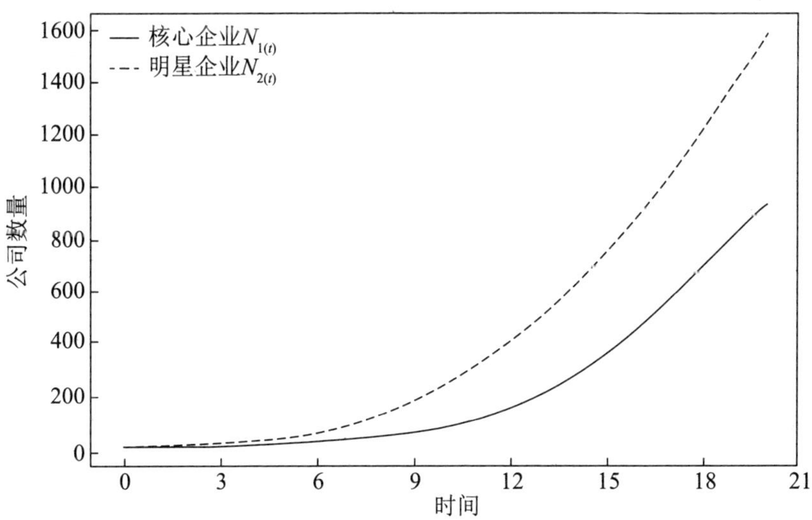

图 6.11　第一种情况合作共生模型仿真结果

根据图6.11可知，当明星企业对核心企业的合作系数 α 为0.4，核心企业对明星企业的合作系数 β 为1.3，核心企业数量初始值 N_1 为4，明星企业数量初始值

N_2 为6时，核心企业比明星企业的合作系数小，两者之间的合作共生关系促进种群增长，其中明星企业种群的数量增长较快。此类情况为偏利共生状态，需要核心企业数量增长斜率 $1/\alpha$ 大于明星企业数量增长斜率 β 的条件，即当 $\alpha<1$，$\beta>1$ 时，且 $\alpha\beta<1$，核心企业与明星企业种群的数量均呈现增长状态。由于核心企业的合作系数较小，因此核心企业增长速度小于明星企业，且核心企业种群数量始终小于明星企业。

第二种情况是明星企业对核心企业的合作系数 α，大于核心企业对明星企业的合作系数 β，且核心企业数量初始值 N_1 与明星企业数量初始值 N_2 均固定。设明星企业对核心企业的合作系数 α 为1.3，核心企业对明星企业的合作系数 β 为0.4，核心企业数量初始值 N_1 为4，明星企业数量初始值 N_2 为6，该情况的仿真结果如图6.12所示。

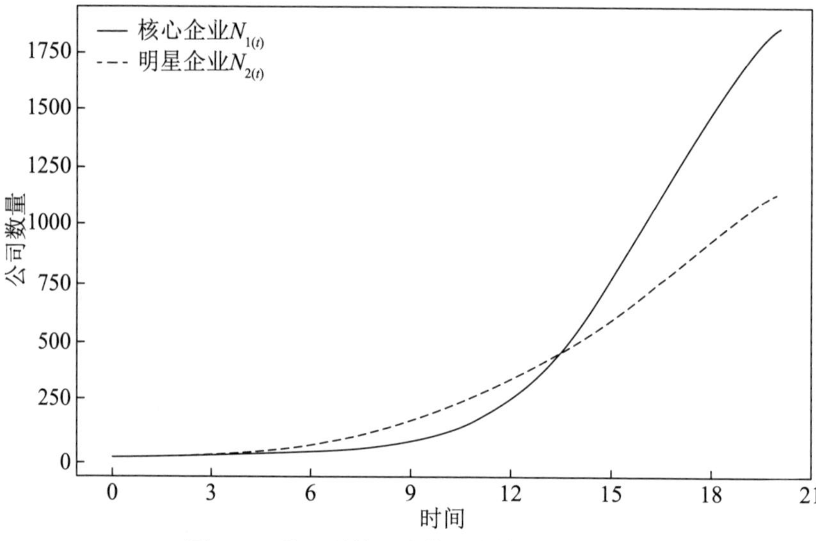

图 6.12　第二种情况合作共生模型仿真结果

根据图6.12可知，当明星企业对核心企业的合作系数 α 为1.3，核心企业对明星企业的合作系数 β 为0.4，核心企业数量初始值 N_1 为4，明星企业数量初始值 N_2 为6时，核心企业比明星企业的合作系数大，两者之间的合作共生关系促进种群增长，其中前期明星企业种群数量增长较快，后期核心企业种群数量增长加快，核心企业种群总量超越明星企业。此类情况为偏利共生状态，需要核心企业数量增长斜率 $1/\alpha$ 大于明星企业数量增长斜率 β 的条件，即当 $\alpha<1$，$\beta>1$ 时，

且 $\alpha\beta<1$，核心企业与明星企业种群的数量均呈现增长状态。由于核心企业的初始数量低于明星企业，且核心企业所设定的自然增长率 r_1 为0.3，明星企业的自然增长率 r_2 为0.4。因此，仿真结果呈现为前期核心企业增长率及种群数量均低于明星企业，后期由于核心企业合作系数较高，种群总量及增长速度均超越明星企业。

第三种情况是明星企业对核心企业的合作系数 α，略大于核心企业对明星企业的合作系数 β，且两类企业合作系数均较小，核心企业数量初始值 N_1 与明星企业数量初始值 N_2 均固定。设定明星企业对核心企业的合作系数 α 为0.4，核心企业对明星企业的合作系数 β 为0.3，核心企业数量初始值 N_1 为4，明星企业数量初始值 N_2 为6，该情况的仿真结果如图6.13所示。

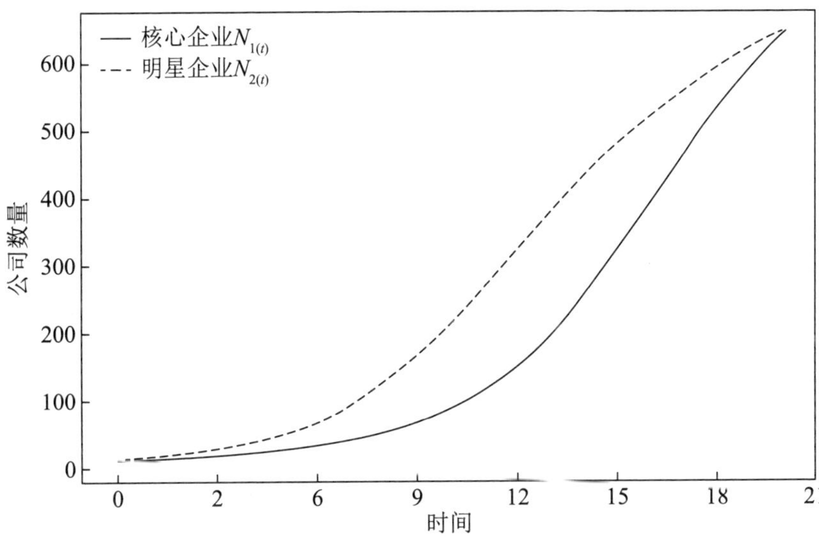

图 6.13　第三种情况合作共生模型仿真结果

根据图6.13可知，当明星企业对核心企业的合作系数 α 为0.4，核心企业对明星企业的合作系数 β 为0.3，核心企业数量初始值 N_1 为4，明星企业数量初始值 N_2 为6时，核心企业比明星企业的合作系数略大，两者之间的合作共生关系促进两类企业种群增长。由图中数量变化趋势可知，前期明星企业种群的数量增长较快，且明星企业种群数量高于核心企业，后期核心企业种群数量增长加快，核心企业种群总量与明星企业基本持平。此类情况为互利共生状态，需要两类企业的合作系数相差较小，且两类企业的自然增长率相差较小，有助于两类企业形成稳定的共生关系和平衡点。由于核心企业的初始数量低于明星企业，且核心企业所设定的自然增长率 r_1 为0.3，明星企业的自然增长率 r_2 为0.4。因此，仿真结果呈现为前期核心企业增长率及种群数量均低于明星企业，后期核心企业合作系数略高于明星企业，导致核心企业种群总量与明星企业持平。

第四种情况是明星企业对核心企业的合作系数 α，小于核心企业对明星企业的合作系数 β，且两类企业合作系数均较大，核心企业数量初始值 N_1 与明星企业数量初始值 N_2 均固定。设定明星企业对核心企业的合作系数 α 为1.3，核心企业对明星企业的合作系数 β 为1.9，核心企业数量初始值 N_1 为4，明星企业数量初始值 N_2 为6，该情况的仿真结果如图6.14所示。

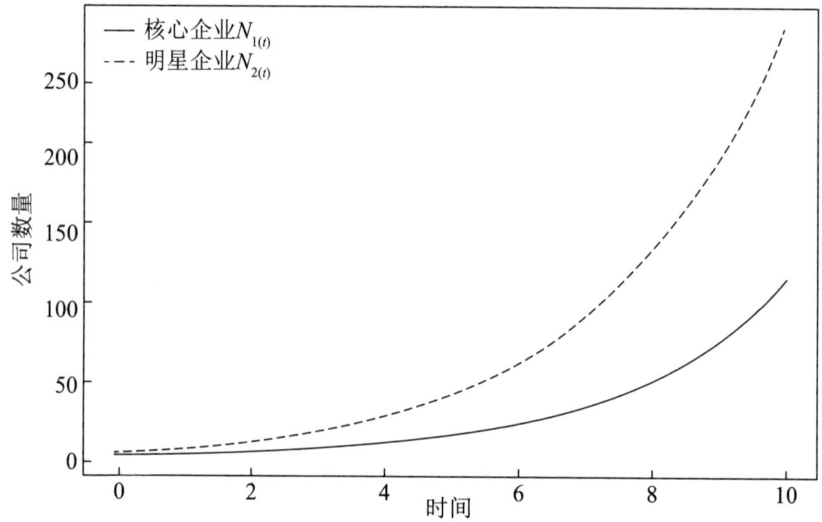

图 6.14　第四种情况合作共生模型仿真结果

根据图6.14可知，当明星企业对核心企业的合作系数 α 为1.3，核心企业对明星企业的合作系数 β 为1.9，核心企业数量初始值 N_1 为4，明星企业数量初始值 N_2 为6时，核心企业比明星企业的合作系数小，两者之间的合作共生关系相互独立。由图中数量变化趋势可知，前期核心企业种群数量与明星企业种群数量均保持增长，明星企业种群数量及增长速度均高于核心企业，总体两类种群保持缓慢增长。后期两类企业种群数量增长速度均加快，且明星企业种群数量增长速度依然高于核心企业，明星企业种群总量与核心企业间差异持续加大。此类情况为独立存在状态，需要两类企业的合作系数相差较大。由于核心企业的初始数量低于明星企业，且核心企业所设定的自然增长率 r_1 为0.3，明星企业的自然增长率 r_2 为0.4。因此，仿真结果呈现为两类企业均保持持续的种群数量增长，核心企业增长率及种群数量均低于明星企业。

6.3　数字产业创新生态系统竞合共生模型构建及仿真

6.3.1　竞合共生模型构建基础

1. 竞合理论的基本内容

创新生态系统竞合理论融合了竞争和合作两种机制，认为创新生态系统中的主体既可以通过竞争获得市场优势，又可以通过合作实现共同利益。创新生态系统的竞合关系是复杂和动态的，系统主体在不同情境下可能既是竞争对手又是合作伙伴。创新生态系统竞合理论认为，系统主体在市场中既有竞争关系，又有合作关系。通过竞争，系统主体激发创新动力，提高市场竞争力；通过合作，系统主体可实现资源共享和知识交流，提升创新能力。创新生态系统竞合关系的形成和发展受到多种因素的影响，包括市场结构、企业战略、技术发展等。系统主体在不同情境下，可能既是竞争对手，又是合作伙伴。创新生态系统竞合关系的动态平衡，有助于创新主体在市场中实现双赢，推动整个创新生态系统的发展。

2. 竞合理论的主要观点

(1) 动态平衡。创新生态系统竞合关系强调竞争和合作的动态平衡，系统主体在不同阶段和领域可能采取不同的策略。在创新生态系统中，创新主体的竞争和合作关系是动态变化的，创新主体在不同的阶段和领域，达到动态平衡则可在竞争中保持优势，通过合作实现资源共享和知识交流，提升创新能力和市场竞争力。创新生态系统动态平衡的具体表现形式包括竞争合作的策略选择、竞争合作的动态调整和竞争合作的平衡发展等。竞争合作的策略选择是系统主体根据市场环境和自身情况，选择适合的竞争和合作策略，实现竞争优势和合作共赢。竞争合作的动态调整是系统主体根据市场变化和技术发展，动态调整竞争和合作策略，保持竞争优势和合作共赢。竞争合作的平衡发展是系统主体通过平衡竞争和合作关系，实现长期的竞争优势和合作共赢，推动创新和市场的发展。

(2) 双赢效应。通过竞合，企业可以实现“1+1>2”的效应，既提升自身竞争力，又促进整个生态系统的创新。在创新生态系统中，系统主体通过竞合关系，可实现资源的优化配置和创新能力的提升，从而在市场中实现双赢。竞合关系的形成和发展，有助于系统主体在竞争中保持优势，同时通过合作，实现资源共享和知识交流，提升创新能力和市场竞争力。双赢效应的具体表现形式包括竞争合作的协同效应、竞争合作的互补效应和竞争合作的共赢效应等。竞争合作的协同效应是系统主体通过竞合关系，实现资源的协同配置和创新能力的协同提升，从而在市场中实现双赢。竞争合作的互补效应是系统主体通过竞合关系，实现资源的互补配置和创新能力的互补提升，从而在市场中实现双赢。竞争合作的共赢效应是企业通过竞合关系，实现资源的共赢配置和创新能力的共赢提升，从而在市场中实现双赢。

(3) 战略联盟。系统主体通过战略联盟形成竞合关系，共同开发新技术或开拓新市场，同时在某些领域保持竞争。在创新生态系统中，系统主体通过战略联盟，可以实现资源的共享和知识的交流，提升创新能力和市场竞争力。战略联盟的形成和发展，有助于系统主体在竞争中保持优势，同时通过合作，实现资源共享和知识交流，提升创新能力和市场竞争力。战略联盟的具体表现形式包括技术联盟、市场联盟和资源联盟等。技术联盟是企业通过技术合作形成的技术联盟，实现技术资源的共享和技术水平的提升。市场联盟是企业通过市场合作形成的市场联盟，实现市场资源的共享和市场竞争力的提升。资源联盟是企业通过资源合作形成的资源联盟，实现资源的共享和资源配置的优化。

6.3.2　竞合共生模型构建

1. 系统主体定义

数字产业创新生态系统由多个或多种相互竞争和合作的企业、平台与技术组成，系统中的不同系统主体可视为“物种”，如不同类型的企业、研究机构等，在市场中竞争资源(如用户、数据、技术)并相互影响。

2. 基本模型

Lotka-Volterra竞争模型是一种经典的生态学模型，用于描述两个物种之间的竞争关系，该模型可扩展用于描述核心企业与明星企业之间的竞合共生关系，基本公式为

$$\frac{\mathrm{d}N_i}{\mathrm{d}t}=r_iN_i\left(1-\frac{N_i+\alpha_{ij}N_j}{K_i}\right) \tag{6.15}$$

式中，N_i表示第i个主体的数量，r_i表示增长率，α_{ij}表示第j个主体对第i个主体的竞合系数，K_i表示环境容纳量。

3. 模型构建

本书设定数字产业创新生态系统中存在核心企业和明星企业两类企业，其中，核心企业是在数字产业中具有领导地位的企业。核心企业通常具有较强的技术创新能力和市场影响力，是推动产业发展的主要力量。核心企业通过技术研发、产品创新和市场拓展，带动整个产业链的升级和发展。而明星企业是在数字产业中起辅助作用的中小型企业。明星企业在产业链中扮演着重要的角色，通过灵活的经营模式和创新能力，为核心企业提供支持和补充。中小企业的创新活动和市场竞争力对整个产业生态系统的健康发展具有重要意义。为有效对数字产业创新生态系统进行仿真模型构建，本书提出以下模型假设：首先，核心企业及明星企业的自然增长率与其当前规模成正比；其次，核心企业及明星企业之间存在竞争合作关系，竞合强度由竞合系数表示，竞合系数为正表示两类企业以竞争为主，竞合系数为负表示两类企业以合作为主；最后，环境承载能力表示系统中的市场容量或资源总量。

数字产业创新生态系统中，核心企业与明星企业存在竞争共生关系，当核心企业的创新能力远大于明星企业时，将在系统中占据较大比例系统资源，获取较强的竞争能力，随着生态系统的演化，核心企业将持续保持市场占有率的增长，明星企业由于竞争能力不足被系统淘汰。反之，当明星企业的创新能力远大于核心企业时，明星企业将在系统中占据较大比例系统资源，获取较强的竞争能力，随着生态系统的演化，明星企业将持续保持市场占有率的增长，核心企业由于竞争能力不足被系统淘汰。当核心企业与明星企业创新能力持平时，两类企业将在系统中共同存在。根据以上分析，可得系统中核心企业与明星企业的Logistic增

长方程为

$$\frac{\mathrm{d}N_1}{\mathrm{d}t}=r_1N_1\left(1-\frac{N_1+\alpha N_2}{K_1}\right) \tag{6.16}$$

$$\frac{\mathrm{d}N_2}{\mathrm{d}t}=r_2N_2\left(1-\frac{N_2+\beta N_1}{K_2}\right) \tag{6.17}$$

式中，N_1表示核心企业竞争的数量，r_1表示核心企业竞争的自然增长率，α表示明星企业对核心企业的竞合系数，K_1表示核心企业的环境容纳量；N_2表示明星企业的数量，r_2表示明星企业的自然增长率，β表示核心企业对明星企业的竞合系数，K_2表示明星企业的环境容纳量。

对式6.16两边求差分可得：

$$N_{1(t+1)}-N_{1(t)}=r_1N_{1(t)}-\frac{r_1N_{1(t)}^2}{K_1}-\frac{r_1\alpha N_{1(t)}N_{2(t)}}{K_1} \tag{6.18}$$

根据共生理论可知，竞争和共生种群之间存在如下关系：

$$N_1=\alpha N_2 \tag{6.19}$$

$$N_2=\beta N_1 \tag{6.20}$$

将式6.19代入式6.18可得：

$$\Delta N_1=r_1\alpha N_{2(t)}-2r_1\alpha^2N_{2(t)}^2/K_1 \tag{6.21}$$

设$F_1=r_1\alpha$，$F_2=-2r_1\alpha^2/K_1$，代入式6.21可得：

$$\Delta N_1=F_1N_{2(t)}+F_2N_{2(t)}^2 \tag{6.22}$$

一般形式为

$$\Delta N_1=F_0+F_1N_{2(t)}+F_2N_{2(t)}^2+e_{(t)} \tag{6.23}$$

对式6.23求解可得：

$$N_2^*=(-F_1\pm\sqrt{F_1^2-4F_0F_1})/2F_2 \tag{6.24}$$

当$F_1>0$，$F_2>0$，若方程无解，则核心企业和明星企业种群间为共生关系。

若方程有解，则当$N_2>(-F_1+\sqrt{F_1^2-4F_0F_1})/2F_2$时，核心企业和明星企业种群间以合作共生为主，竞争为辅。当$0<N_2<(-F_1+\sqrt{F_1^2-4F_0F_1})/2F_2$时，核心企业和明星企业种群间以竞争为主，合作共生为辅。

当$F_1<0$，$F_2>0$时，若方程无解，则核心企业和明星企业种群间为共生关系。若方程有解，当$0<N_2<(-F_1-\sqrt{F_1^2-4F_0F_1})/2F_2$或

$N_2 > (-F_1 + \sqrt{F_1^2 - 4F_0F_1}) / 2F_2$ 时，核心企业和明星企业种群间以合作共生为主，竞争为辅。当 $(-F_1 - \sqrt{F_1^2 - 4F_0F_1}) / 2F_2 < N_2 < (-F_1 + \sqrt{F_1^2 - 4F_0F_1}) / 2F_2$ 时，核心企业和明星企业种群间以竞争为主，合作共生为辅。

当 $F_1 > 0$，$F_2 < 0$ 时，若方程无解，则核心企业和明星企业种群间为竞争关系。若方程有解，当 $(-F_1 - \sqrt{F_1^2 - 4F_0F_1}) / 2F_2 < N_2 < (-F_1 + \sqrt{F_1^2 - 4F_0F_1}) / 2F_2$ 时，核心企业和明星企业种群间以合作共生关系为主，竞争为辅。当 $0 < N_2 < (-F_1 - \sqrt{F_1^2 - 4F_0F_1}) / 2F_2$ 或 $N_2 > (-F_1 + \sqrt{F_1^2 - 4F_0F_1}) / 2F_2$ 时，核心企业和明星企业种群间以竞争为主，合作共生为辅。

当 $F_1 < 0$，$F_2 < 0$ 时，若方程无解，则核心企业和明星企业种群间为竞争关系。若方程有解，当 $0 < N_2 < (-F_1 + \sqrt{F_1^2 - 4F_0F_1}) / 2F_2$ 时，核心企业和明星企业种群间以合作共生关系为主，竞争为辅。当 $N_2 > (-F_1 + \sqrt{F_1^2 - 4F_0F_1}) / 2F_2$ 时，核心企业和明星企业种群间以竞争为主，合作共生为辅。

同理可得：

$$\Delta N_2 = F_0 + F_3 N_{1(t)} + F_4 N_{1(t)}^2 + f_{(t)} \tag{6.25}$$

此时，$F_3 = r_2\beta$，$F_4 = -2r_2\beta^2 / K_2$，设 $K_1 = K_2$ 可得，$F_2 / F_4 = r_1\alpha^2 / r_2\beta^2 = F_1\alpha / F_3\beta$，将 F_1，F_2，F_3，F_4 代入可得：

$$\alpha / \beta = F_2F_3 / F_1F_4 \tag{6.26}$$

由此可知，核心企业和明星企业种群间的关系取决于竞争共生系数，可根据系数设定进行关系仿真。

6.3.3　竞合共生模型仿真及结果分析

1. 初始条件设置

为对系统竞合共生关系进行仿真模拟，设定核心企业的环境容纳量 K_1 及明星企业的环境容纳量 K_2 均为500，核心企业的自然增长率 r_1 为0.3，明星企业的自然增长率 r_2 为0.4。分别检验四种情况下，两类企业的竞合共生状态。第一种情况是核心企业对明星企业的竞合系数 α 大于0，核心企业对明星企业的竞合系数 β 大于0，且核心企业数量初始值 N_1 与明星企业数量初始值 N_2 均固定。第二种情况是核心企业对明星企业的竞合系数 α 小于0，核心企业对明星企业的竞合系数

β小于0，且核心企业数量初始值N_1与明星企业数量初始值N_2均固定。第三种情况是核心企业对明星企业的竞合系数α大于0，核心企业对明星企业的竞合系数β小于0，且核心企业数量初始值N_1与明星企业数量初始值N_2均固定。第四种情况是核心企业对明星企业的竞合系数α小于0，核心企业对明星企业的竞合系数β大于0，且核心企业数量初始值N_1与明星企业数量初始值N_2均固定。

2. 仿真运行及结果分析

1) 企业双竞争关系分析

当明星企业对核心企业的竞合系数α大于0，核心企业对明星企业的竞合系数β大于0时，且核心企业数量初始值N_1与明星企业数量初始值N_2均固定。该情况表明核心企业种群与明星企业种群间存在竞争关系，随着时间的推移，两类种群的数量由于两类企业的竞合系数不同，可分为四种情况进行具体分析。

第一种情况设定明星企业对核心企业的竞合系数α为1.6，核心企业对明星企业的竞合系数β为1.6，核心企业数量初始值N_1为4，明星企业数量初始值N_2为6，该情况的仿真结果如图6.15所示。由图6.15可知，当明星企业对核心企业的竞合系数α为1.6，核心企业对明星企业的竞合系数β为1.6时，说明核心企业对明星企业为竞争关系，核心企业对明星企业同样为竞争关系。由图中两类企业数量变化趋势可知，核心企业种群数量前期出现短暂增长，后期数量逐渐减少趋向于0。明星企业种群数量保持持续增长，后期数量达到环境容纳量后保持稳定。此结果说明，当核心企业与明星企业为竞争关系时，由于核心企业的自然增长率r_1为0.3，明星企业的自然增长率r_2为0.4，且核心企业数量初始值低于明星企业数量初始值，使得明星企业占据竞争优势，核心企业趋向于被淘汰。

第二种情况设定明星企业对核心企业的竞合系数α为1.6，核心企业对明星企业的竞合系数β为0.6，核心企业数量初始值N_1为4，明星企业数量初始值N_2为6，该情况的仿真结果如图6.16所示。由图6.16可知，当明星企业对核心企业的竞合系数α为1.6，核心企业对明星企业的竞合系数β为0.6时，说明核心企业对明星企业为竞争关系，核心企业对明星企业同样为竞争关系，且核心企业获得的竞争远高于明星企业获得的竞争。由图中两类企业数量变化趋势可知，核心企业种群数量前期出现短暂增长，后期数量逐渐减少趋向于0。明星企业种群数量保持持续增长，后期数量达到环境容纳量后保持稳定。此结果说明，当核心企业与明星企业为竞争关系，且核心企业获得的竞争程度远高于明星企业时，由于核心企业的自然增长率低于明星企业，核心企业数量初始值低于明星企业数量初始值，使得明星企业占据竞争优势，核心企业趋向于被淘汰。

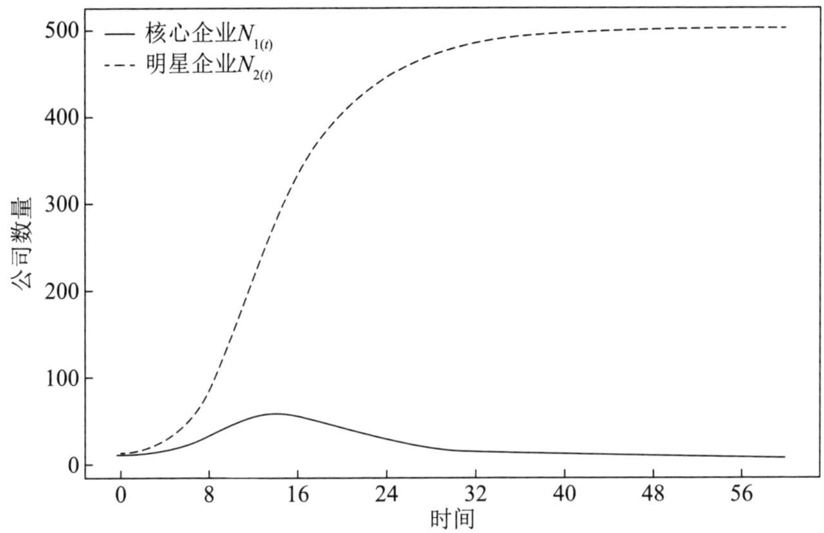

图 6.15　竞合共生模型仿真结果 (a)

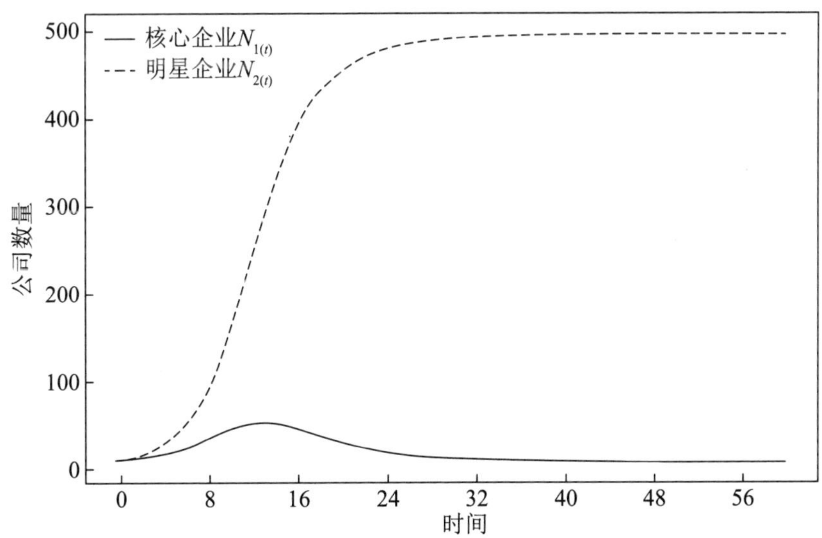

图 6.16　竞合共生模型仿真结果 (b)

第三种情况设定明星企业对核心企业的竞合系数 α 为0.6，核心企业对明星企业的竞合系数 β 为1.6，核心企业数量初始值 N_1 为4，明星企业数量初始值 N_2 为6，该情况的仿真结果如图6.17所示。由图6.17可知，当明星企业对核心企业的

竞合系数 α 为0.6，核心企业对明星企业的竞合系数 β 为1.6时，说明明星企业对核心企业为竞争关系，核心企业对明星企业同样为竞争关系，且核心企业获得的竞争远低于明星企业获得的竞争。由图中两类企业数量变化趋势可知，仿真时间0～16阶段，核心企业与明星企业种群数量均处于增长状态，且明星企业种群数量增长速度高于核心企业。仿真时间16～40阶段，核心企业种群数量继续保持增长，明星企业种群数量保持下降，且核心企业种群数量在此阶段逐渐超越明星企业。仿真时间40～60阶段，核心企业与明星企业种群数量保持稳定，核心企业种群数量保持在环境容纳量水平，明星企业逐渐趋于消亡。此结果说明，当核心企业与明星企业为竞争关系，且核心企业获得的竞争程度远低于明星企业时，由于核心企业的自然增长率低于明星企业，核心企业数量初始值低于明星企业数量初始值，使得前期阶段明星企业占据竞争优势，后期阶段核心企业占据竞争优势，明星企业趋向于被淘汰。

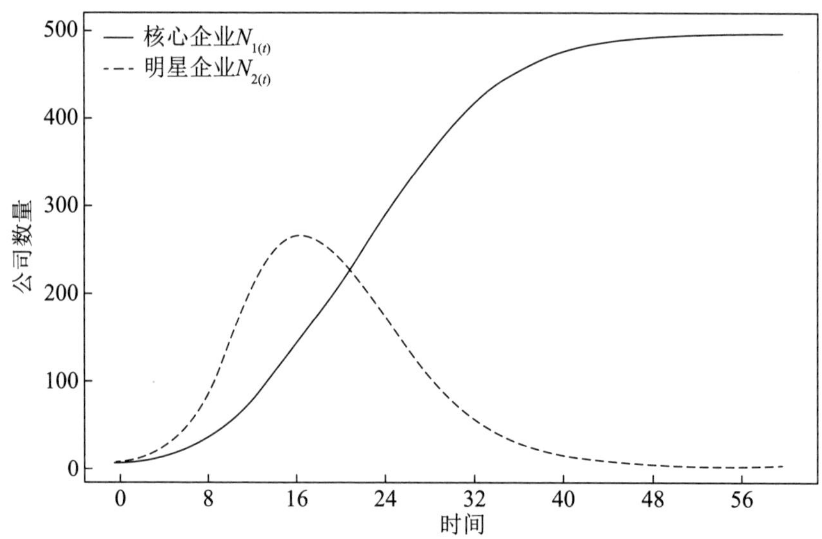

图 6.17 竞合共生模型仿真结果 (c)

第四种情况设定明星企业对核心企业的竞合系数 α 为0.6，核心企业对明星企业的竞合系数 β 为0.6，核心企业数量初始值 N_1 为4，明星企业数量初始值 N_2 为6，该情况的仿真结果如图6.18所示。由图6.18可知，当明星企业对核心企业的竞合系数 α 为0.6，核心企业对明星企业的竞合系数 β 为0.6时，说明明星企业对核心企业为竞争关系，核心企业对明星企业同样为竞争关系，且核心企业获得的竞争等于明星企业获得的竞争。由图中两类企业数量变化趋势可知，仿真时间0～20阶段，核心企业种群数量与明星企业种群数量均保持增长，且明星企业种群数量增长速度高于核心企业。仿真时间20～55阶段，核心企业种群数量继续保持增长，增长速度相对变缓，明星企业种群数量持续减少。仿真时间55～60阶段，核心企业种群数量与明星企业种群数量保持稳定，且两类种群数量均稳定在300左右。此结果说明，当核心企业与明星企业为竞争关系，且核心企业获得的竞争程度等于明星企业时，由于核心企业的自然增长率低于明星企业，核心企业数量初始值低于明星企业数量初始值，使得前期阶段明星企业占据竞争优势，后期阶段两类企业趋向于共存，且两类企业种群数量趋向于持平。

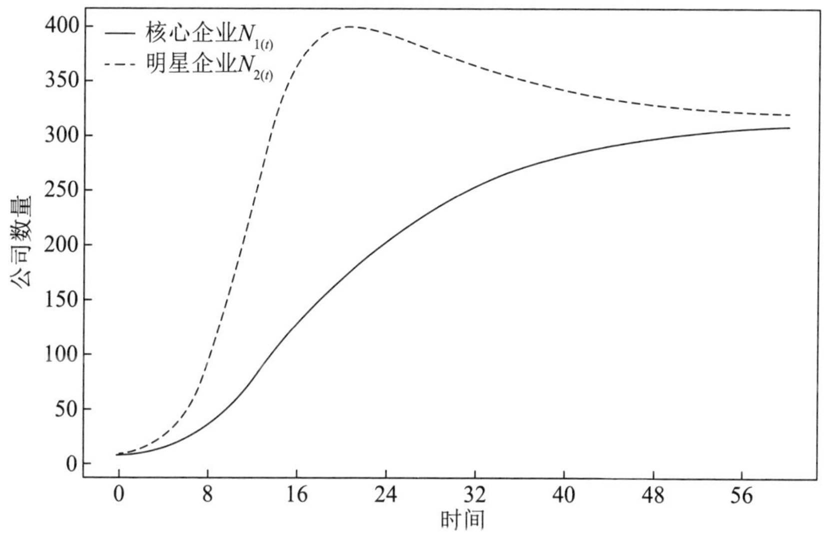

图 6.18　竞合共生模型仿真结果 (d)

2) 企业双合作关系分析

当明星企业对核心企业的竞合系数 α 小于0，核心企业对明星企业的竞合系数 β 小于0时，且核心企业数量初始值 N_1 与明星企业数量初始值 N_2 均固定。该情况表明核心企业种群与明星企业种群间存在合作关系，随着时间的推移，由于两类企业的竞合系数不同，两类企业变化趋势可分为四类情况进行具体分析。

第一种情况设定明星企业对核心企业的竞合系数 α 为-1.6，核心企业对明星企业的竞合系数 β 为-1.6，核心企业数量初始值 N_1 为4，明星企业数量初始值 N_2 为6，该情况的仿真结果如图6.19所示。由图6.19可知，当明星企业对核心企业

的竞合系数 α 为-1.6，核心企业对明星企业的竞合系数 β 为-1.6时，说明明星企业对核心企业为合作关系，核心企业对明星企业同样为合作关系，且核心企业获得的合作等于明星企业获得的合作。由图中两类企业数量变化趋势可知，仿真前期核心企业种群数量与明星企业种群数量均保持增长，明星企业种群数量及增长速度均高于核心企业，总体两类种群保持缓慢增长。后期两类企业种群数量增长速度均加快，且明星企业种群数量增长速度依然高于核心企业，明星企业种群总量与核心企业间的差异持续加大。此结果说明，当核心企业与明星企业为竞争关系，且核心企业获得的合作程度等于明星企业时，由于核心企业的自然增长率低于明星企业，核心企业数量初始值低于明星企业数量初始值，使得两类企业种群数量均保持独立增长趋势，且明星企业的种群数量增长速度及种群总量均高于核心企业。

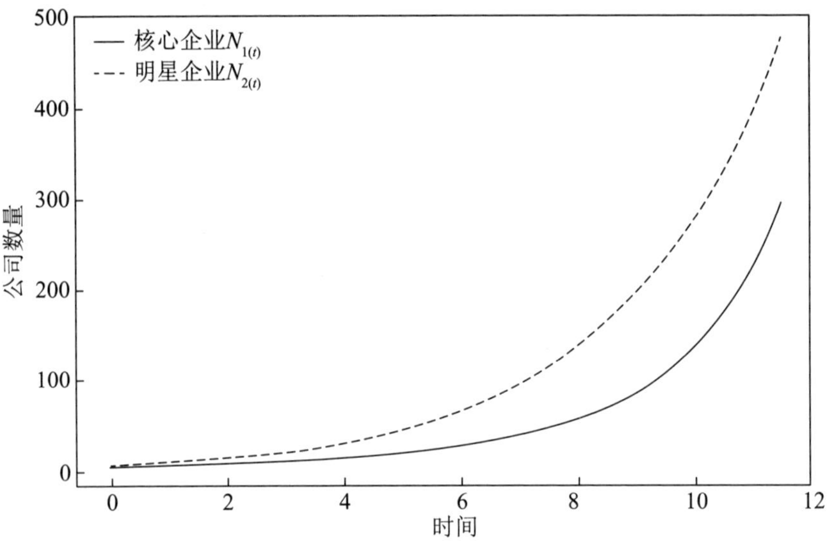

图 6.19　竞合共生模型仿真结果 (e)

第二种情况设定明星企业对核心企业的竞合系数 α 为-1.6，核心企业对明星企业的竞合系数 β 为-0.6，核心企业数量初始值 N_1 为4，明星企业数量初始值 N_2 为6，该情况的仿真结果如图6.20所示。由图6.20可知，当明星企业对核心企业的竞合系数 α 为-1.6，核心企业对明星企业的竞合系数 β 为-0.6时，说明明星企业对核心企业为合作关系，核心企业对明星企业同样为合作关系，且核心企业获得的合作大于明星企业获得的合作。由图中两类企业数量变化趋势可知，仿真时间0～10阶段，核心企业种群数量与明星企业种群数量均保持增长，明星企业种群数量及增长速度均高于核心企业，总体两类种群保持缓慢增长。仿真时间10～14阶段，两类企业种群数量增长速度均加快，且核心企业种群数量增长速度高于明星企业，核心企业种群总量超越明星企业。此结果说明，当核心企业与明星企业为竞争关系，且核心企业获得的合作程度大于明星企业时，由于核心企业的自然增长率低于明星企业，核心企业数量初始值低于明星企业数量初始值，使得前期明星企业的种群数量较高，后期核心企业种群数量超越明星企业。

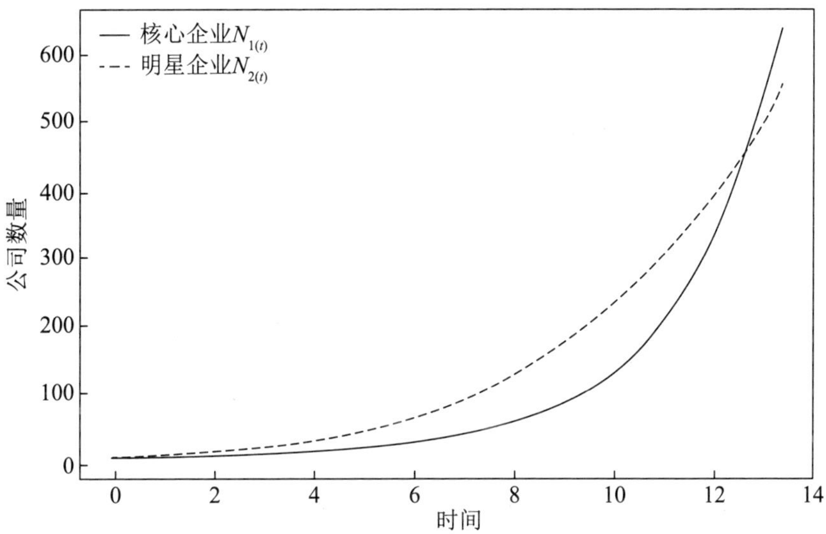

图 6.20　竞合共生模型仿真结果 (f)

第三种情况设定明星企业对核心企业的竞合系数 α 为-0.6，核心企业对明星企业的竞合系数 β 为-1.6，核心企业数量初始值 N_1 为4，明星企业数量初始值 N_2 为6，该情况的仿真结果如图6.21所示。由图6.21可知，当明星企业对核心企业的竞合系数 α 为-0.6，核心企业对明星企业的竞合系数 β 为-1.6时，说明明星企业对核心企业为合作关系，核心企业对明星企业同样为合作关系，且核心企业获得的合作小于明星企业获得的合作。由图中两类企业数量变化趋势可知，仿真前期核心企业种群数量与明星企业种群数量均保持增长，明星企业种群数量及增长速度均高于核心企业，总体两类种群保持缓慢增长。后期两类企业种群数量增长速度均加快，且明星企业种群数量增长速度依然高于核心企业，明星企业种群总量与核心企业间的差异持续加大。此结果说明，当核心企业与明星企业为竞争关系，且核心企业获得的合作程度小于明星企业时，由于核心企业的自然增长率低于明星企业，核心企业数量初始值低于明星企业数量初始值，使得两类企业种群数量均保持独立增长趋势，且明星企业的种群数量增长速度及种群总量均高于核心企业。

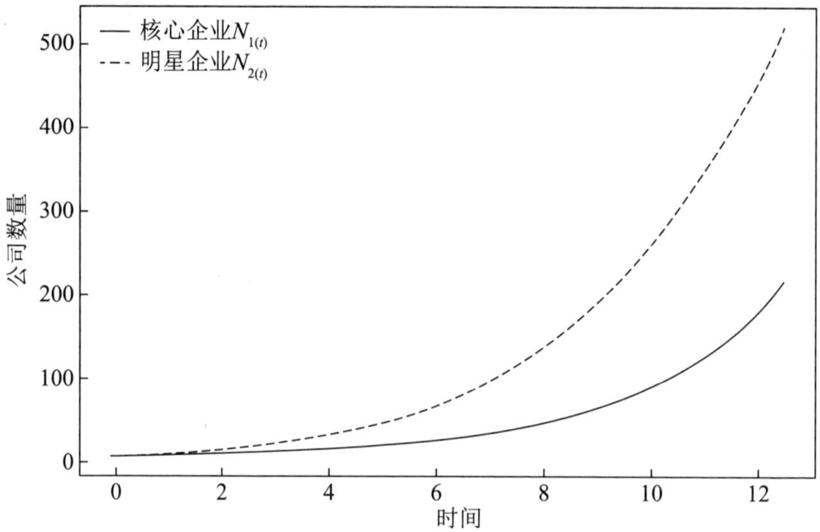

图 6.21　竞合共生模型仿真结果 (g)

第四种情况设定明星企业对核心企业的竞合系数 α 为−0.6，核心企业对明星企业的竞合系数 β 为−0.6，核心企业数量初始值 N_1 为4，明星企业数量初始值 N_2 为6，该情况的仿真结果如图6.22所示。由图6.22可知，当明星企业对核心企业的竞合系数 α 为−0.6，核心企业对明星企业的竞合系数 β 为−0.6时，说明明星企业对核心企业为合作关系，核心企业对明星企业同样为合作关系，且核心企业获得的合作等于明星企业获得的合作。由图中两类企业数量变化趋势可知，仿真时间0～14阶段，核心企业种群数量与明星企业种群数量均保持增长，且明星企业种群数量增长速度高于核心企业。仿真时间14～24阶段，核心企业种群数量继续保持增长，增长速度加快，明星企业种群数量同样增速加快，且核心企业种群数量与明星企业保持持平。仿真时间24之后的阶段，核心企业种群数量与明星企业种群数量保持稳定。此结果说明，当核心企业与明星企业为合作关系，且核心企业获得的竞争程度等于明星企业时，由于核心企业的自然增长率低于明星企业，核心企业数量初始值低于明星企业数量初始值，使得前期阶段明星企业占据竞争优势，后期阶段两类企业趋向于共存，且两类企业种群数量趋向于持平。

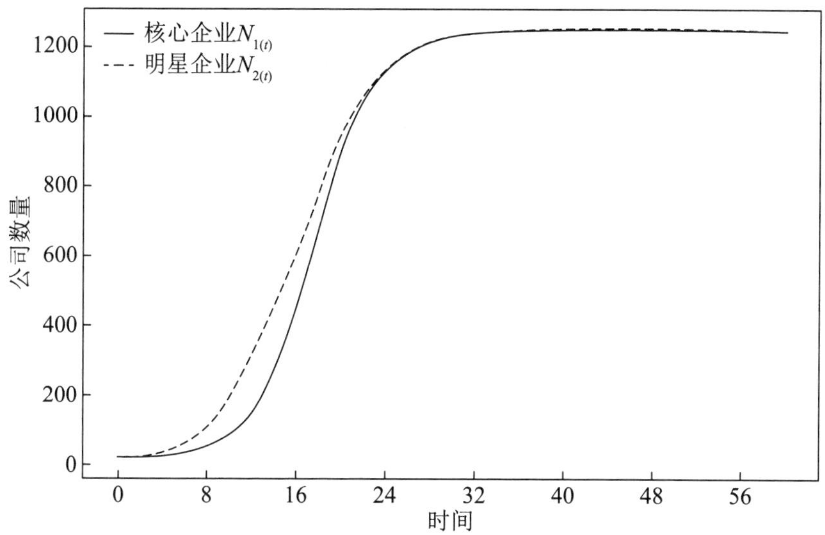

图 6.22　竞合共生模型仿真结果 (h)

3) 核心企业促进明星企业发展

当明星企业对核心企业的竞合系数 α 大于0，核心企业对明星企业的竞合系数 β 小于0时，且核心企业数量初始值 N_1 与明星企业数量初始值 N_2 均固定。该情况表示核心企业促进明星企业的发展，而明星企业对核心企业有竞争作用。通常情况下，随着时间的推移，明星企业会占据优势，核心企业数量可能减少，然而由于两类企业的竞合系数不同，两类企业变化趋势可分为四类情况进行具体分析。

第一种情况设定明星企业对核心企业的竞合系数 α 为1.6，核心企业对明星企业的竞合系数 β 为−0.6，核心企业数量初始值 N_1 为4，明星企业数量初始值 N_2 为6，该情况的仿真结果如图6.23所示。由图6.23可知，当明星企业对核心企业的竞合系数 α 为1.6，核心企业对明星企业的竞合系数 β 为−0.6时，说明明星企业对核心企业为竞争关系，核心企业对明星企业为合作关系。由图中两类企业数量变化趋势可知，核心企业种群数量前期出现短暂增长，后期数量逐渐减少趋向于0。明星企业种群数量保持持续增长，后期数量达到环境容纳量后保持稳定。此结果说明，当明星企业对核心企业为竞争关系，核心企业对明星企业为合作关系时，且核心企业获得的竞争较高，明星企业获得的合作支持较低时，核心企业由于自身自然增长率呈现短暂的数量增长，之后逐渐趋向于淘汰，明星企业始终保持竞争优势，企业数量趋向于稳定在环境容纳量水平。

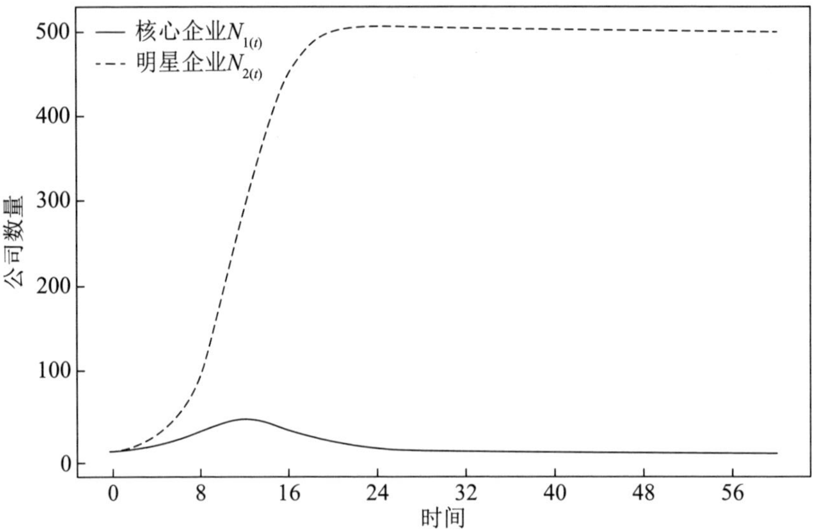

图 6.23　竞合共生模型仿真结果 (i)

第二种情况设定明星企业对核心企业的竞合系数 α 为1.6，核心企业对明星企业的竞合系数 β 为-1.6，核心企业数量初始值 N_1 为4，明星企业数量初始值 N_2 为6，该情况的仿真结果如图6.24所示。由图6.24可知，当明星企业对核心企业的竞合系数 α 为1.6，核心企业对明星企业的竞合系数 β 为-1.6时，说明明星企业对核心企业为竞争关系，核心企业对明星企业为合作关系。由图中两类企业数量变化趋势可知，核心企业种群数量前期出现短暂增长，后期数量逐渐减少趋向于0。明星企业种群数量保持持续增长，后期数量达到环境容纳量后保持稳定。此结果说明，当明星企业对核心企业为竞争关系，核心企业对明星企业为合作关系，且核心企业获得的竞争，与明星企业获得的合作支持基本持平时，核心企业由于自身自然增长率呈现短暂的数量增长，之后逐渐趋向于淘汰，明星企业始终保持竞争优势，企业数量趋向于稳定在环境容纳量水平。

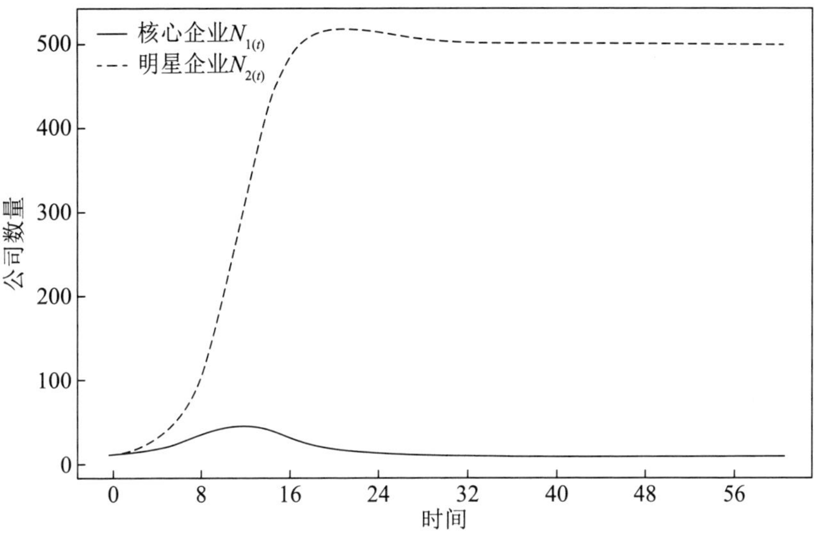

图 6.24　竞合共生模型仿真结果 (j)

第三种情况设定明星企业对核心企业的竞合系数 α 为0.6，核心企业对明星企业的竞合系数 β 为-1.6，核心企业数量初始值 N_1 为4，明星企业数量初始值 N_2 为6，该情况的仿真结果如图6.25所示。由图6.25可知，当明星企业对核心企业的竞合系数 α 为0.6，核心企业对明星企业的竞合系数 β 为-1.6时，说明明星企业对核心企业为竞争关系，核心企业对明星企业为合作关系。由图中两类企业数量变化趋势可知，核心企业种群数量前期出现短暂增长，后期数量逐渐减少趋向于100。明星企业种群数量保持持续增长，后期数量达到680后保持稳定。此结果说明，当明星企业对核心企业为竞争关系，核心企业对明星企业为合作关系时，且核心企业获得的竞争较小，明星企业获得的合作支持较大时，核心企业由于自身自然增长率呈现短暂的数量增长，之后逐渐趋向于稳定于较低水平，明星企业始终保持竞争优势，企业数量趋向于稳定在较高水平。

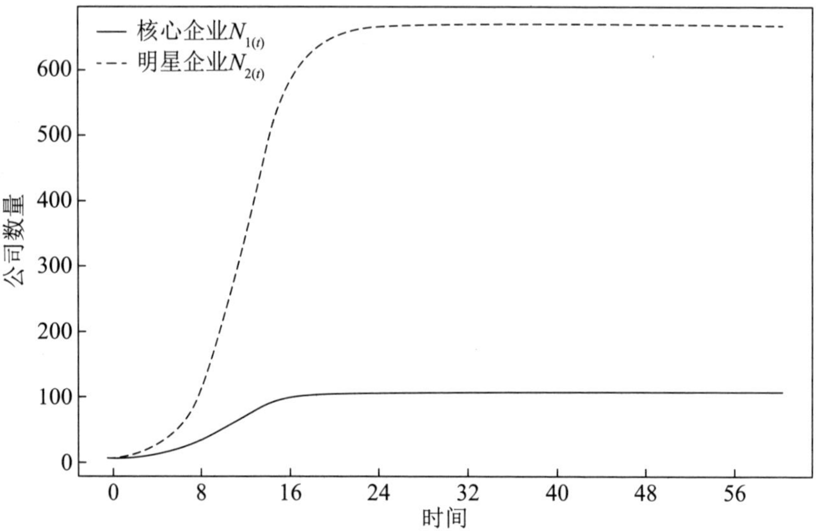

图 6.25　竞合共生模型仿真结果 (k)

第四种情况设定明星企业对核心企业的竞合系数 α 为0.6，核心企业对明星企业的竞合系数 β 为-0.6，核心企业数量初始值 N_1 为4，明星企业数量初始值 N_2 为6，该情况的仿真结果如图6.26所示。由图6.26可知，当明星企业对核心企业的竞合系数 α 为0.6，核心企业对明星企业的竞合系数 β 为-0.6时，说明明星企业对核心企业为竞争关系，核心企业对明星企业为合作关系。由图中两类企业数量变化趋势可知，核心企业种群数量前期出现短暂增长，后期数量逐渐减少趋向于100。明星企业种群数量保持持续增长，后期数量达到580后保持稳定。此结果说明，当明星企业对核心企业为竞争关系，核心企业对明星企业为合作关系时，且核心企业获得的竞争较小，明星企业获得的合作支持较大时，核心企业由于自身自然增长率呈现短暂的数量增长，之后逐渐趋向于稳定于较低水平，明星企业始终保持竞争优势，企业数量趋向于稳定在较高水平。

4)明星企业促进核心企业发展

当明星企业对核心企业的竞合系数 α 小于0，核心企业对明星企业的竞合系数 β 大于0时，且核心企业数量初始值 N_1 与明星企业数量初始值 N_2 均固定。该情况表示明星企业促进核心企业的发展，而核心企业对明星企业有竞争作用。通常情况下，核心企业会占据优势，明星企业数量可能会减少，然而由于两类企业的竞合系数不同，两类企业变化趋势可分为四类情况进行具体分析。

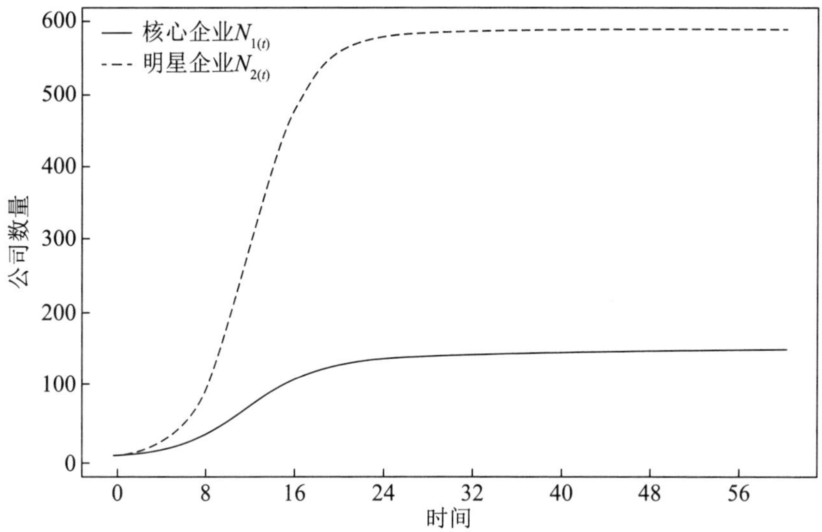

图 6.26　竞合共生模型仿真结果 (1)

第一种情况设定明星企业对核心企业的竞合系数 α 为-1.6，核心企业对明星企业的竞合系数 β 为1.6，核心企业数量初始值 N_1 为4，明星企业数量初始值 N_2 为6，该情况的仿真结果如图6.27所示。由图6.27可知，当明星企业对核心企业的竞合系数 α 为-1.6，核心企业对明星企业的竞合系数 β 为1.6时，说明明星企业对核心企业为合作关系，核心企业对明星企业为竞争关系。由图中两类企业数量变化趋势可知，仿真时间0～15阶段，明星企业与核心企业数量均保持持续增长趋势，前期明星企业的增长速度和企业数量均高于核心企业，后期核心企业增长速度提升，企业总量超越明星企业。仿真时间15～56阶段，明星企业种群数量开始下降，并逐渐趋向于消亡。核心企业种群数量保持持续增长至550左右出现下降，且数量降至环境容纳量后基本保持稳定状态。此结果说明，当明星企业对核心企业为合作关系，核心企业对明星企业为竞争关系时，且核心企业获得的合作支持与明星企业获得的竞争基本持平时，明星企业由于自身自然增长率及初始数量略高，前期呈现短暂的数量增长，且种群数量高于核心企业，后期明星企业种群数量逐渐趋向于下降至消亡，核心企业始终保持竞争优势，企业数量趋向于稳定在环境容纳量水平。

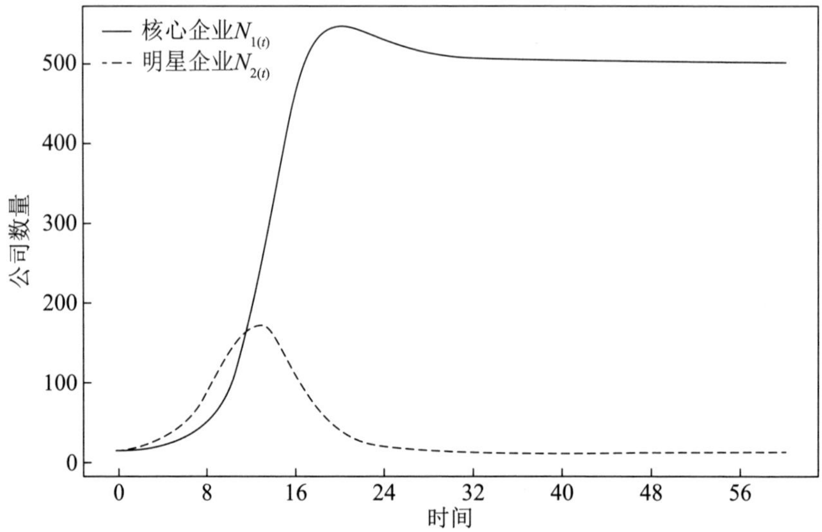

图 6.27　竞合共生模型仿真结果 (m)

第二种情况设定明星企业对核心企业的竞合系数 α 为-1.6，核心企业对明星企业的竞合系数 β 为0.6，核心企业数量初始值 N_1 为4，明星企业数量初始值 N_2 为6，该情况的仿真结果如图6.28所示。由图6.28可知，当明星企业对核心企业的竞合系数 α 为-1.6，核心企业对明星企业的竞合系数 β 为0.6时，说明明星企业对核心企业为合作关系，核心企业对明星企业为竞争关系。由图中两类企业数量变化趋势可知，仿真时间0～15阶段，明星企业与核心企业数量均保持持续增长趋势，前期明星企业的增长速度和企业数量均高于核心企业，后期核心企业增长速度提升，企业总量超越明星企业。仿真时间15～56阶段，明星企业种群数量开始下降，并逐渐趋向于100左右后基本保持稳定。核心企业种群数量保持持续增长至750左右出现下降，且数量降至650左右后基本保持稳定状态。此结果说明，当明星企业对核心企业为合作关系，核心企业对明星企业为竞争关系时，且核心企业获得的合作支持大于明星企业获得的竞争时，明星企业由于自身自然增长率及初始数量略高，前期呈现短暂的数量增长，且种群数量高于核心企业，后期明星企业种群数量逐渐趋向于下降至100，核心企业始终保持竞争优势，企业数量趋向于稳定在较高水平。

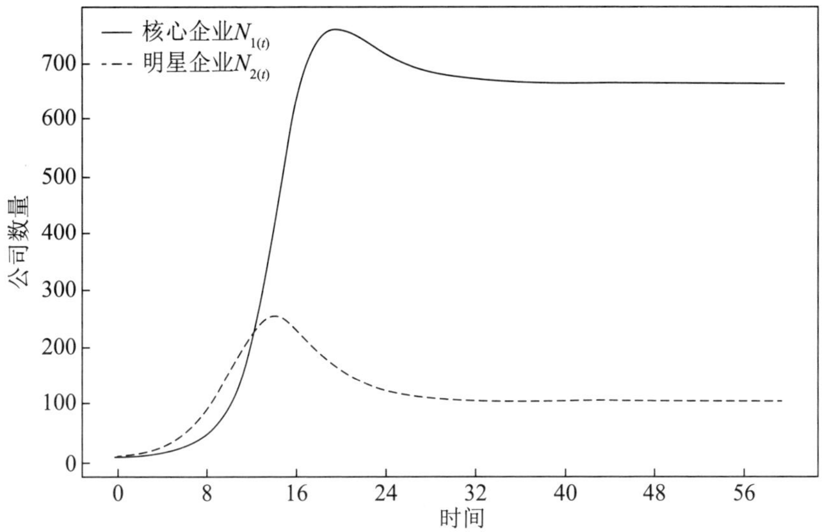

图 6.28　竞合共生模型仿真结果 (n)

第三种情况设定明星企业对核心企业的竞合系数 α 为-0.6，核心企业对明星企业的竞合系数 β 为1.6，核心企业数量初始值 N_1 为4，明星企业数量初始值 N_2 为6，该情况的仿真结果如图6.29所示。由图6.29可知，当明星企业对核心企业的竞合系数 α 为-0.6，核心企业对明星企业的竞合系数 β 为1.6时，说明明星企业对核心企业为合作关系，核心企业对明星企业为竞争关系。由图中两类企业数量变化趋势可知，仿真时间0～15阶段，明星企业与核心企业数量均保持持续增长趋势，前期明星企业的增长速度和企业数量均高于核心企业，后期核心企业增长速度提升，企业总量超越明星企业。仿真时间15～56阶段，明星企业种群数量开始下降，并逐渐趋向于消亡，核心企业种群数量保持持续增长至环境容纳量水平后保持稳定状态。此结果说明，当明星企业对核心企业为合作关系，核心企业对明星企业为竞争关系时，且核心企业获得的合作支持小于明星企业获得的竞争时，明星企业由于自身自然增长率及初始数量略高，前期呈现短暂的数量增长，且种群数量高于核心企业，后期明星企业种群数量逐渐趋向于下降至消亡，核心企业始终保持竞争优势，企业数量趋向于稳定在环境容纳量水平。

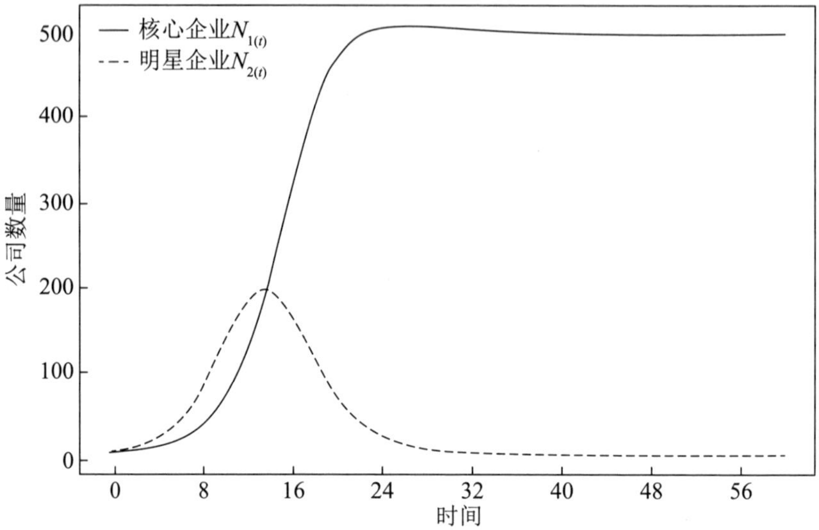

图 6.29　竞合共生模型仿真结果 (o)

第四种情况设定明星企业对核心企业的竞合系数 α 为-0.6，核心企业对明星企业的竞合系数 β 为0.6，核心企业数量初始值 N_1 为4，明星企业数量初始值 N_2 为6，该情况的仿真结果如图6.30所示。由图6.30可知，当明星企业对核心企业的竞合系数 α 为-0.6，核心企业对明星企业的竞合系数 β 为0.6时，说明明星企业对核心企业为合作关系，核心企业对明星企业为竞争关系。由图中两类企业数量变化趋势可知，仿真时间0～15阶段，明星企业与核心企业数量均保持持续增长趋势，前期明星企业的增长速度和企业数量均高于核心企业，后期核心企业增长速度提升，企业总量超越明星企业。仿真时间15～56阶段，明星企业种群数量开始下降，并逐渐趋向于消亡，核心企业种群数量保持持续增长至环境容纳量水平后趋于保持稳定。此结果说明，当明星企业对核心企业为合作关系，核心企业对明星企业为竞争关系时，且核心企业获得的合作支持与明星企业获得的竞争基本持平时，明星企业由于自身自然增长率及初始数量略高，前期呈现短暂的数量增长，且种群数量高于核心企业，后期明星企业种群数量逐渐趋向于下降至消亡，核心企业始终保持竞争优势，企业数量趋向于稳定在环境容纳量水平。

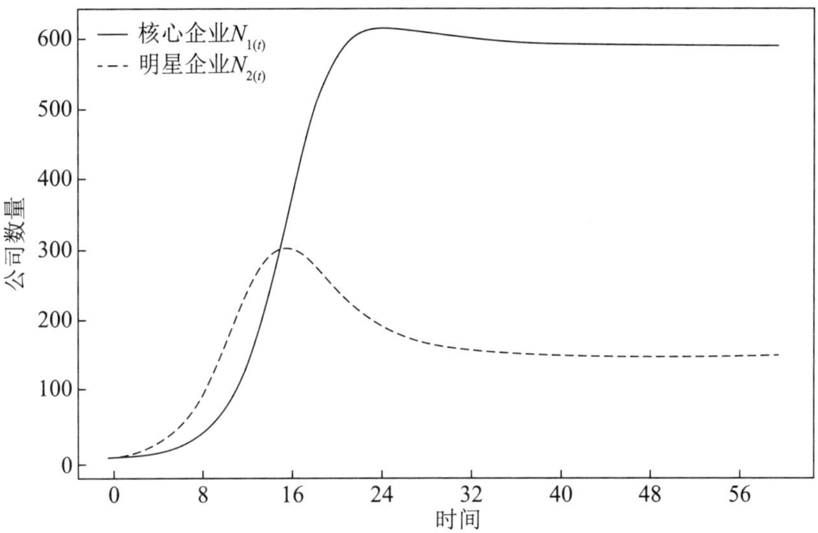

图 6.30　竞合共生模型仿真结果 (p)

6.4　本章小结

本章通过仿真分析验证数字产业创新生态系统内不同共生机制的运作效果，揭示了竞争、合作和竞合模式下系统内各要素间互动关系和整体效应，为理解和优化共生机制提供了科学依据和理论支持。首先，竞争共生模型的构建与仿真分析，揭示了系统内竞争者之间的动态博弈过程，表明竞争环境下系统内不同主体通过不断调整自身的策略与资源配置，实现动态平衡与共生发展；其次，合作共生模型仿真分析进一步探讨合作环境下，系统内不同主体如何通过协同创新与资源共享，实现整体效能的最大化；最后，竞合共生模型的构建与仿真分析，综合考虑竞争与合作在系统内的相互作用机制。竞合共生模式下，系统内主体通过动态调整竞争与合作的策略，能够在复杂多变的环境中保持稳定的运行状态和较高的创新效率。

第 7 章　数字产业创新生态系统运行效率评价要素识别

本章通过识别影响系统运行效率的关键要素，探讨相关要素对系统运行效率的作用与表现。随着数字经济的发展，核心产业创新生态系统表现出高度的复杂性和动态性，科学地评价系统运行效率具有重要理论与实践意义。本章分别采用开放性编码、轴心编码和选择性编码，基于数字产业专利摘要文本数据，提取与系统运行效率密切相关的要素，并通过对系统运行效率的不同维度进行深入分析，明确数字产业创新生态系统运行效率的关键评价要素。

7.1　研究设计

7.1.1　研究方法

(1) 文本挖掘(text mining)。文本挖掘是一种数据挖掘技术，旨在从大量非结构化的文本数据中提取有价值的信息。专利摘要文本分析过程中，通过数据预处理，包括去除噪声、去除停用词、词形还原等步骤，保证数据的清洁度和一致性。进而通过分词技术，将文本拆分成若干词语，并对词频进行统计，以识别高频词和关键词。通过主题模型(如LDA)分析，发现文本中的潜在主题，揭示数字产业的主要创新主题和技术热点。此外，采用时间序列分析方法追踪主题和技术热点的演变趋势，预测未来的发展方向，从而为产业规划和政策制定提供科学依据。

(2) 内容分析(content analysis)。内容分析是系统客观且定量化描述、分析信息内容的方法。通过对专利摘要文本内容进行编码，确定分析单元(如词、句、段)并进行分类，通过设定编码规则和分类标准识别不同创新生态系统运行效率的特征维度，进而利用统计分析方法对编码数据进行处理，评估不同特征维度的表现，如通过构建各维度指标测度模型，评价不同维度的区域差异及关系。

7.1.2　研究对象选取

基于国家知识产权局专利数据库，选取2013—2022年数字技术核心产业的全部专利，进行数字产业创新生态系统运行效率的内部特征维度识别及评价要素提取，主要选择理由如下。

(1) 时间跨度覆盖数字经济快速发展期。2013—2022年是数字经济快速发展的关键时期，该时期大量数字技术涌现并广泛应用于各个行业，推动了大数据、人工智能、云计算和区块链等核心技术的突破性发展。通过分析该时期的专利数据，可以全面了解数字产业的创新动态，捕捉技术进步和创新生态系统的演变过程。此外，2013—2022年的数字技术核心产业专利数据反映了近十年的发展趋势，有助于准确捕捉创新生态系统的动态变化，能够为研究提供充足的时间维度。

(2) 数据的全面性与代表性。国家知识产权局的专利数据库覆盖范围广泛，包含大量专利申请和授权信息，能够全面反映数字产业的创新活动和技术发展情况。该数据库涵盖了国内外的专利申请和授权情况，数据量大且覆盖面广，能够全面反映不同企业和研究机构的创新能力。国家知识产权局构建的专利数据库是权威的知识产权信息来源，数据全面且可靠，能够反映数字产业的技术发展水平和创新能力。专利数据作为衡量创新能力的重要指标，能够有效反映企业和研究机构的创新能力、技术布局和产业竞争力。选择专利数据进行分析，有助于确保研究结果的科学性和权威性。分析专利数量和质量，有助于有效评估企业的技术创新能力和市场竞争力。专利数据能够有效揭示企业和研究机构在不同技术领域的布局情况，有助于识别重点发展方向和战略，分析不同产业的技术创新水平和竞争态势，为政策制定和产业规划提供依据。

(3) 专利数据的创新性和技术性。数字产业涵盖信息技术、互联网服务、电子商务、数字内容等多个领域，是数字经济发展的中坚力量。信息技术包括硬件、软件、网络通信等领域，通过专利数据可以识别技术发展趋势和创新热点。互联网服务涉及搜索引擎、社交媒体、在线广告等，通过专利数据可以分析这些服务的技术基础和创新路径。电子商务涵盖在线交易、支付系统、物流等，通过专利数据可以了解电子商务技术的发展和应用。数字内容包括数字媒体、游戏、影视等，通过专利数据可以识别数字内容的技术前沿。

通过数字产业专利数据，可以识别核心领域的创新热点、技术前沿和发展趋势，从而为政策制定和企业战略制定提供有力支持。专利数据是技术创新的重要成果，是衡量产业创新能力的重要指标。通过专利数据可以识别当前最受关注的技术领域和研究方向，揭示新兴技术的发展趋势和潜在应用场景，同时了解数字领域技术发展的路径和未来可能的发展方向。此外，通过分析专利数据，还能够识别数字产业的技术发展路径和前沿领域，从而提取评价创新生态系统运行效率的关键要素。

(4) 创新生态系统的多维度评价。创新生态系统是由多种要素构成的复杂系统，包括技术创新、市场需求、政策环境、人才资源等。通过对专利数据的分析，可以从多个维度评估数字产业创新生态系统的运行效率，提取关键评价要素。同时，了解数字技术创新的供给情况，包括技术的研发、申请和授权情况，以及数字技术在市场中的应用情况，包括技术的商业化、市场接受度和应用场景。专利数据可反映政策对技术创新的支持情况，包括政府的研发投入、创新激励政策等，有助于了解人才在技术创新中的作用，包括发明人的数量、质量和分布情况。

7.1.3 文本内容获取

依据中国国家知识产权局发布的《数字产业分类与国际专利分类》，并结合国际专利分类(IPC)号，对专利数据库进行筛选。研究对象为2013—2022年涉及数字产业的全部专利数据，包括发明专利、外观设计专利和实用新型专利三种专利类型，共包含138.64万项专利数据。数据筛选过程中，重点提取与每项专利相关的摘要信息、省份代码、申请号等关键信息，以确保数据的全面性和准确性。通过对2013—2022年数字产业专利的全面筛选和分类，深入了解各细分产业领域的创新特点和发展趋势，揭示不同地区在数字经济领域的创新活跃度和重点产业，为政策制定者、企业管理者和学术研究者提供有价值的数据支持和决策参考。通过分析专利摘要、申请区域和申请号等详细信息，进一步探讨专利布局的区域差异和发展路径，为数字经济的进一步发展提供理论依据和实践指导。

专利类型选择发明专利、外观设计专利和实用新型专利三种，通过三种类型的专利数据，全面了解数字产业的创新活动及其具体表现形式。此外，为精确分析数字产业的发展态势，根据国家知识产权局的分类标准，将数字产业划分为数字产品制造业、数字产品服务业、数字技术应用业和数字要素驱动业。数字产品制造业专利包括与数字硬件设备生产相关的专利，体现硬件技术、生产工艺及制造设备方面的创新；数字产品服务业专利涵盖基于数字产品的各种服务，反映软件算法、服务模式及用户体验等方面的创新；数字技术应用业专利包括数字技术在各行各业的具体应用，展示数字技术与传统行业融合，推动其转型升级的过程；数字要素驱动业专利包括支撑数字经济发展的基础要素，代表数字经济基础设施的核心技术创新。

7.1.4 文本内容预处理

(1) 初步筛选与抽样。为了有效提高数据质量，减少后续分析中由数据缺失或不完整带来的偏差和误差。对专利摘要内容进行正式分析前，先对获取的专利摘要数据集进行初步筛选，确保数据的完整性和相关性，剔除摘要内容为空或信息不完整的专利记录，确保所有纳入分析的数据均有完整的摘要文本。由于专利样本数量巨大，本书采用抽样方式进行进一步筛选，采取分层抽样与系统抽样相结合的方式，共保留69 321项专利数据。

(2) 文本处理。首先，进行文本清洗以去除噪声干扰，为了有效提升文本的整洁度和一致性，避免噪声对后续分析结果的影响，从专利摘要文本中移除所有无关的字符和符号，如标点符号、特殊字符、HTML标签等；其次，进行停用词处理，去除常见的停用词，如“的”“是”“在”等，减少噪声数据的干扰，并根据领域特点构建专用的停用词表，进一步优化分词结果，提高文本处理的效率和准确性；最后，词干提取与词形还原，在文本清洗过程中，将所有文本转换为小写形式，以消除由大小写差异导致的重复和不一致问题，如将“AI”和“ai”视为相同的词，从而确保数据处理的一致性。

7.2 数字产业创新生态系统运行效率评价要素识别

7.2.1 评价要素开放性编码

开放性编码的目标是对原始文本信息进行初步解构，将其转化为可以分析的单元，本阶段通过对专利摘要进行初步标记，识别出与数字产业创新生态系统运行效率相关的潜在评价要素，具体而言，包括生产、市场、运营等与数字产业创新生态系统运行相关的术语和概念。开放性编码的核心原则是不设定先验假设，编码过程应尽可能反映文本的自然结构，而非强加于文本之上。开放性编码过程中，专利摘要文本被分解为多个意义单位，通常是基于词语、短语、句子等语言单元，各意义单位均代表潜在的概念或主题，被分为不同的编码类别。开放性编码依据“原始资料—贴标签—概念化—范畴化”的流程，编码过程示例如表7.1所示。

首先，贴标签阶段，从专利摘要文本中提取关键概念、技术要点等，识别专利摘要中与产业运行相关的概念、短句等，表示特定的技术特征、创新点、应用领域或其他相关信息，本阶段通过贴标签共建立2695个节点；其次，概念化阶段，将标签中的相似概念和关键点进行概括和抽象，形成更具理论性的概念，将较为分散的节点标签整合为有意义的创新维度，本阶段通过概念化形成1353个初始概念；最后，范畴化阶段，将通过概念化得到的核心要素或维度进行系统分类，依据逻辑关系对概念化阶段的节点进行提炼、归类形成初始范畴，本阶段通过范畴化形成614个初始范畴，全部初始范畴见附表A。开放性编码阶段所形成的初始范畴较为广泛，且在不同类别存在重叠，随着编码过程的深入，范畴类别逐渐精细化并形成清晰的边界。

表7.1　开放性编码过程示例

专利摘要文本	贴标签	概念化	范畴化
本发明公开了一种产业政策影响的仿真系统动力学模型及其实现方法，……，分别对5个模块(新能源汽车和燃油汽车的产能、产能利用率、总产量、研发总投入、总盈亏)进行系统动力学建模，……，明确政府在政策施行初期采取异常严格的关键指标控制，能够在较大程度上限制旧技术的产量或推动新技术的投产，……，有助于政府掌握通过设定目标性能指标实现旧技术抑制、新技术扶持的产业政策内在机理	产业政策影响模型方法； 产业研发总投入； 产业产能利用率； 产业总盈亏； 采取关键指标控制； 限制旧技术产量； 推动新技术投产； 实现旧技术抑制； 实现新技术扶持	产业政策； 产业研发投入； 产业利润； 产能利用率； 旧技术限制； 新技术扶持	研发投入； 产业利润； 产能利用率
本发明提供了一种住宿广告关键词生成方法、系统、设备及存储介质，……，本发明的方法自动挖掘与住宿业务相关的广告关键词，减少运营人员的工作负担，降低人力成本，提高搜索引擎广告的投入产出比	关键词生成方法； 自动化挖掘关键词； 减少运营人员的工作负担； 降低人力成本； 提高投入产出比	关键词生成方法； 自动挖掘关键词； 降低人力成本； 提升投入产出比	投入产出比； 人力成本
本发明公开了一种信息安全风险预警方法及管理系统，……，本发明方法包含威胁检测、风险评估、形成风险预警等步骤。……，便于管理员的处理，提高了信息安全风险预警管理系统的工作效率	威胁检测； 风险评估； 形成风险预警； 信息安全风险预警； 提高信息安全风险预警效率	风险评估； 风险预警； 提高风险预警效率	风险预警； 风险预警效率

7.2.2　评价要素轴心编码

轴心编码的任务是对初步编码结果进行聚类分析，将相似或相关的类别整合为更高层次的分类。轴心编码过程旨在识别文本中潜在的核心主题及其关联性。通过聚类分析，编码类别被重新组织和结构化，形成与数字产业创新生态系统运行效率密切相关的主范畴，涵盖数字产业创新生态系统运行效率的不同方面。轴心编码过程示例如表7.2所示。

表7.2　轴心编码过程示例

编号	主范畴	初始范畴示例
M01	业务优化与管理	市场优化、服务优化、业务评估、市场分析、业务稳定性
M02	通信设备资源管理	基站数量、基站密度、基站布局、设备配置、设备资源共享
M03	动态资源调度	网络负载均衡、资源动态配置、动态频谱管理、信号传输稳定、资源池化
M04	业务营收分析	销售额、营收、利润预测、业务目标、收入预测
M05	宽带覆盖管理	网络节点、网络带宽、传输速率、信号覆盖、线路资源
M06	业务结构调整	结构优化、增值业务、业务核心指标、目标分解、产品优化
M07	能源利用管理	能源利用效率、碳排放核算、产能利用率、资源动态调度、资产利用率
M08	资产管理效率	资产利用率、资产全生命周期、价值评估、资源占用率、资源优化
M09	通信基础设施投资	基础设施建设、通信基站建设、固定通信、无线基础设施、资本支出
M10	用户服务与普及	服务覆盖率、用户覆盖率、移动普及率、宽带接入普及率、用户需求分析
M11	运营成本管控	成本控制、成本结构、成本效益、资源配置效率、费用最小化
M12	移动通信资源管理	移动网络、移动基站、移动设备接入、移动用户覆盖、移动服务
M13	网络基础设施规模	数据中心、网络拓扑、信号传输、边缘计算、无线接入
M14	产业升级规划	价值评估、产业升级、规模扩展、产业集群、区域协同

轴心编码阶段，识别不同初始范畴间的相似性和关联性，所构建的不同主范畴间存在部分交叉点。通过聚类将初始范畴整合为语义更为集中的主范畴，构建系统化的轴心编码框架，为分析文本内容提供结构化框架。轴心编码阶段，通过将初始范畴聚合归类，形成40个主范畴类别，结果如表7.3所示，轴心编码结果见附表B。

表7.3　主范畴结果

序号	主范畴	序号	主范畴	序号	主范畴
M01	业务优化与管理	M03	动态资源调度	M05	宽带覆盖管理
M02	通信设备资源管理	M04	业务营收分析	M06	业务结构调整

(续表)

序号	主范畴	序号	主范畴	序号	主范畴
M07	能源利用管理	M19	硬件设备优化	M31	终端设备投资管理
M08	资产管理效率	M20	通信设备投资	M32	网络智能化发展
M09	通信基础设施投资	M21	生产资源配置	M33	服务网络优化
M10	用户服务与普及	M22	业务增长潜力	M34	宽带资源配置
M11	运营成本管控	M23	资源调度与优化	M35	服务扩容与升级
M12	移动通信资源管理	M24	数据传输效率优化	M36	用户覆盖水平
M13	网络基础设施规模	M25	运营成本管理	M37	产业资产配置
M14	产业升级规划	M26	光纤资源管理	M38	通信网络运行
M15	动态管理机制	M27	投资回报管理	M39	利润率优化
M16	设备生命周期管理	M28	市场规模与扩展	M40	运营效率提升
M17	劳动力管理	M29	用户接入服务		
M18	供应链效率	M30	资源利用率优化		

7.2.3 评价要素选择性编码

1. 选择性编码过程

选择性编码的任务是进一步识别最重要的核心类别，代表生态系统运行效率的关键特征。选择性编码不仅关注单一维度，同时重点考虑不同维度间的交互关系，维度间的关联性对整体运行效率具有重要影响。选择性编码的核心在于对文本中最具代表性和影响力的类别进行识别和分类，编码结果直接影响最终的分析结果。核心类别识别后建立选择性编码框架，框架的构建重点考虑各核心类别的独立性，以及不同类别间的关联性。通过结合核心类别与具体的评价要素，形成高度结构化的编码体系，全面反映数字产业创新生态系统的运行效率。具体编码过程如下，对每个主范畴类别进行详细分析，明确其在系统运行中的地位和作用，考虑编码体系中的每个元素是否能够通过实际数据或指标进行量化和评估，如资源配置与利用效率维度下的评价要素“网络基础设施规模”，可通过网络覆盖面积或设备数量指标衡量。通过量化的方式，编码框架可在不同研究场景中得到应用，且能够满足大规模数据处理的需求。通过建立高度系统化和可操作性的选择性编码框架，为后续的数据分析提供基础。

2. 选择性编码结果

通过选择性编码，将40个主范畴划分为4类核心范畴，编码结果如表7.4所示。

表7.4　选择性编码结果

核心范畴	主范畴			
生产制造与服务效率	M11	运营成本管理	M39	利润率优化
	M40	运营效率提升	M08	资产管理效率
	M07	能源利用管理	M04	业务营收分析
	M17	劳动力管理	M21	生产资源配置
	M18	供应链效率	M15	动态管理机制
资源配置与利用效率	M13	网络基础设施规模	M02	通信设备资源管理
	M05	宽带覆盖管理	M26	光纤资源管理
	M36	用户覆盖水平	M29	用户接入服务
	M37	产业资产配置	M03	动态资源调度
	M30	资源利用率优化	M19	硬件设备优化
经济效益与市场效率	M27	投资回报管理	M10	用户服务与普及
	M28	市场规模与扩展	M01	业务优化与管理
	M22	业务增长潜力	M25	运营成本管控
	M20	通信设备投资	M06	业务结构调整
	M14	产业升级规划	M33	服务网络优化
业务运营与投资效率	M09	通信基础设施投资	M35	服务扩容与升级
	M12	移动通信资源管理	M32	网络智能化发展
	M24	数据传输效率优化	M23	资源调度与优化
	M34	宽带资源配置	M31	终端设备投资管理
	M16	设备生命周期管理	M38	通信网络运行

7.3　数字产业创新生态系统运行效率评价要素典型案例分析

7.3.1　案例地区特点及选择

1. 北京市(东部地区代表)

北京市作为中国的首都和东部地区的典型代表，选择理由如下：首先，北京市不仅是中国的政治中心，而且是国家科技创新和经济发展的核心区域，聚集了大量的高科技企业和科研机构，拥有全国最浓厚的创新氛围和最集中的高端人才库。北京市的数字经济产业起步早，发展速度快，具备雄厚的科技基础和完善的产业链条。作为国家级创新中心，北京在5G技术、人工智能、大数据等前沿领域的探索和应用一直走在全国前列，是观察和分析中国数字经济发展与创新生态系统的理想样本。其次，北京市的资源配置能力在全国范围内处于领先地位。作为中国最大的城市之一，北京拥有广泛的国际化视野和资源整合能力，大量跨国企业和世界知名的科技公司在此设立总部或研发中心，带动区域内的产业链上下游发展。政府对数字经济的高度重视也促使北京市成为国家政策的试点区域，通过大量的政策扶持和资源投入，推动数字经济产业的快速发展。最后，北京市的市场规模和经济实力也为其数字经济的发展奠定了坚实基础。北京市人口密集，消费能力强，市场需求旺盛，且地理位置优越，是连接国内外市场的重要枢纽。广泛的市场需求和强劲的经济增长动力使北京市能够快速吸收和应用新兴技术，形成良性循环的数字经济生态系统。因此，选择北京市作为东部地区的代表，深入分析其高效的数字产业运行模式，可为其他地区的数字经济发展提供借鉴和启示。

2. 湖南省(中部地区代表)

湖南省作为中部地区的典型代表，选择理由如下：首先，湖南省位于中国中部，具有承东启西、连南贯北的战略地位，地理位置优势使其成为中部崛起战略的核心区域，在推动全国区域协调发展中发挥着重要作用。湖南省的经济发展相对均衡，既没有东部地区的高度发达，也不像西部地区存在基础设施欠缺问题，适中的经济发展水平使湖南省适合作为观察中部地区数字经济发展状况的典型案例。其次，湖南省近年来在推动产业转型和经济结构调整方面取得显著成绩，特别是在智能制造和信息技术产业领域。湖南省政府通过积极引导传统产业向数字化、智能化转型，培育包括长沙高新区、株洲高新区等在内的新兴产业集群，构建推动湖南省数字经济发展的重要引擎，展示了中部地区通过政策引导和创新驱动实现经济高质量发展的路径。最后，湖南省拥有丰富的自然资源和良好的教育基础，为其数字经济产业的发展提供重要支撑。湖南拥有一流的高等教育资源，知名高校和研究平台为本地科技创新与人才培养提供强大的智力支持。丰富的自然资源为湖南在新能源、绿色经济等领域的数字化应用提供广阔空间。因此，选择湖南省作为中部地区的代表，有助于深入探讨中部地区如何通过数字经济的发展提升区域竞争力，并实现区域经济的协调发展。

3. 陕西省(西部地区代表)

陕西省作为中国西部地区的代表，选择理由如下：首先，陕西省是中国西北地区的经济、科技和文化中心，具有丰富的历史文化遗产和独特的区域优势。陕西省在西部地区具有代表性，既具备一定的工业基础，又面临资源消耗和经济转型的挑战，在西部大开发战略中扮演着重要角色。其次，陕西省作为西部科技创新的高地，拥有大量优质的科研资源和教育资源，西安作为省会城市，是西部的科技教育中心，拥有众多重点高校和科研院所，在国防科技、航空航天、电子信息等领域具有显著优势，为陕西省数字经济的发展提供强大的技术支持和人才储备。最后，陕西省在国家政策支持下，加快基础设施建设和信息化发展步伐，特别是在网络基础设施和通信服务方面取得了显著进展。通过政策引导和大规模投资，陕西在提升数字产业创新生态系统运行效率方面做出积极探索。因此，选择陕西省作为西部地区的代表，有助于分析西部地区在数字经济领域的发展模式，探讨在资源禀赋相对不足的情况下，如何通过科技创新和政策支持推动区域经济的高质量发展。

4. 辽宁省(东北地区代表)

辽宁省作为东北地区的代表，选择理由如下：首先，辽宁省是中国东北老工业基地的核心区域，在中国的工业化进程中占据重要地位，随着经济结构的调整和产业升级需求的增多，辽宁省面临传统产业衰退和新旧动能转换的挑战。选择辽宁省作为案例，有助于分析东北地区如何通过数字经济的创新与应用，推动产业转型和经济复苏。其次，辽宁省在数字经济发展过程中，努力摆脱传统工业的路径依赖，向新兴产业转型升级。辽宁省政府近年来加大对信息技术、新能源和生物医药等新兴产业的支持力度，着力推动数字化转型和智能制造的发展，积极参与“一带一路”倡议，加强与国际市场的联系，为数字经济的发展创造新的机遇。最后，辽宁省拥有雄厚的工业基础和丰富的自然资源，为其数字经济的发展提供独特的优势。利用现有的工业基础设施和人才资源，辽宁省将数字经济的应用与传统产业的升级紧密结合，推动全省经济的结构性转型和可持续发展。因此，选择辽宁省作为东北地区的代表，有助于深入分析东北老工业基地在新经济形势下，如何通过数字化转型实现产业的再生和区域的振兴。

7.3.2　案例地区运行效率特征分析

1. 北京市：数字经济领军者的高效运行模式

(1) 生产制造与服务效率。北京市作为中国数字经济的领军者，在生产制造与服务效率方面表现出极高的竞争力。北京市聚集了大量的高科技企业，涵盖了从初创公司到跨国科技巨头的广泛产业链。得益于丰富的科技资源和高度集中的创新生态系统，北京的企业能够迅速将最新的科技成果转化为生产力，从而显著提高生产制造效率。此外，北京拥有大量高素质的劳动力资源，包括众多高校和科研院所培养的技术人才，使得北京的企业在技术开发、产品设计和服务创新等方面具备显著优势。北京市的服务业发展尤为突出，尤其是在信息技术服务、金融科技和电子商务领域。随着数字经济的快速发展，北京已形成高度发达的服务业网络，能够为全球企业提供全面的数字化解决方案。高度成熟的服务体系有助于提升企业的服务效率，提高整体业务营收水平和利润率表现。北京企业的运营成本控制能力也处于较高水平，得益于成熟的市场机制和完善的基础设施支持，企业能够在激烈的市场竞争中持续盈利。

(2) 资源配置与利用效率。北京市的资源配置与利用效率在全国范围内处于领先地位。作为国家的政治、经济和科技中心，北京在产业资源的获取和配置上具有天然的优势。首先，北京的产业资产规模庞大，特别是在信息技术和互联网领域，拥有大量的固定资产和流动资产，这为企业的创新和发展提供了坚实的物质基础。其次，北京的移动网络基础设施和固网宽带资源规模在全国名列前茅，政府和企业对新一代信息基础设施的持续投入确保了北京市在5G网络、光纤宽带等方面的高水平覆盖。广泛的网络覆盖和高效的资源利用确保固话用户、移动用户和宽带用户的高覆盖率，特别是在城市核心区和创新园区，互联网接入的便利性和稳定性极大地推动了数字经济的快速发展。

(3) 经济效益与市场效率。北京市在经济效益与市场效率方面具有极强的市场竞争力。作为全国乃至全球的数字经济中心，北京吸引了大量的电信固定投资和光缆投资，强化了北京市的通信基础设施，也为其数字经济的发展提供充足的资本支持。此外，北京的电信业务规模和市场普及率极高，强大的市场需求和活跃的经济活动，确保企业能够迅速扩大市场份额和提高经济效益。北京市的市场规模和经济实力为其数字经济产业的发展奠定坚实基础，政府的政策支持和市场导向的经济环境进一步促进企业的市场效率提升。

(4) 业务运营与投资效率。北京市的业务运营与投资效率在全国处于领先地位，尤其是在通信和互联网领域。北京市在固定通信和移动通信方面的投资规模庞大，确保通信网络的高效运行和广泛覆盖。北京市政府与企业间的紧密合作，以及大量的基础设施投资，确保北京市在移动短信业务和固话互联互通方面的高效运作，有助于提升用户的通信体验，增强企业的市场竞争力和业务扩展能力。北京市的高投资回报率和稳健的运营模式，为其数字经济的可持续发展提供有力支持，进一步巩固了其在全国数字经济领域的领先地位。

2. 湖南省：中部地区的数字经济新兴力量

(1) 生产制造与服务效率。湖南省在生产制造与服务效率方面表现出中部地区特有的转型特征。随着智能制造和信息技术的兴起，湖南省积极推动传统制造业的数字化转型，通过引进先进的制造技术和提升劳动力素质，实现生产效率的大幅提升。湖南省的企业主体数量规模稳步增长，特别是在长沙、株洲等经济活跃地区，企业数量的增加带动整体产业链的优化与升级。运营成本的有效控制，使湖南省的企业在竞争激烈的市场中保持较高的利润率和业务营收水平。湖南省的服务业同样展现出强劲的发展势头，软件开发、数据服务和电子商务领域，通过引入大数据、云计算等新兴技术，显著提升了服务效率和客户满意度。

(2) 资源配置与利用效率。湖南省的资源配置与利用效率在中部地区表现突出，与东部地区相比，湖南省的基础设施建设起步较晚，但近年来通过加大投资力度和优化资源配置，在移动网络基础设施和固网宽带资源的建设方面取得显著进展。5G网络和光纤宽带的推广方面，湖南省通过政府引导和市场化运营，实现广泛的网络覆盖和较高的资源利用效率。互联网普及率不断提高，使湖南省的数字产业快速扩展，提升了全省的经济活力和创新能力。

(3) 经济效益与市场效率。湖南省在经济效益与市场效率方面展现出强劲的增长潜力。随着数字经济的快速发展，湖南省的电信业务规模不断扩大，移动普及水平和宽带接入普及水平显著提升。政府在推动信息化基础设施建设方面的积极作为，使得湖南省的电信固定投资和光缆投资持续增长，为经济效益的提升提供重要支持。市场效率的提高不仅体现在企业的经营业绩上，也反映在整体市场的快速反应和消费者需求的高效满足上。湖南省通过优化市场环境和加强监管，提升了企业的市场竞争力和经济效益，为中部地区的数字经济发展树立典范。

(4) 业务运营与投资效率。湖南省的业务运营与投资效率近年来稳步提升。固定通信投资和移动通信投资的增加，使湖南省的企业在业务运营方面取得显著进展，移动短信业务水平的提升和固话互联互通水平的改善，反映了湖南省在优化通信服务和提升用户体验方面的努力。通过增加基础设施投资和提升服务质量，湖南省的企业在市场中的竞争力逐步增强，也为全省的数字经济发展奠定坚实基础。湖南省的成功经验表明，中部地区在推动数字经济发展的过程中，通过有效的投资和高效的运营，显著提升了区域经济的整体运行效率。

3. 陕西省：西部地区的数字经济崛起之路

(1) 生产制造与服务效率。陕西省作为西部地区的代表，在生产制造与服务效率方面展现出独特的区域适应性。由于地理和资源禀赋的限制，陕西省的传统产业在全国范围内的竞争力相对有限。然而，陕西省通过积极推动高技术产业的发展和传统产业的数字化转型，显著提升了生产制造效率。在能源、装备制造和航空航天等领域，陕西省利用自身的科技资源优势，推动产业链升级和生产效率的提高，以及劳动力储备水平的提升和企业主体数量的增长，进一步推动全省的经济发展。服务业的迅速发展，尤其是科技服务、金融服务和电子商务领域，提升了陕西省的服务效率和市场响应能力。

(2) 资源配置与利用效率。陕西省在资源配置与利用效率方面的表现值得关注，作为西部地区的重要省份，陕西省在资源禀赋上具有一定的优势。然而，信息基础设施和数字经济相关资源配置方面，陕西省起步较晚，近年来通过政策引导和大规模投资，逐步缩小了与东部发达地区的差距。陕西省在移动网络基础设施和固网宽带资源建设方面投入了大量资源，尤其是在“一带一路”倡议的推动下，陕西省加快网络基础设施的布局，提升了资源的利用效率。广泛的网络覆盖和高效的资源配置，使陕西省在互联网用户覆盖和市场服务能力方面取得显著进步，为数字经济的崛起提供重要支撑。

(3) 经济效益与市场效率。陕西省的经济效益与市场效率在西部地区具有一定的代表性。随着数字经济的发展，陕西省的电信业务规模不断扩大，市场需求逐步释放，带动了移动普及水平和宽带接入水平的提高。陕西省政府在推动信息化建设和促进市场发展的过程中，积极引导电信固定投资和光缆投资，为企业提高市场竞争力提供了有力支持。市场效率的提升不仅体现在企业的经济效益上，也反映在市场环境的优化和消费者需求的快速满足上，通过有效的市场机制和政策支持，陕西省逐步提升数字产业的市场效率，为西部地区的经济发展提供良好的示范效应。

(4) 业务运营与投资效率。陕西省在业务运营与投资效率方面表现出逐步提升的趋势，特别是在通信基础设施建设和信息化应用领域。固定通信和移动通信投资的增加，使陕西省在移动短信业务和固话互联互通方面取得显著进展。陕西省通过增加基础设施投资和优化运营模式，提升了通信服务的质量和用户体验，进一步增强了企业的市场竞争力和业务扩展能力。

4. 辽宁省：东北老工业基地的数字化转型

(1) 生产制造与服务效率。辽宁省作为中国东北老工业基地的核心区域，其数字产业的发展具有明显的转型特征。生产制造与服务效率方面，辽宁省面临传统产业结构调整和新兴产业崛起的双重压力。传统制造业仍占据重要地位，辽宁省通过积极推进产业升级和技术改造，提升了生产制造效率。辽宁省近年加快智能制造和高端装备制造的发展步伐，引入大量先进技术和设备，推动生产效率的提高。同时，辽宁省在劳动力储备方面具有一定的优势，丰富的工业基础为新兴产业的发展提供人力资源保障。服务业方面，辽宁省逐步摆脱传统工业服务模式，向现代服务业转型，在信息技术服务和物流服务领域表现出较高的服务效率和市场适应能力。

(2) 资源配置与利用效率。辽宁省在资源配置与利用效率方面，具有东北地区的典型特征，受地理位置和经济结构影响，辽宁省的资源配置与其他省份有较大的差异性。信息基础设施方面，辽宁省通过加大投资力度，提升移动网络基础设施和固网宽带资源的配置水平，尤其在城市地区和经济开发区，网络基础设施的升级改造取得显著成效。辽宁省的资源利用效率逐步提高，通过优化网络布局和提升用户接入服务质量，互联网普及率和网络覆盖范围得到显著提升，为数字经济的发展奠定基础。

(3) 经济效益与市场效率。辽宁省在经济效益与市场效率方面的表现具有一定的复杂性：一方面，辽宁省的传统产业在市场竞争中面临较大压力，经济效益的提升速度相对较慢；另一方面，随着数字经济的发展，辽宁省的电信业务规模和市场普及水平逐步提高。近年来，辽宁省通过增加电信固定投资和光缆投资，优化市场环境，推动移动普及水平和宽带接入质量的提升。市场效率的提高有助于提升企业经营业绩，优化全省经济结构和加快市场反应速度。通过政策支持和市场导向的经济调整，辽宁省的数字产业逐步摆脱传统路径的依赖，向更加高效和现代化的方向转型。

(4) 业务运营与投资效率。辽宁省的业务运营与投资效率在东北地区具有一定的代表性，辽宁省通过增加通信和信息化领域的投资力度，提升业务运营质量和用户服务水平。固定通信和移动通信的广泛投资，确保通信网络的稳定性和用户接入的便利性，尤其是在移动短信业务和固话互联互通方面，辽宁省取得了显著进展。通过高效的运营管理和科学的投资策略，辽宁省的企业在市场中的竞争力逐步增强，同时为全省数字经济发展提供有力支持。

7.4　本章小结

本章通过系统化分析方法，识别并构建数字产业创新生态系统运行效率评价要素，为科学评估系统整体效能提供理论基础和实证支持。首先，本章阐述评价要素识别的研究设计与方法框架，通过开放性编码、轴心编码和选择性编码，从数字产业专利文本数据中提取与系统运行效率相关的关键要素；其次，进一步对产业专利文本进行分析，探究系统运行效率的具体维度，识别生产制造与服务效率、资源配置与利用效率、经济效益与市场效率、业务运营与投资效率等关键维度；最后，评价要素的选择与编码部分，对系统运行效率各维度相关要素进行系统讨论，揭示系统运行效率各维度相关细分要素，为数字产业创新生态系统的运行效率测算提供指标基础。

第 8 章　数字产业创新生态系统运行效率评价体系构建

本章通过系统的理论分析和实证研究，构建包括多个维度和指标的数字产业创新生态系统运行效率评价指标体系。结合数字产业创新生态系统运行效率的各个维度，阐述评价指标数据的选取原则和确定过程，筛选能够全面反映系统运行效率的关键测度指标。基于系统运行效率各维度的特征及数据特点，引入评价模型，明确数字产业创新生态系统运行效率各维度的评价过程。确定评价指标的赋权方法与权重计算过程，构建数字产业创新生态系统运行效率评价体系。

8.1　数字产业创新生态系统运行效率评价指标选取

8.1.1　评价指标数据选取原则

本章基于Super-SBM模型，结合数字产业创新生态系统运行效率的各个维度，明确评价指标的选择和确定过程。前文的研究内容基于数字产业专利摘要文本，将数字产业创新生态系统运行效率分为四个主要维度：生产制造与服务效率、资源配置与利用效率、经济效益与市场效率、业务运营与投资效率。为确保评价指标体系的系统性和科学性，本书按照前文所得的系统运行效率维度及各维度细分指标，结合数字产业评价指标数据的可获取性，进一步构建评价模型。在构建数字产业创新生态系统运行效率评价模型时，评价指标数据的选取需要遵循以下原则。

(1) 科学性原则。评价指标应能够科学地反映数字产业的实际运行效率，指标的选择有理论依据，并与创新生态系统的运行逻辑紧密关联，确保其能够准确测度各个维度的投入与产出效率。

(2) 系统性原则。指标选取应具备系统性，涵盖生产制造与服务效率、资源配置与利用效率、经济效益与市场效率、业务运营与投资效率等四个主要维度，全面评价数字产业的运行效率，各维度指标能够相互补充和验证，确保评价体系的完整性。

(3) 可获得性原则。评价指标数据的获取应具备可操作性，选取的指标有充分的数据支持，确保数据来源的可靠性和准确性，同时考虑数据的时效性与连续性，以便进行动态分析和长期跟踪。

(4) 可比性原则。选取的评价指标应具有较强的可比性，能够在不同地区间进行比较，反映数字产业在不同背景下的运行效率差异。

(5) 代表性原则。指标的选择应具备代表性，能够反映数字产业的整体发展水平和运行特点，避免选取偏离核心目标的指标，确保所选指标具有普遍适用性。

8.1.2　评价指标数据确定过程

评价指标数据的选择是整个数字产业创新生态系统运行效率评价模型构建的核心环节，需要经过多步骤、系统化的过程，确保数据的科学性和适用性，具体流程如下。

(1) 指标初筛。根据前文所确定的四个主要维度，即生产制造与服务效率、资源配置与利用效率、经济效益与市场效率、业务运营与投资效率，进行广泛的文献检索阅读，梳理可能影响四个维度的潜在指标，如生产制造与服务效率维度涉及生产周期、产品质量控制、客户满意度等；资源配置与利用效率维度涵盖资源使用率、能耗效率、资金利用率等指标。初筛过程中，借助学术文献、行业报告及前沿研究成果，尽可能全面地罗列各维度潜在的评价指标，并确保每个维度的指标集合全面反映该维度的运行效率。此外，结合产业的实际运行情况，初步排除数据获取难度较大或数据质量不高的指标，为后续的专家论证和数据收集提供基础。

数字产业创新生态系统运行效率评价指标体系包含四个维度，21个评价指标，如表8.1所示。

表8.1　数字产业创新生态系统运行效率各维度评价指标

维度	评价指标
生产制造与服务效率	运营成本水平
	劳动力储备水平
	企业主体数量规模
	业务营收水平
	利润率表现
资源配置与利用效率	产业资产规模
	移动网络基础设施规模
	固网宽带资源规模
	固话用户覆盖程度
	移动用户覆盖程度
	宽带用户规模程度
经济效益与市场效率	电信固定投资规模
	光缆投资规模
	移动电话设备规模
	电信业务规模
	移动普及水平
	宽带接入普及水平
业务运营与投资效率	固定通信投资规模
	移动通信投资规模
	移动短信业务水平
	固话互联互通水平

(2) 专家咨询与论证。该阶段旨在根据多领域专家的专业意见，对初筛出的指标进行科学性、合理性和可操作性评估。围绕每一个初筛指标展开深入讨论，不仅评估指标是否能够准确反映对应维度的运行效率，还针对指标的适用范围、数据来源的可靠性、指标间的相关性等问题提出意见与建议。对于存在争议的指标，应通过多轮讨论达成共识，无法达成共识的指标暂且保留，后续通过进一步数据测试来验证其有效性。专家论证过程中，应特别关注指标的独立性和冗余性，避免因指标间的高度相关性导致评价结果的偏差，同时确保指标体系的简洁性和科学性。

(3) 数据可获得性分析。评估各指标数据的可获取性、准确性和连续性，明确各指标数据的主要来源渠道，包括权威数据库、政府统计数据、行业年报、企业披露数据、第三方调查报告等。针对每个潜在的数据来源渠道，评估数据的公开性与获取难度，并分析数据的时效性与历史数据的完整性，以确保模型能够进行动态分析和趋势预测。此外，还需要对数据的格式、数据处理的复杂性、是否需要数据清洗等问题进行评估。数据可获得性分析还考虑了数据的地域性和跨区域比较的可行性，针对具有较强地域性的数据，进一步评估其是否能够通过标准化处理或使用补充性数据源，来增强数据的可比性，并进行试点数据收集，验证数据的可操作性和处理流程的可行性。

(4) 指标确定。基于专家论证和数据可获得性分析的结果，最终确定评价指标，此过程综合考虑各指标的科学性、数据的可靠性与适用性，以及评价体系的整体逻辑与结构。最终确定的指标涵盖生产制造与服务效率、资源配置与利用效率、经济效益与市场效率、业务运营与投资效率四个维度，确保每个维度的指标体系能够独立发挥作用，并与其他维度互补，构建具有系统性、全面性和可操作性的评价指标体系。指标最终确定后，对其进行逻辑检验与初步实证检验。通过对小样本数据的初步模型构建与运行，验证各指标在评价模型中的表现，检查是否存在逻辑不通或指标效力不足的问题，并根据实证结果进行必要的调整与优化。

(5) 数据收集与整理。指标最终确定后，依据前期确定的评价指标收集实际数据，并进行数据清洗与标准化处理。首先，利用已确定的指标数据来源渠道，进行全面的数据收集工作。对来自不同渠道的数据进行归类与核实，确保数据的来源可靠、数据的内容准确。对于存在数据缺失或质量问题的数据，采取数据填补、数据修复等方法进行处理，确保模型输入数据的完整性和准确性。其次，进行数据的清洗与标准化处理。由于不同数据源的数据格式、单位、口径存在差异，应对其进行统一处理，如将货币单位统一为同一币种，将不同时间跨度的数据转换为可比的年度数据。

8.1.3　评价指标结果讨论

1. 生产制造与服务效率

生产制造与服务效率维度关注企业在生产和服务过程中所投入的资源与其产

出的经济效益之间的关系。运营成本水平直接影响企业的利润率和市场竞争力，较高的运营成本可能导致利润率降低，尤其是在竞争激烈的市场中，控制成本成为企业提高效率的关键。劳动力储备水平反映了企业在生产和服务中可用的人力资源，不仅影响生产的连续性和质量，而且对企业的创新能力有重要影响。企业主体数量规模是反映行业集中度和竞争强度的重要指标，企业主体数量规模越大，企业在资源整合、技术创新等方面的优势越明显，有助于提高整体生产制造与服务效率。业务营收水平和利润率表现是衡量生产制造与服务效率的直接指标。高业务营收水平通常意味着企业能够有效利用其投入的资源，使其产生经济价值。利润率反映企业在成本控制和市场定位上的成功程度。生产制造与服务效率是整个生态系统运行效率的基础，任何投入与产出之间的失衡都可能对整体系统产生负面影响。

2. 资源配置与利用效率

资源配置与利用效率维度集中体现了企业和产业对物质资源(如基础设施、网络设备等)的配置和利用情况。产业资产规模反映整个产业的资本投入，包括物理资产(如网络设备和通信基础设施)，资产有效配置和利用程度直接影响企业运营效率和市场竞争力。移动网络基础设施规模和固网宽带资源规模作为资源配置的主要指标，决定企业在网络覆盖和用户服务质量方面的表现，覆盖范围广泛的网络基础设施有助于提高企业的市场渗透率，还能增强用户的服务体验，从而提高客户忠诚度和品牌价值。固话用户覆盖程度、移动用户覆盖程度及宽带用户规模程度是衡量资源利用效率的重要指标，反映企业基础设施的使用效果，较高的用户覆盖程度表明企业资源配置的有效性，以及市场需求的充分满足。特别是在数字产业中，用户覆盖和用户规模的提升意味着企业收入的增加，是市场竞争力的直接体现。有效的资源配置与利用是提高生态系统运行效率的关键。资源的合理配置与高效利用在数字产业的竞争中起着至关重要的作用。

3. 经济效益与市场效率

经济效益与市场效率维度主要衡量企业在市场中的经济表现，以及企业对市场需求的响应能力。电信固定投资规模和光缆投资规模是衡量企业在基础通信设施方面投入的重要指标，关系企业的基础服务能力，直接影响企业的长期竞争力和市场定位。移动电话设备规模反映企业对移动市场需求的响应能力，设备规模的扩大意味着企业在市场中拥有更多的用户群体。电信业务规模体现企业的市场占有率和收入能力，较大的业务规模通常意味着，企业能够通过有效的市场策略和高效的资源利用，最大化其经济效益。移动普及水平和宽带接入普及水平反映企业在满足市场需求方面的表现，指标数据越高，说明企业在市场中越具竞争力，能够通过高效的市场策略迅速扩大其用户基础。经济效益与市场效率决定了企业的盈利能力和市场影响力，在竞争激烈的数字经济环境中，能够实现高经济效益的企业往往具备更强的市场适应性和更高的创新能力。

4. 业务运营与投资效率

业务运营与投资效率维度关注企业在通信基础设施方面的投资回报率，以及企业对市场需求的满足情况。固定通信投资规模和移动通信投资规模是反映企业在通信基础设施方面的投入力度的重要指标，较大的投资规模意味着企业在基础设施建设上具有较高的资本投入，以支持其业务的长期发展。移动短信业务水平作为传统的通信服务，虽然在移动互联网的冲击下使用频率有所下降，但仍然是许多企业的重要收入来源，反映企业业务的稳定性和用户黏性。固话互联互通水平反映企业在基础通信服务方面的运营效率和服务质量，较高的固话互联互通水平表明企业的基础设施具备较强的兼容性和扩展性，能够有效应对市场变化和满足多样化的用户需求。业务运营与投资效率对整个数字产业创新生态系统的稳定性和可持续发展至关重要，通过合理的投资和高效的运营，企业能够在不断变化的市场环境中保持竞争力，并为提高创新生态系统的整体效率提供有力支持。

8.2　数字产业创新生态系统运行效率评价指标体系构建

8.2.1　生产制造与服务效率评价指标

生产制造与服务效率是在数字产业中，企业通过生产制造和服务活动所获得的产出与投入之间的比率，该维度的评价指标可用于衡量企业在生产和服务过程中的资源利用效率，以及生产制造和服务所创造的经济价值。生产制造与服务效率各级指标及测量数据如表8.2所示。

表8.2　生产制造与服务效率评价指标

一级指标	二级指标	三级指标	测量数据
生产制造与服务效率	投入指标	运营成本水平	数字产业营业成本(亿元)
		劳动力储备水平	数字产业从业人员期末数量(百人)
		企业主体数量规模	数字产业企业数量(个)
	产出指标	业务营收水平	数字产业业务收入(亿元)
		利润率表现	数字产业利润总额(亿元)

(1) 数字产业营业成本(投入指标)：营业成本是指企业在生产制造与服务过程中所消耗的各种直接和间接成本的总和。选择营业成本作为投入指标，能够全面反映企业在生产制造与服务环节的资源投入情况，包括原材料成本、人工成本、设备折旧、能源消耗等。通过对营业成本的分析，可以评估企业在资源利用方面的效率，识别资源浪费或利用不足的环节，从而为优化生产制造与服务流程提供参考依据。

(2) 数字产业从业人员期末数量(投入指标)：从业人员数量是企业人力资源投入的直接体现，反映了企业在生产制造与服务过程中的人力资源配置情况。选择从业人员期末数量作为投入指标，能够较为全面地反映企业在特定时期内的劳动资源投入情况，包括直接参与生产制造的工人，以及参与服务、管理、研发等各类工作的人员。通过分析从业人员数量与企业产出的关系，可以评估企业在不同环节的人力资源配置是否合理，识别可能的人力资源浪费或不足，从而优化人力资源管理。

(3) 数字产业企业数量(投入指标)：企业数量是衡量一个行业市场规模的重要指标，代表行业内市场主体的数量和分布情况。选择企业数量作为投入指标，可反映数字产业中生产制造与服务的整体规模，以及行业内企业的市场竞争情况。企业数量不仅影响市场的竞争程度，还可能对生产制造与服务的集约化程度产生影响。因此，通过分析企业数量与行业整体生产制造与服务效率的关系，可有效理解市场结构对行业效率的影响，为政策制定和产业优化提供参考。

(4) 数字产业业务收入(产出指标)：业务收入是企业通过生产制造与服务活动所获得的经济回报，反映企业市场竞争力和盈利能力。选择业务收入作为产出指标，能够衡量企业在市场中的表现，评估其生产制造与服务活动所创造的价值。业务收入高低取决于企业生产效率，以及市场需求、价格策略、品牌影响力等多种因素。通过分析业务收入，可评估企业在市场中的竞争优势，以及企业业务模式的有效性，为企业战略决策提供数据支持。

(5) 数字产业利润总额(产出指标)：利润总额是企业扣除所有成本后的净收益，是衡量企业盈利能力的核心指标。选择利润总额作为产出指标，可以综合评价企业在生产制造与服务过程中的经济效益。利润总额取决于业务收入，且与企业的成本控制、税务政策、融资结构等多种因素相关。因此，通过对利润总额的分析，可深入了解企业盈利模式和财务健康状况，识别影响盈利能力的关键因素，为企业的财务管理和战略调整提供依据。

8.2.2　资源配置与利用效率评价指标

资源配置与利用效率主要关注数字产业在基础设施建设和资源投入方面的效率。该维度的评价指标旨在衡量企业和产业通过合理配置和高效利用现有资源，创造经济和社会价值的能力。资源配置与利用效率不仅涉及物质资源的投入，而且涉及信息、网络基础设施等数字经济核心要素的利用。资源配置与利用效率各级指标及测量数据如表8.3所示。

表8.3　资源配置与利用效率评价指标体系

一级指标	二级指标	三级指标	测量数据
资源配置与利用效率	投入指标	产业资产规模	数字产业资产总额(亿元)
		移动网络基础设施规模	移动电话基站数量(万个)
		固网宽带资源规模	互联网宽带接入端口数量(万个)
	产出指标	固话用户覆盖程度	固定电话用户数量(万户)
		移动用户覆盖程度	移动电话用户数量(万户)
		宽带用户规模程度	互联网宽带接入用户数量(万户)

(1) 数字产业资产总额(投入指标)：资产总额指企业拥有的所有经济资源的总和，包括固定资产、流动资产、无形资产等。选择资产总额作为投入指标，可以反映数字产业在资源配置方面的总体投入情况，资产总额直接影响企业的生产

能力和市场竞争力。通过分析资产总额与产出关系，可评估企业的资产利用效率，识别可能的资产闲置或过度投资情况，从而为企业的资产管理和资源配置提供指导。

(2) 移动电话基站数量(投入指标)：移动电话基站是移动通信网络的重要基础设施，直接影响移动通信服务的覆盖范围和质量。选择移动电话基站数量作为投入指标，可以反映数字产业在移动通信基础设施方面的资源投入情况。移动电话基站数量和分布情况不仅影响通信网络的服务质量，还关系到移动用户的使用体验。通过分析移动电话基站配置与移动通信市场发展的关系，可评估基础设施建设对产业效率的影响，从而为通信网络规划和投资决策提供参考。

(3) 互联网宽带接入端口数量(投入指标)：互联网宽带接入端口是用户接入互联网的物理接口，直接影响互联网服务的覆盖范围和接入质量。选择互联网宽带接入端口数量作为投入指标，可以衡量数字产业在互联网基础设施建设方面的资源投入情况。宽带接入端口的数量和质量不仅影响网络服务的可用性，还关系到互联网用户的上网体验。通过分析宽带接入端口的配置与互联网用户数量的关系，可评估宽带基础设施对产业效率的影响，为互联网基础设施建设提供数据支持。

(4) 固定电话用户数量(产出指标)：固定电话用户数量反映了传统通信服务的使用情况。随着移动通信和互联网的发展，固定电话的用户数量逐渐减少，但在特定场景下，固定电话依然是重要的通信手段。选择固定电话用户数量作为产出指标，可衡量资源配置在传统通信服务中的利用效率。通过分析固定电话用户数量的变化趋势，可评估传统通信服务在数字经济中的地位及其对产业效率的贡献，从而为通信产业的战略转型提供参考。

(5) 移动电话用户数量(产出指标)：移动电话用户数量是衡量移动通信市场发展程度的关键指标，反映了移动通信服务的市场渗透率和用户服务能力。选择移动电话用户数量作为产出指标，可直接衡量移动通信基础设施的利用效率和市场需求的满足情况。通过分析移动电话用户数量的变化趋势和地理分布，可评估移动通信网络的覆盖情况和服务质量，从而为移动通信产业的发展策略提供数据支持。

(6) 互联网宽带接入用户数量(产出指标)：互联网宽带接入用户数量是反映互联网服务普及程度的重要指标。选择该指标作为产出指标，可衡量互联网宽带接入端口的利用效率，以及用户对宽带接入服务需求的满足情况。通过分析宽带接入用户数量的变化趋势，可评估宽带基础设施的建设成果和服务质量，从而为互联网服务的推广和优化提供数据支持。

8.2.3　经济效益与市场效率评价指标

经济效益与市场效率是指数字产业在市场运营和经济回报方面的表现。该维度的评价指标侧重于衡量产业在市场需求满足和整体经济效益方面的效率。具体而言，经济效益与市场效率反映了产业在市场中的竞争能力、资源的市场化配置程度及最终的经济产出。合理选择和确定这一维度的投入和产出指标，对于全面了解产业的市场表现和经济效益具有重要意义。经济效益与市场效率各级指标及测量数据如表8.4所示。

表8.4　经济效益与市场效率评价指标体系

一级指标	二级指标	三级指标	测量数据
经济效益与市场效率	投入指标	电信固定投资规模	电信固定资产投资(亿元)
		光缆投资规模	光缆线路长度(公里)
		移动电话设备规模	移动电话交换机容量(百万户)
	产出指标	电信业务规模	电信业务总量(亿元)
		移动普及水平	移动电话普及率(部/百人)
		宽带接入普及水平	互联网宽带接入普及率(%)

(1) 电信固定资产投资(投入指标)：电信固定资产投资是衡量电信行业基础设施建设和技术装备投入的重要指标。选择电信固定资产投资作为投入指标，可以反映电信运营商在网络建设、设备更新和技术升级方面的资金投入情况。电信固定资产投资包括通信网络建设、基站铺设、设备购置等多个方面的支出。通过分析电信固定资产投资的变化趋势，可以评估电信行业的基础设施水平和技术创新能力，为产业规划和政策制定提供参考依据。

(2) 光缆线路长度(投入指标)：光缆线路长度是衡量通信网络覆盖广度和传输能力的关键指标。选择光缆线路长度作为投入指标，可以反映电信运营商在网络扩展和带宽提升方面的投入力度。光缆线路长度的增长直接关系到通信网络的覆盖范围和服务质量，是网络基础设施的重要组成部分。通过分析光缆线路长度的变化趋势，可以评估电信网络的覆盖情况和技术升级进展，为通信网络的规划和优化提供数据支持。

(3) 移动电话交换机容量(投入指标)：移动电话交换机容量是衡量移动通信网络处理能力和服务质量的重要指标。选择移动电话交换机容量作为投入指标，可以反映电信运营商在提升网络承载能力和服务质量方面的技术投入。移动电话交换机容量直接影响网络的用户接入能力和通信稳定性，是保障移动通信服务质量的重要因素。通过分析移动电话交换机容量的变化趋势，可以评估移动通信网络的承载能力和服务水平，为网络优化和服务提升提供依据。

(4) 电信业务总量(产出指标)：电信业务总量是衡量电信产业市场规模和业务发展情况的关键指标。选择电信业务总量作为产出指标，可以反映数字产业在电信服务市场中的总体投入和业务扩展情况。电信业务总量包括各种电信服务的总收入，如语音、数据、互联网接入等。通过分析电信业务总量，可评估产业在电信市场中的地位和产出情况，从而为产业政策制定和市场策略调整提供依据。

(5) 移动电话普及率(产出指标)：移动电话普及率是衡量移动通信设备市场渗透率的重要指标，反映了市场对移动通信设备需求的满足情况。选择移动电话普及率作为产出指标，可评估移动通信市场的成熟度和发展潜力。移动电话普及率不仅与移动通信基础设施建设有关，还与居民的购买力、使用习惯、政策环境等多种因素相关。通过分析移动电话普及率的变化趋势，可评估市场需求的变化和用户行为的演变，从而为移动通信产业的发展规划提供参考。

(6) 互联网宽带接入普及率(产出指标)：互联网宽带接入普及率是衡量互联网服务普及程度的重要指标，反映互联网接入服务在市场中的覆盖率。选择互联网宽带接入普及率作为产出指标，可评估互联网基础设施建设对市场需求的满足情况。互联网宽带接入普及率的高低不仅取决于宽带接入端口的数量和质量，还与用户的使用习惯、市场推广策略、政策支持等多种因素相关。通过分析互联网宽带接入普及率的变化趋势，可评估互联网市场的成熟度和发展潜力，从而为互联网服务的推广和优化提供数据支持。

8.2.4　业务运营与投资效率评价指标

业务运营与投资效率指数字经济产业在日常业务运营和资金投入方面的效率。该维度的评价指标重点在于衡量产业在运营管理、资源配置及投资回报率等方面的投入产出比。业务运营与投资效率直接影响企业的盈利能力和市场竞争力，也反映了产业的管理水平和资金使用效率。通过分析该维度的相关指标，可以全面评估产业在业务运营中的效能和投资的有效性，从而为优化资源配置、提升管理效率和增强产业竞争力提供数据支持。合理选择和确定该维度的投入和产出指标，对于全面评价数字产业的业务运营与投资效率具有重要意义。业务运营与投资效率各级指标及测量数据如表8.5所示。

表8.5　业务运营与投资效率评价指标体系

一级指标	二级指标	三级指标	测量数据
业务运营与投资效率	投入指标	固定通信投资规模	固定通信投资(亿元)
		移动通信投资规模	移动通信投资(亿元)
	产出指标	移动短信业务水平	移动短信业务量(万条)
		固话互联互通水平	固定电话互联互通通话时长(万分钟)

(1) 固定通信投资(投入指标)：固定通信投资是衡量电信行业在固定通信网络建设和维护方面的资金投入的重要指标。选择固定通信投资作为投入指标，可以反映电信运营商在固定网络基础设施建设、设备升级和技术维护上的投入力度。固定通信投资包括光缆线路铺设、固定宽带接入设备的安装与更新等方面的支出。通过分析固定通信投资的变化趋势，可以评估固定通信网络的覆盖范围、服务质量，以及固定通信网络对市场需求的响应能力，为优化固定通信资源配置和提高服务水平提供数据支持。

(2) 移动通信投资(投入指标)：移动通信投资是衡量电信行业在移动通信网络建设和技术创新方面的资金投入的重要指标。选择移动通信投资作为投入指标，可以反映电信运营商在移动通信基础设施建设、基站部署、网络扩容和技术升级等方面的资金投入。移动通信投资直接影响网络覆盖、服务质量和用户体验。通过分析移动通信投资的变化趋势，可以评估移动通信网络的扩展情况和技术进步，从而为推动移动通信产业的发展提供决策支持。

(3) 移动短信业务量(产出指标)：移动短信业务量是衡量移动通信服务需求和市场活跃度的重要指标。选择移动短信业务量作为产出指标，可以反映用户对移动通信服务，特别是短信服务的需求和使用情况。移动短信业务量的变化直接受市场需求、用户行为和替代通信手段发展的影响。通过分析移动短信业务量的变化趋势，可以评估移动通信市场的成熟度和用户需求的变化，从而为移动通信业务的发展策略调整提供依据。

(4) 固定电话互联互通通话时长(产出指标)：固定电话互联互通通话时长是衡量固定电话网络服务质量和用户活跃度的重要指标。选择固定电话互联互通通话时长作为产出指标，可以反映固定电话网络的使用情况和用户对固定通信服务的依赖程度。固定电话互联互通通话时长的变化直接影响固定通信网络的效益和市场份额。通过分析固定电话互联互通通话时长的变化趋势，可以评估固定电话网络的使用效率和市场地位，为优化固定通信服务和提高用户满意度提供数据支持。

综上所述，数字产业创新生态系统运行效率评价指标体系如表8.6所示。

表8.6　数字产业创新生态系统运行效率评价指标体系

一级指标	二级指标	三级指标	测量数据
生产制造与服务效率	投入指标	运营成本水平	数字产业营业成本(亿元)
		劳动力储备水平	数字产业从业人员期末数量(百人)
		企业主体数量规模	数字产业企业数量(个)
	产出指标	业务营收水平	数字产业业务收入(亿元)
		利润率表现	数字产业利润总额(亿元)
资源配置与利用效率	投入指标	产业资产规模	数字产业资产总额(亿元)
		移动网络基础设施规模	移动电话基站数量(万个)
		固网宽带资源规模	互联网宽带接入端口数量(万个)
	产出指标	固话用户覆盖程度	固定电话用户数量(万户)
		移动用户覆盖程度	移动电话用户数量(万户)
		宽带用户规模程度	互联网宽带接入用户数量(万户)

(续表)

一级指标	二级指标	三级指标	测量数据
经济效益与市场效率	投入指标	电信固定投资规模	电信固定资产投资(亿元)
		光缆投资规模	光缆线路长度(公里)
		移动电话设备规模	移动电话交换机容量(百万户)
	产出指标	电信业务规模	电信业务总量(亿元)
		移动普及水平	移动电话普及率(部/百人)
		宽带接入普及水平	互联网宽带接入普及率(%)
业务运营与投资效率	投入指标	固定通信投资规模	固定通信投资(亿元)
		移动通信投资规模	移动通信投资(亿元)
	产出指标	移动短信业务水平	移动短信业务量(亿元)
		固话互联互通水平	固定电话互联互通通话时长(万分钟)

8.3　数字产业创新生态系统运行效率评价模型构建

8.3.1　生产制造与服务效率评价模型

1. 模型的设计与构建

首先，根据Super-SBM模型的基本原理，结合表8.2生产制造与服务效率各级指标及测量数据，设计包含多项投入和产出指标的生产制造与服务效率评价模型框架。模型的投入指标包括运营成本水平、劳动力储备水平和企业主体数量规模，投入指标全面反映企业在生产制造和服务过程中的资源配置和利用情况。产出指标包含业务营收水平和利润率表现，两项产出指标直接反映企业的经济效益和市场表现。考虑到不同省份的经济规模和数字经济发展程度可能存在的差异，模型需要具备较高的适应性，能够在不同发展阶段、不同经济体量的省份中有效应用。

生产制造与服务效率评价时，考虑到投入与产出指标的特征，Super-SBM模型的结构设计包括投入和产出指标两类内容。投入指标：运营成本水平[使用数字产业营业成本(亿元)作为测量数据]、劳动力储备水平[使用数字产业从业人员期末数量(百人)作为测量数据]、企业主体数量规模[使用数字产业企业数量(个)作为测量数据]。产出指标：业务营收水平[使用数字产业业务收入(亿元)作为测量数据]、利润率表现[使用数字产业利润总额(亿元)作为测量数据]。为评价各省数字产业的生产制造与服务效率，本书构建了Super-SBM模型，将上述投入和产出指标作为模型的输入和输出变量，模型的目标函数为

$$\text{Minimize}\rho_1 = \frac{1-\dfrac{1}{m}\sum_{i=1}^{m}\dfrac{s_i^-}{x_i}}{1+\dfrac{1}{s}\sum_{r=1}^{s}\dfrac{s_r^+}{y_r}} \tag{8.1}$$

式中，ρ_1表示生产制造与服务效率得分，x_i表示投入指标的原始值，y_r表示产出指标的原始值，s_i^-表示投入的松弛变量，s_r^+表示产出的松弛变量。

2. 指标的标准化与数据预处理

不同省份的经济规模、人口数量、产业结构差异巨大，直接使用原始数据进行模型计算可能导致结果失真。为确保各项指标在同一量级下进行比较，避免因绝对值差异过大而影响模型结果，本书采用Z-Score标准化方法进行数据标准化处理。标准化过程中同时处理数据的缺失值、异常值等问题，通过插值法解决数据缺失问题，仔细分析异常值数据背后的原因，对排除数据录入错误等人工问题，对其余异常值数据进行剔除处理。

8.3.2　资源配置与利用效率评价模型

1. 模型结构的设计与基础框架的构建

资源配置与利用效率评价模型的核心在于通过分析企业和产业的资源投入与产出，评估其资源配置的合理性与有效性。投入指标包括数字产业资产总额、移动电话基站数量和互联网宽带接入端口数量，投入指标能够全面覆盖数字产业在基础设施和物质资源方面的投入情况。产出指标则选择固定电话用户数量、移动电话用户数量和互联网宽带接入用户数量，反映企业和产业在资源使用上的最终成果。为准确反映资源配置与利用的效率，模型结构的设计考虑了投入与产出指

标之间的非线性关系，如移动电话基站数量与移动电话用户数量之间并非简单的线性关系，可能受到基站覆盖范围、服务质量、用户需求等多重因素的影响。因此，在模型构建中，需要引入非线性函数或指数函数来处理这些复杂关系。

资源配置与利用效率评价时，考虑到投入与产出指标的特征，Super-SBM模型的结构设计包括投入和产出指标两类内容。投入指标：产业资产规模[使用数字经济产业资产总额(亿元)作为测量数据]、移动网络基础设施规模[使用移动电话基站数量(万个)作为测量数据]、固网宽带资源规模[使用互联网宽带接入端口数量(万个)作为测量数据]。产出指标：固话用户覆盖程度[使用固定电话用户数量(万户)作为测量数据]、移动用户覆盖程度[使用移动电话用户数量(万户)作为测量数据]、宽带用户规模程度[使用互联网宽带接入用户数量(万户)作为测量数据]。为评价各省数字产业的资源配置与利用效率，本书构建了Super-SBM模型，将上述投入和产出指标作为模型的输入和输出变量，模型的目标函数为

$$\text{Minimize}\rho_2 = \frac{1-\dfrac{1}{m}\sum_{i=1}^{m}\dfrac{s_i^-}{x_i}}{1+\dfrac{1}{s}\sum_{r=1}^{s}\dfrac{s_r^+}{y_r}} \tag{8.2}$$

式中，ρ_2表示目标决策单元的相对效率得分，x_i表示投入指标的原始值，y_r表示产出指标的原始值，s_i^-表示投入的松弛变量，s_r^+表示产出的松弛变量。

2. 数据收集与预处理

收集各省的投入与产出指标数据，包括数字产业的资产总额、移动电话基站数量、互联网宽带接入端口数量、固定电话用户数量、移动电话用户数量和互联网宽带接入用户数量等。由于各指标的数据单位不同，采用Z-Score标准化方法，对不同年份或不同数据源的数据进行标准化处理，确保数据的连续性和一致性。

8.3.3　经济效益与市场效率评价模型

1. 模型框架的设计与投入产出指标的选择

经济效益与市场效率评价模型的构建基于对市场运作情况的全面分析，模型的投入指标包括电信固定资产投资、光缆线路长度和移动电话交换机容量，衡量

企业在基础通信设施方面投入，以及企业对移动市场需求的响应能力；产出指标包括电信业务总量、移动电话普及率和互联网宽带接入普及率，衡量企业的市场占有率和收入能力，以及企业在满足市场需求方面的表现。

考虑到投入与产出指标的特征，Super-SBM模型的结构设计包括投入和产出指标两类内容。投入指标：电信固定投资规模[使用电信固定资产投资(亿元)作为测量数据]、光缆投资规模[使用光缆线路长度(公里)作为测量数据]、移动电话设备规模[使用移动电话交换机容量(百万户)作为测量数据]。产出指标：电信业务规模[使用电信业务总量(亿元)作为测量数据]、移动普及水平[使用移动电话普及率(部/百人)作为测量数据]、宽带接入普及水平[使用互联网宽带接入普及率(%)作为测量数据]。为评价各省数字产业的经济效益与市场效率，本书构建了Super-SBM模型，将上述投入和产出指标作为模型的输入和输出变量，模型的目标函数为

$$\text{Minimize}\rho_3 = \frac{1-\dfrac{1}{m}\sum_{i=1}^{m}\dfrac{s_i^-}{x_i}}{1+\dfrac{1}{s}\sum_{r=1}^{s}\dfrac{s_r^+}{y_r}} \tag{8.3}$$

式中，ρ_3表示目标决策单元的相对效率得分，x_i表示投入指标的原始值，y_r表示产出指标的原始值，s_i^-表示投入的松弛变量，s_r^+表示产出的松弛变量。

2. 指标标准化与数据预处理

收集各省的投入与产出指标数据，包括电信固定资产投资、光缆线路长度、移动电话交换机容量、电信业务总量、移动电话普及率、互联网宽带接入普及率。由于各指标的数据单位不同，采用Z-Score标准化方法进行处理。

8.3.4　业务运营与投资效率评价模型

1. 业务运营与投资效率模型的结构设计

模型的结构设计是构建业务运营与投资效率评价的第一步，目标是通过分析投入与产出之间的关系，衡量企业在业务运营和资金投入方面的效率。投入指标包括固定通信投资规模和移动通信投资规模，反映了企业在通信网络基础设施建设和技术升级方面的资金配置情况。产出指标则选择移动短信业务水平和固话互

联互通水平，衡量企业在通信服务中的市场需求满足程度和用户活跃度。考虑到不同通信服务的特性，如固定通信投资和移动通信投资可能会受技术发展、政策变化及市场需求波动的影响，而产出指标(如移动短信业务水平)则更多地反映用户行为变化和替代性服务的兴起。因此，模型结构设计兼顾网络基础设施投入的长期性和通信服务市场的动态性，确保模型的准确性和有效性。

2. 业务运营与投资效率评价

考虑到投入与产出指标的特征，模型结构设计包括投入和产出指标两类内容。投入指标：固定通信投资规模[使用固定通信投资(亿元)作为测量数据]、移动通信投资规模[使用移动通信投资(亿元)作为测量数据]。产出指标：移动短信业务水平[使用移动短信业务量(万条)作为测量数据]、固话互联互通水平[使用固定电话互联互通通话时长(万分钟)作为测量数据]。通过构建投入与产出指标，可以有效评估企业在通信基础设施建设中的资金使用效率和在通信服务市场中的业务运营成果，从而为优化资源配置和提升业务绩效提供科学依据，模型的目标函数为

$$\text{Minimize}\rho_4 = \frac{1-\dfrac{1}{m}\displaystyle\sum_{i=1}^{m}\frac{s_i^-}{x_i}}{1+\dfrac{1}{s}\displaystyle\sum_{r=1}^{s}\frac{s_r^+}{y_r}} \tag{8.4}$$

式中，ρ_4 表示目标决策单元的相对效率得分，x_i 表示投入指标的原始值，y_r 表示产出指标的原始值，s_i^- 表示投入的松弛变量，s_r^+ 表示产出的松弛变量。

3. 指标的标准化与数据预处理

收集各省的投入与产出指标数据，包括固定通信投资、移动通信投资、移动短信业务量、固定电话互联互通通话时长。由于各指标的数据单位不同，本书采用Z-Score标准化方法进行处理。

8.3.5 数字产业创新生态系统运行效率评价模型

为全面评估中国数字产业创新生态系统的运行效率，本书构建了系统运行效率的多维度评价模型。综合模型的构建需要基于系统运行效率的四个关键维度，

即生产制造与服务效率、资源配置与利用效率、经济效益与市场效率、业务运营与投资效率。每个维度分别代表数字产业中不同方面的关键性能指标，共同决定创新生态系统的整体运行效率。本书采用熵权法，将四个维度的效率指标整合为综合效率指标。具体而言，首先，对原始数据进行标准化处理，选用极差标准化方法进行标准化处理。然后，计算每个指标的熵值，并基于每个指标的熵值计算四个维度的权重。最后，可得每个地区的综合系统运行效率：

$$E_p = \sum_{i=1}^{4} w_i \times E_i \tag{8.5}$$

式中，E_p表示各省份的综合系统运行效率，w_i表示第i个维度的权重，E_i表示第i个维度的效率指标，i表示系统运行效率维度。

8.4　数字产业创新生态系统运行效率评价指标赋权

8.4.1　评价指标赋权方法选择

1. 评价指标赋权的方法

评价指标赋权是数字产业创新生态系统运行效率评价的关键环节。选择适当的方法来确定指标的权重能够确保评价结果的科学性和准确性。评价指标赋权的方法通常分为主观赋权法、客观赋权法和综合赋权法三类，各类方法具有不同的特点和适用场景。

(1) 主观赋权法。主观赋权法依赖于专家或决策者的经验和判断，主要方法包括：①德尔菲法。通过多轮匿名问卷调查，收集专家对各指标权重的意见，并通过反馈和修正最终达成共识。这种方法适合指标较多且难以量化的情况，能够充分反映专家的知识和经验。②层次分析法。通过构建判断矩阵，对指标进行成对比较，利用特征向量计算各指标的权重。层次分析法在处理复杂的多层次结构和多准则决策问题上具有较好的表现，且通过一致性检验可以保证判断的可靠性。③打分法。专家直接为各个指标打分，根据评分计算各指标的权重。打分法简单、直观，但主观性较强，且难以保证权重的一致性。

(2) 客观赋权法。客观赋权法基于指标的客观数据进行权重计算，常见的方法有：①熵值法。通过计算指标的信息熵，确定指标的客观权重。熵值法能够反映指标的分散性，避免信息冗余，且在处理大量数据时具有较强的适用性。②变异系数法。基于指标的标准差和平均值计算权重，变异系数越大，表明指标的离散性越强，其权重越高。该方法适用于指标数据分布不均匀的情况。③主成分分析法。通过降维处理将多个指标整合为少数几个主成分，根据主成分的方差贡献率计算权重。主成分分析法适用于处理高维数据，且能够减少指标之间的冗余信息。

(3) 综合赋权法。综合赋权法结合主观赋权法和客观赋权法的优点，通过加权平均或几何平均的方法得到最终的权重分配，主要方法有：①组合赋权法。通过线性加权的方式，将主观权重和客观权重相结合。②模糊综合评价法。将模糊逻辑引入权重确定过程，采用模糊数学方法处理指标的模糊性和不确定性，适合处理复杂、多维的评价问题。

2. 方法选择的依据与合理性

本书主观权重确定采用层次分析法，数字产业创新生态系统的运行效率评价涉及多个复杂的指标，指标的相对重要性往往需要结合专家的实际经验和专业判断。层次分析法是一种基于成对比较的多准则决策方法，能够将复杂的评价问题分解为多层次的结构，逐层进行分析，使得每一个层次的比较都具有清晰的逻辑。采用层次分析法，通过成对比较的方式，专家可以灵活地表达对不同指标的重要性判断，不受数据限制。层次分析法设有一致性检验步骤，确保专家在成对比较时的判断具有逻辑一致性，从而提高权重分配的可靠性。层次分析法能够系统地利用专家的知识，对各个指标的重要性进行合理的分配。本书的评价体系具有多层次结构，包括一级指标、二级指标和三级指标。层次分析法能够有效处理这种多层次结构，通过构建判断矩阵逐层进行比较，使得每个层次的权重计算都具有较高的合理性。层次分析法通过一致性检验确保专家的判断具有逻辑一致性，避免了专家主观偏见对权重分配的过度影响，从而保证了主观权重的科学性和合理性。

本书客观权重确定采用熵值法，数字产业创新生态系统的运行效率评价涉及大量的客观数据，采用熵值法能够充分利用这些数据，避免主观因素的过度干扰，使得权重分配更具数据驱动的客观性。熵值法完全基于实际数据进行权重分配，能够客观反映各指标在样本中的分散性和区分度，通过计算指标的信息熵，能够识别出信息量较大的指标，赋予更高的权重，避免信息冗余。熵值法通过计算各指标的熵值，能够有效识别信息量较小、对结果贡献较小的指标，避免了信息冗余的问题，从而确保权重分配的合理性。数字产业创新生态系统运行效率评价体系中，指标涉及不同维度的内容，如生产制造、资源配置、经济效益等，这些指标的分布和量纲各不相同，熵值法能够对其进行标准化处理，适合这种多维数据结构，使得权重的确定具有较高的稳定性和科学性。

8.4.2　评价指标权重计算

1. 主观权重确定

主观权重通常基于专家评估或决策者的经验判断，反映了指标在整个评价体系中相对重要性的主观认识。本书采用层次分析法确定主观权重，具体确定过程如下。

第一，建立层次结构模型。将评价体系分解为多个层次，通常包括目标层、准则层和指标层。在本书中，目标层表示数字产业创新生态系统的运行效率。准则层表示四个一级指标(生产制造与服务效率、资源配置与利用效率、经济效益与市场效率、业务运营与投资效率)。指标层表示每个一级指标下的二级指标和三级指标。

第二，构造判断矩阵。针对每一个准则层指标或同一层次的二级指标、三级指标进行成对比较，形成判断矩阵。比较的依据是专家或决策者对两个指标相对重要性的判断，通常使用1～9，表示从等同重要到极端重要。例如假设要比较运营成本水平和劳动力储备水平的相对重要性，专家可能认为运营成本水平比劳动力储备水平重要，赋予一个值为5的比例(表示“重要”)，判断矩阵的形式为

$$\boldsymbol{A}=\begin{pmatrix} a_{11} & a_{12} & \cdots & a_{1n} \\ a_{21} & a_{22} & \cdots & a_{2n} \\ \vdots & \vdots & \ddots & \vdots \\ a_{n1} & a_{n2} & \cdots & a_{nn} \end{pmatrix} \tag{8.6}$$

式中，a_{ij}表示第i个指标相对于第j个指标的重要性。

第三，计算特征向量和最大特征根。通过计算判断矩阵的特征向量，对各个指标的重要性进行排序。特征向量对应的最大特征根用于一致性检验，求得判断矩阵的特征向量，归一化后即为各个指标的相对权重，计算判断矩阵的最大特征根 $\lambda_{\max}$。

第四，一致性检验。一致性检验用于判断专家比较的合理性，一致性指标(CI)计算公式如下：

$$\mathrm{CI}=\frac{\lambda_{\max}-n}{n-1} \tag{8.7}$$

式中，n 表示判断矩阵的维度。

基于一致性指标计算结果，计算一致性比例(CR)，一致性比例计算过程如下：

$$\mathrm{CR}=\frac{\mathrm{CI}}{\mathrm{RI}} \tag{8.8}$$

式中，RI 表示随机一致性指标，不同维度对应的 RI 值不同。若 $\mathrm{CR}<1$，则认为判断矩阵具有满意的一致性。

第五，确定主观权重。如果一致性检验通过，则特征向量的归一化结果即为各个指标的主观权重。若未通过一致性检验，需要重新调整判断矩阵的值，并重复上述步骤，直至通过一致性检验。

2. 客观权重确定

客观权重基于指标的客观数据，反映了各个指标在实际观测数据中的变异性或对评价结果的影响程度。本书采用熵值法确定客观权重，客观权重的计算过程如下。

第一，数据标准化处理。由于各指标的量纲和数据范围不同，首先需要对原始数据进行标准化处理。第二，计算指标的熵值。计算每个指标的熵值，熵值反映了指标的分布不均匀程度。第三，计算差异系数和客观权重。差异系数越大，表明指标在样本间的差异性越大，其对评价结果的区分度越高。第四，确定各个指标的客观权重。熵值法确保了客观数据在权重确定过程中的主导地位，反映了指标在数据中的分散性和区分能力。基于以上过程，可得数字产业创新生态系统运行效率评价指标权重，如表8.7所示。

表8.7　数字产业创新生态系统运行效率评价指标权重

一级指标	二级指标	三级指标	主观权重	客观权重	综合权重
生产制造与服务效率	投入指标	运营成本水平	0.156	0.060465	0.108
		劳动力储备水平	0.052	0.058412	0.055
		企业主体数量规模	0.064	0.055130	0.060
	产出指标	业务营收水平	0.502	0.061103	0.282
		利润率表现	0.590	0.067028	0.329
资源配置与利用效率	投入指标	产业资产规模	0.192	0.065496	0.129
		移动网络基础设施规模	0.117	0.036632	0.077
		固网宽带资源规模	0.124	0.036536	0.080
	产出指标	固话用户覆盖程度	0.498	0.038281	0.268
		移动用户覆盖程度	0.598	0.035980	0.317
		宽带用户规模程度	0.691	0.036612	0.364
经济效益与市场效率	投入指标	电信固定投资规模	0.142	0.042259	0.092
		光缆投资规模	0.211	0.034987	0.123
		移动电话设备规模	0.235	0.036678	0.136
	产出指标	电信业务规模	0.547	0.039701	0.293
		移动普及水平	0.614	0.000233	0.307
		宽带接入普及水平	0.514	0.000253	0.257
业务运营与投资效率	投入指标	固定通信投资规模	0.145	0.078940	0.112
		移动通信投资规模	0.205	0.062269	0.134
	产出指标	移动短信业务水平	0.574	0.041468	0.308
		固话互联互通水平	0.625	0.052846	0.339

8.5　本章小结

本章通过构建系统运行效率评价指标体系，为数字产业创新生态系统运行效率评估提供系统化指标框架和模型支持，为科学衡量系统整体效能奠定理论基础和实证依据。首先，评价指标选取部分，筛选能够全面反映系统运行效率的关键指标，阐述指标选取原则，确保评价体系的科学性、全面性和可操作性，包括生产制造与服务效率、资源配置与利用效率、经济效益与市场效率、业务运营与投资效率四个维度的指标选取，为构建科学评价体系奠定基础；其次，评价模型构建部分，通过引入合理的评价模型，探讨数字产业创新生态系统运行效率各维度的评价过程；最后，评价指标的赋权方法与权重计算部分，通过主观赋权与客观赋权相结合的方式，计算创新生态系统运行效率评价指标权重。

第 9 章　数字产业创新生态系统运行效率评价

本章通过对数字产业创新生态系统不同维度和不同区域的运行效率进行详细评估，揭示系统运行现状与差异。数字产业创新生态系统的运行效率直接关系到系统的创新能力和市场竞争力，科学评估系统运行效率具有重要理论和实践意义。本章首先确定数据来源和评价流程，对各区域数字产业创新生态系统运行效率进行计算评价，探讨不同区域系统运行效率的特征及其差异，分析区域差异的原因和表现形式，并对系统运行效率的各个维度进行计算评价，揭示系统运行效率不同维度的表现与差异。

9.1　研究设计

本书沿用我国工业和信息化部关于数字经济产业统计数据中的区域划分方式，将全国内地区域划分为东部、中部、西部和东北四大地区。东部地区包含北京、天津、河北、上海、江苏、浙江、福建、山东、广东、海南。中部地区包含山西、安徽、江西、河南、湖北、湖南。西部地区包含内蒙古、广西、重庆、四川、贵州、云南、西藏、陕西、甘肃、青海、宁夏、新疆。东北地区包含辽宁、吉林、黑龙江。

9.1.1　数据来源

(1) 研究范围与数据筛选。本书旨在全面评价中国各省(区、市)的数字产业创新生态系统的运行效率。为确保评价的全面性与科学性，研究范围涵盖中国的所有省级行政单位，然而，在实际数据收集和整理过程中，发现西藏地区及港澳台地区的较多关键指标数据存在严重缺失。具体而言，西藏地区在数字产业的创新投入、产出、技术研发和市场规模等关键维度上，缺乏足够的统计数据支持；港澳台地区相关数据统计不足，无法有效对港澳台地区进行同等水平评价。因此，为保证评价结果的客观性和科学性，拟对西藏及港澳台地区以外地区，数字产业创新生态系统运行效率及相关维度进行评价，从而避免因数据不足导致的评价偏差和误导性结论。

(2) 数据来源的选择与合理性。本书所采用的全部指标数据均为中国相关部门官方网站公开发布的权威统计数据，来源于《通信业年度统计数据》《电子信息制造业年度统计数据》《软件和信息技术服务业年度统计数据》《互联网和相关服务业年度统计数据》等统计报告，具有较高的权威性、全面性和准确性，能够为本书提供坚实的数据基础。此外，由于数字产业为相对较新的研究领域，其相关统计数据的历史积累尚不足，因此，本书集中选择2022年的数据进行测算和分析。通过对权威数据进行深入分析，科学评估中国各地区数字产业创新生态系统的运行效率，为未来的政策制定和产业发展提供重要参考。

9.1.2 评价流程

本书采用基础SBM模型与超效率SBM模型结合投入产出比的分析方法，对各省(市、区)的整体效率进行评估，具体流程如下。

(1) SBM加权效率值的计算。首先，利用基础SBM模型计算各省(区、市)的运行效率。当基础SBM模型的效率值等于1时，表明决策单元已经达到技术有效性的前沿面。为进一步区分运行效率的决策单元，本书引入超效率SBM模型，更精细地评估其相对效率。如果基础SBM模型的效率值小于1，则直接采用该结果作为效率值。得到各决策单元的效率值后，本书对其进行等权重加权处理，得到SBM加权效率值，并将其归一化至0～1范围内。

(2) 投入产出比的计算。投入产出比的计算旨在衡量区域内资源利用的经济效益。首先，对各投入和产出指标进行归一化处理，将其标准化至0～1范围内。在此基础上，计算产出指标连乘与投入指标连乘的比值，并对该比值进行归一化处理。投入产出比的优势在于能够综合反映多个投入与产出要素的整体效果，提供区域数字经济创新生态系统运行效率的直观评价。单独使用投入产出比可能无法充分反映资源配置中的技术合理性，需要将其与技术效率的评估结果相结合。

(3) 总效率值的综合计算。本文将计算得到的SBM加权效率值与投入产出比进行等权重加权计算，得出最终的总效率值，并对其进行归一化处理，使其在0～1范围内。采用综合计算方法，能够在技术效率和经济效益之间取得平衡，进而对区域整体效率进行更加全面的评价。

将SBM加权效率值与投入产出比结合起来进行综合计算具有重要的科学性与合理性。SBM加权效率值通过精确识别资源利用的浪费与不足，反映了决策单元的技术效率；而投入产出比则对资源配置效率进行全面衡量，揭示了经济系统的整体表现。单一的效率指标可能存在评估偏差，无法全面反映区域的整体效率。单独依赖SBM加权效率值可能忽视经济产出相对于投入的比例，而仅仅依赖投入产出比则可能无法充分考虑资源配置的技术合理性。通过将两者加权整合，结合技术效率与经济效益的优势，提升效率评价的全面性与准确性。综合性方法为不同区域的整体效率评估提供了更加科学、系统的基础，也为政策制定者在区域发展战略的制定中提供了有力的决策支持。

9.2 数字产业创新生态系统各维度效率评价结果

9.2.1 生产制造与服务效率评价结果

东部地区各省(区、市)的生产制造与服务效率情况如图9.1所示，北京在生产制造与服务效率评价中获得了1.000的高分，表明其在生产制造与服务的数字化转型及创新能力上具有显著优势。作为中国的政治、文化和科技中心，北京依托其强大的创新资源和先进的制造业基础，在数字经济中展现了较高的服务效率。浙江和海南分别获得1.041和1.103的高分。浙江省长期以来重视信息化与工业化的深度融合，尤其是以数字经济为主导的发展模式，使其在生产制造与服务效率方面表现卓越。而海南省的高分则可能与其自由贸易港政策和政府对数字经济的战略支持密切相关，这些措施加速了服务业的现代化和数字化进程。

相较之下，天津、上海、江苏和广东虽名列前茅，但其评分仍低于1.000。天津和上海的得分分别为0.702和0.596，说明虽然两个直辖市在传统制造业上具备较强实力，但在数字化转型和生产制造与服务效率方面仍有较大提升空间。江苏和广东分别获得0.557和0.660的评分，表明其数字化转型尚未充分发挥潜力。河北和福建的表现则相对较弱，得分分别为0.420和0.550。河北省的低分或许与其经济结构中传统制造业比重较大，数字经济基础相对薄弱有关。福建省虽然在沿海省份中具有较强的经济活力，但在生产制造与服务效率上仍然面临诸多挑战，特别是在有效地将数字技术融入传统制造业以提升效率方面。山东省以0.509的评分位居中下水平，与其制造业的传统优势形成反差，反映了山东省在推动制造业向智能化和服务化转型过程中可能面临一定的困难。

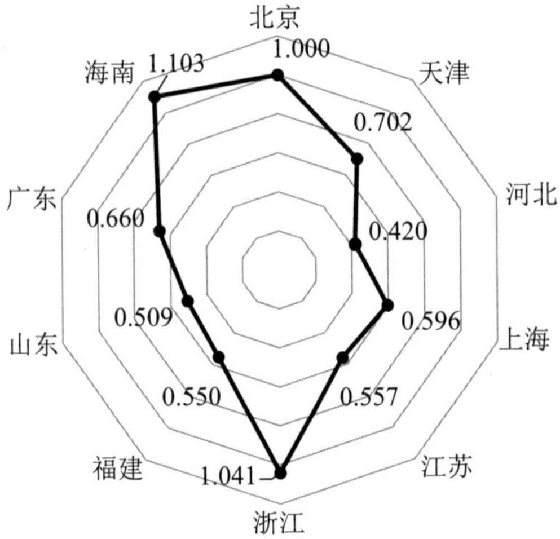

图 9.1　东部地区生产制造与服务效率雷达图

中部地区各省(区、市)的生产制造与服务效率情况如图9.2所示，江西省在中部地区表现最为突出，生产制造与服务效率得分为0.668，显示出江西在推动制造业数字化转型、提升生产制造与服务效率方面取得了显著进展。江西近年来积极推动信息技术与传统制造业的深度融合，尤其是在智能制造、电子信息等领域有良好发展，提升了整体的服务效率。安徽紧随江西之后，得分为0.591，表现较为优秀，可能的原因是安徽依托自身较为完善的工业基础和政府对数字经济的支持，正在逐步实现制造业的数字化和智能化转型。然而，与江西相比，安徽在生产制造与服务效率上仍存在一定差距，可能是由于部分传统行业的转型速度较为缓慢。

山西省的得分为0.512，略高于河南、湖北和湖南，表明山西在生产制造与服务效率方面处于中等水平。可能的原因是山西作为以能源和重工业为主导的省份，近年来在努力推动传统产业的升级和数字化转型，但仍面临较大挑战，尤其是在将数字技术有效融入传统制造业以提高生产效率方面。湖南和湖北的得分相近，分别为0.509和0.501，显示出两个省份在生产制造与服务效率上的相似性。虽然两省在工业基础上具备一定优势，但在推动制造业服务化、智能化方面的进展尚显不足，可能与地方产业结构的传统特征和数字技术应用的深度不足有关。河南省在本次评价中得分最低，表明河南在生产制造与服务效率方面面临较大挑战。河南省的经济结构仍以传统制造业和农业为主，可能导致其在数字产业中的服务效率较低。如何加快推动制造业的数字化转型，提高生产制造与服务效率，将是河南未来亟须解决的重要课题。

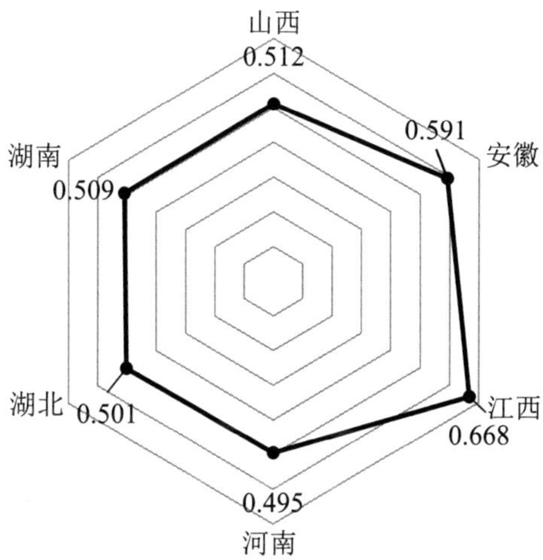

图 9.2　中部地区生产制造与服务效率雷达图

西部地区各省(区、市)的生产制造与服务效率情况如图9.3所示，青海省以2.000的评分在生产制造与服务效率评价中遥遥领先，该结果可能源于特殊的计算方法或样本数据，需要进一步结合青海省数字产业实际情况进行探究。宁夏得分为0.715，表现较为突出，表明宁夏在生产制造与服务效率上具有一定的优势，可能与该地区近年来大力推动的能源、化工及新材料等重点产业的数字化转型有关，政府的扶持政策和创新驱动策略也起到了积极作用。贵州省得分为0.666，显示出其在西部地区的强劲表现，贵州近年来大力发展大数据产业，并积极推动传统制造业与大数据、人工智能等新兴技术的融合，提升了整体的生产制造与服务效率。陕西省的得分为0.627，位居中上水平，作为我国西部地区的重要省份，陕西依托其丰富的科技资源和强大的工业基础，积极推动制造业的智能化和数字化，在航空航天和装备制造领域表现尤其突出。

重庆市得分为0.581，四川省得分为0.544，两个重要经济体在生产制造与服务效率上表现接近。重庆作为直辖市，在推进制造业服务化方面具有较强的资源整合能力；四川则依托其丰富的科技和人力资源，在电子信息、装备制造等领域表现出色，但仍需要进一步提升整体效率。云南和广西得分分别为0.556和0.510，表现较为一般，两个省(区、市)在传统产业基础较为薄弱的情况下，数字化转型面临一定挑战，但在农业和旅游业数字化方面具有潜力。甘肃省的得分为0.508，新疆的得分为0.457，两省(区、市)在西部地区的生产制造与服务效率方面得分相对较低。甘肃的工业结构较为传统，新疆则因地理位置和经济结构的特殊性，在推进数字经济和生产制造与服务效率提升方面面临较大困难。内蒙古自治区得分最低，仅为0.371，作为以能源和重工业为主的地区，内蒙古在生产制造与服务效率方面的低分显示出其在推动数字经济发展、促进传统产业升级方面仍需要加大力度，尤其是在提高服务效率和资源配置方面。

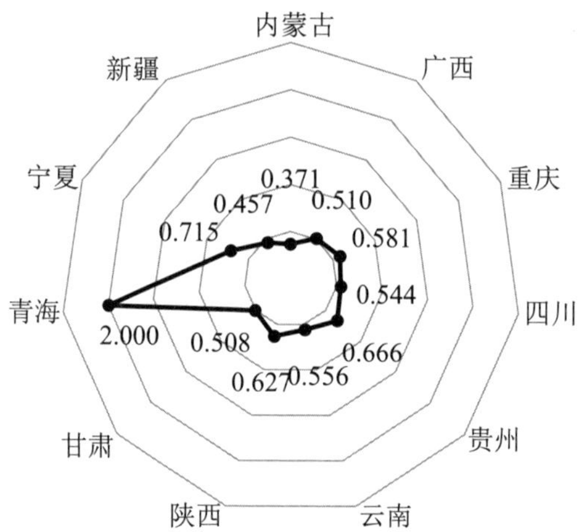

图 9.3　西部地区生产制造与服务效率雷达图

东北地区各省(区、市)的生产制造与服务效率情况如图9.4所示，吉林省的生产制造与服务效率得分为0.441，在东北三省中得分最高。尽管如此，该得分仍处于全国范围内的较低水平，表明吉林在推进生产制造与服务效率和数字化转型方面做出了一定努力，但进展仍然有限。吉林省的工业基础相对较强，尤其是在汽车制造和农产品加工领域，但数字化水平相对落后可能是服务效率较低的原因。辽宁省紧随吉林省之后，得分为0.424，作为传统的重工业基地，辽宁省的工业结构以钢铁、机械制造和化工为主，传统行业的数字化转型难度较大，生产制造与服务效率不高。近年来，辽宁省试图通过推动工业互联网和智能制造的发展来提高生产效率，但整体效果尚不显著，仍需要进一步加大改革和创新力度。黑龙江省的得分最低，为0.293，在全国范围内处于较低水平，反映了黑龙江在生产制造与服务效率方面的显著不足。作为我国的农业大省和能源资源丰富的地区，黑龙江的经济结构仍然高度依赖传统产业，数字经济发展相对滞后。生产制造与服务效率低下可能与该省的产业结构单一、创新能力不足及对新兴技术的应用较少有关。

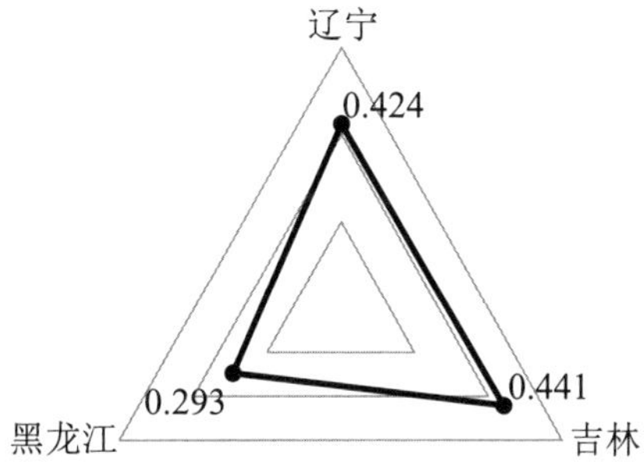

图 9.4　东北地区生产制造与服务效率雷达图

中国四大地区的生产制造与服务效率情况如图9.5所示，东部地区的生产制造与服务效率得分为0.569，是四大地区中最高的。东部地区包括北京、上海、江苏、浙江、广东等经济发达省(区、市)，在产业结构、科技创新和数字化转型方面具有显著优势，如北京和海南的得分分别为1.000和1.103，显著高于其他地区，反映东部地区在推动制造业的服务化、智能化和数字化转型方面走在全国前列，得益于政策支持、先进的基础设施及高度集中的创新资源。西部地区的得分为0.557，略低于东部地区，西部地区包括内蒙古、重庆、四川、陕西等省(区、市)，其中宁夏、陕西和贵州表现较为突出，得分分别为0.715、0.627和0.666。西部地区在推动制造业转型升级方面取得了一定进展，尤其是在能源、化工和新兴产业领域。然而，西部地区整体经济基础相对薄弱，区域内各省(区、市)间的发展不平衡，部分省(区、市)[如内蒙古(0.371)和甘肃(0.508)]的生产制造与服务效率仍处于较低水平。

中部地区的生产制造与服务效率得分为0.538，位居四大地区的第三位，中部地区包括山西、河南、湖北、湖南等省(区、市)，在工业基础和经济规模上具有一定优势，但在数字化转型方面的进展相对缓慢。如江西(0.668)和安徽(0.591)表现较为优异，但河南(0.495)和湖北(0.501)的得分较低，表明中部地区在生产制造与服务效率方面仍有较大的提升空间。东北地区的得分最低，仅为0.471，反映了东北地区在生产制造与服务效率方面面临的挑战较大。东北地区包括辽宁、吉林、黑龙江三省，三个省的经济结构以传统重工业为主，数字经济发展相对滞后。黑龙江的得分为0.293，表明该省在推动制造业服务化和智能化方面面临严峻挑战。总体来看，东北地区需要加快推进产业结构调整和数字化转型，以提升其在全国范围内的竞争力。

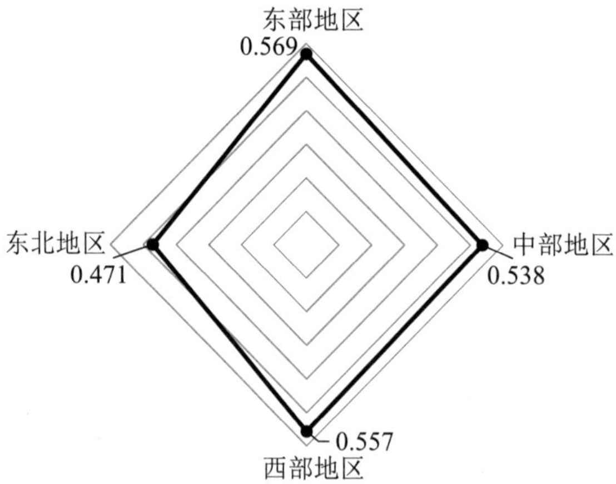

图 9.5　四大地区生产制造与服务效率雷达图

综上所述，四大地区的生产制造与服务效率存在明显差异，反映各地区在经济发展阶段、产业结构、数字化转型进程等方面的不同特点。东部地区凭借其经济发达和数字经济领先的优势，在生产制造与服务效率方面表现最为优异。西部地区尽管起步较晚，但在政府政策支持下，数字化转型进展显著。中部地区处于过渡阶段，部分省(区、市)表现出较强的竞争力。相比之下，东北地区由于传统经济结构的制约，在数字经济时代面临较大挑战。

9.2.2　资源配置与利用效率评价结果

在数字产业创新生态系统的运行效率评价中，资源配置与利用效率作为其中的重要维度，对各省(区、市)的创新能力和经济增长潜力具有重要影响。东部地区的资源配置与利用效率情况如图9.6所示。东部地区各省(区、市)资源配置与利用效率的评价结果表现出明显差异，反映各地在资源利用、技术创新、政策执行等方面的不同策略和成效。

北京和上海的资源配置与利用效率得分分别为1.011和1.051，处于领先地位，表明这两个城市在资源配置和利用效率方面具备显著优势，可能得益于其强大的创新能力、良好的基础设施及高水平的人才集聚效应。同时说明北京和上海在推动数字经济发展方面采取了有效的措施，使得资源能够得到最大化利用，进而提升数字产业创新生态系统的整体运行效率。海南的得分为1.007，紧随北京之后，表现同样优异。海南省近年来的自由贸易港建设中，资源的高效配置与利用成为其发展数字经济的重要推动力，反映海南在政策引导和制度创新方面取得的显著成效。

相比之下，天津(0.674)、江苏(0.675)、浙江(0.623)、福建(0.718)和广东(0.666)的得分较低，显示出以上地区在资源配置与利用效率方面存在一定的不足。尽管以上五个省(区、市)在经济总量和产业基础上具有一定优势，但在资源配置的优化和高效利用上，仍有较大提升空间，可能受到产业结构调整、创新资源分布不均等因素的制约。河北(0.910)和山东(0.789)的表现相对中等，显示出其在资源配置与利用效率方面有一定的优势，但与北京、上海等地相比仍有差距，说明河北和山东在创新资源的获取、技术转移和应用方面仍需要进一步改进，以更好地促进数字经济产业的全面发展。

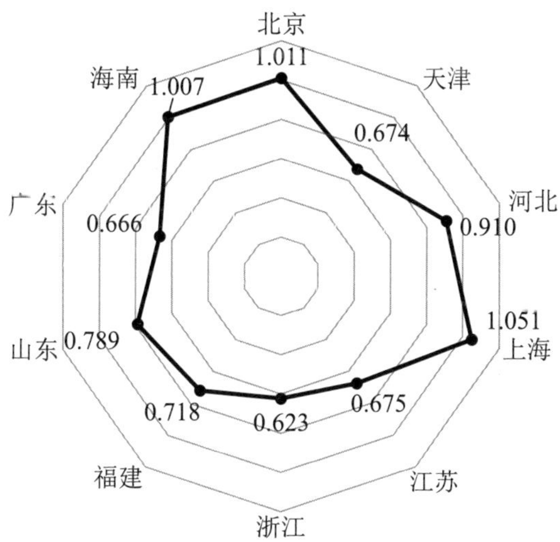

图 9.6　东部地区资源配置与利用效率雷达图

中部地区的资源配置与利用效率情况如图9.7所示，河南以1.080的得分位居中部地区之首，显示出该省在资源配置与利用效率方面的突出表现，原因可能是河南在优化资源配置、提升资源利用率及推动数字经济创新发展方面采取了积极举措。河南通过加强基础设施建设、引进高科技企业、推进科技成果转化等方式，显著提升了资源的利用效率，进而增强了数字产业创新生态系统的整体运行效率。紧随其后的是江西(1.041)和湖南(1.032)，江西和湖南近年来在数字经济领域的快速发展，表明两个省份在资源优化配置、技术创新支持和政策环境营造方面取得积极进展，并通过有效整合现有资源、提升产业链协同效应，进一步增强了自身在中部地区的创新竞争力。

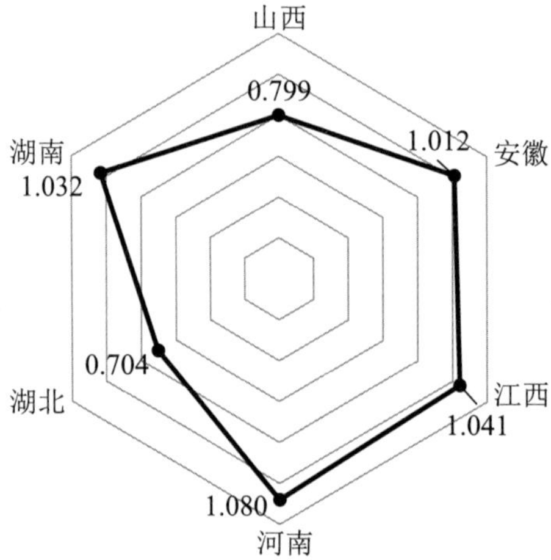

图 9.7　中部地区资源配置与利用效率雷达图

安徽的得分为1.012，也处于较高水平，表明安徽在推动数字经济发展的过程中，资源配置的科学性和资源利用的高效性得到有效体现。安徽通过引导产业结构调整、促进技术进步及优化营商环境，提升资源配置与利用效率，使数字产业创新生态系统的运行效率得以显著提升。相比之下，山西(0.799)和湖北(0.704)的得分相对较低，表明山西和湖北在资源配置与利用效率方面存在一定不足。山西的资源配置与利用效率可能受到传统产业占比过高、创新驱动不足等因素的制约，而湖北尽管具备良好的经济基础，但在资源配置的优化和高效利用方面仍有待加强，可能需要在创新资源的引导、政策执行的落实及产业升级方面加大力度，以提升整体的资源利用效率。

西部地区的资源配置与利用效率情况如图9.8所示，四川以1.203的得分位居西部地区之首，显示出该省在资源配置与利用效率方面的卓越表现，表明四川在推动数字产业发展过程中，资源配置的优化和高效利用得到了显著的提升。四川省的优势可能得益于其丰富的科技资源、较高的人才集聚度及完善的基础设施，共同推动了资源的有效配置和高效利用，进而促进全省数字经济的快速发展。紧随其后的是新疆(1.152)和青海(1.070)，两省(区、市)表现出较高的资源配置与利用效率。新疆近年来在推进数字经济与传统产业深度融合方面取得积极成效，通过加强信息基础设施建设和优化产业结构，实现资源的高效配置和利用。青海则可能受益于其在可再生能源和生态保护方面的独特优势，使得资源配置与利用效率得到有效提升，推动了数字经济的高质量发展。

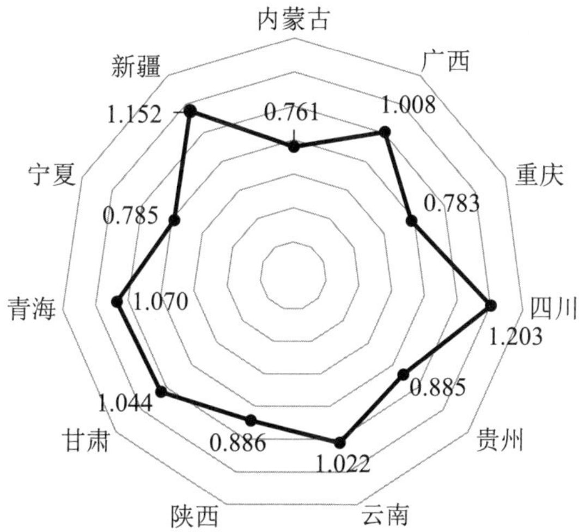

图 9.8　西部地区资源配置与利用效率雷达图

云南(1.022)、广西(1.008)和甘肃(1.044)同样表现不俗，表明三省(区、市)在资源配置与利用方面取得较好成绩。云南凭借其丰富的自然资源和独特的区位优势，通过提升资源配置效率，推动数字经济的快速发展。广西和甘肃通过加强政策支持、优化产业布局，以及推动科技创新，实现资源的有效利用，从而提升整体的运行效率。相对而言，贵州(0.885)和陕西(0.886)的得分稍低，但仍处于中等水平，反映两个省份在资源配置与利用方面虽有一定进展，但在创新资源的获取和应用、产业结构优化等方面仍有提升空间。相比之下，内蒙古(0.761)、重庆(0.783)和宁夏(0.785)的得分相对较低，显示出三个省(区、市)在资源配置与利用效率方面存在一定不足。内蒙古和宁夏可能面临资源禀赋不足或产业基础薄弱的挑战，导致资源配置的优化和利用效率提升较为缓慢。重庆作为西部地区的直辖市，虽然具有一定的经济基础，但其资源配置与利用效率可能受到资源分布不均、产业结构调整滞后等因素的制约，仍需要加强资源配置与利用效率提升的工作。

东北地区的资源配置与利用效率情况如图9.9所示，黑龙江以1.413的得分位居东北地区之首，显示出该省在资源配置与利用效率方面的卓越表现，反映了黑龙江在优化资源配置和提升利用效率方面取得显著进展，可能得益于该省在现代农业、能源和先进制造业方面的资源优势和产业布局。黑龙江通过推进产业升级、加强科技创新和资源的有效整合，实现资源的高效配置和利用，进而大幅度提高全省数字产业创新生态系统的运行效率。吉林以1.118的得分位居第二，同样表现出较高的资源配置与利用效率，表明吉林在推动数字经济发展的过程中，资源配置的优化和利用效率得到有效提升。吉林可能通过加强信息化建设、推动科技成果转化及优化产业结构，进一步提升资源利用效率，从而增强全省的创新能力和经济活力。相比之下，辽宁的得分为0.731，显著低于吉林和黑龙江，表明辽宁在资源配置与利用效率方面存在一定的不足。尽管辽宁在历史上是一个工业强省，但在当前的数字经济发展中，可能面临传统产业比重大、创新资源配置不足及技术转型相对缓慢等挑战，可能导致辽宁在资源配置的优化和高效利用上面临一定的瓶颈，影响其数字产业创新生态系统的运行效率。

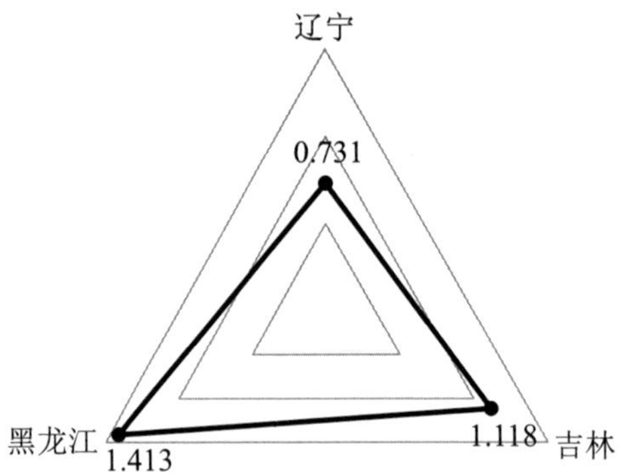

图 9.9　东北地区资源配置与利用效率雷达图

四大地区的资源配置与利用效率情况如图9.10所示，西部地区以0.841的得分位居四大地区之首，表明该地区在资源配置与利用效率方面相对领先。尽管西部地区在自然条件、经济基础和发展水平上存在一定的劣势，但近年来通过加大基础设施建设、推动资源优势转化为经济优势，以及加强区域内外合作，西部地区在资源配置的优化和高效利用方面取得显著进展。该结果显示出西部地区在推动数字产业发展的过程中，资源配置的科学性和利用的高效性得到有效提升。紧随其后的是东北地区，得分为0.824。尽管东北地区在经济转型中面临诸多挑战，如传统产业比重较大、创新资源相对不足等，但近年来，随着振兴东北老工业基地政策的落实和各地积极探索新经济增长点，东北地区的资源配置与利用效率有所提升。东北地区在推动数字产业创新生态系统运行的过程中，逐步实现了资源的合理配置和有效利用。

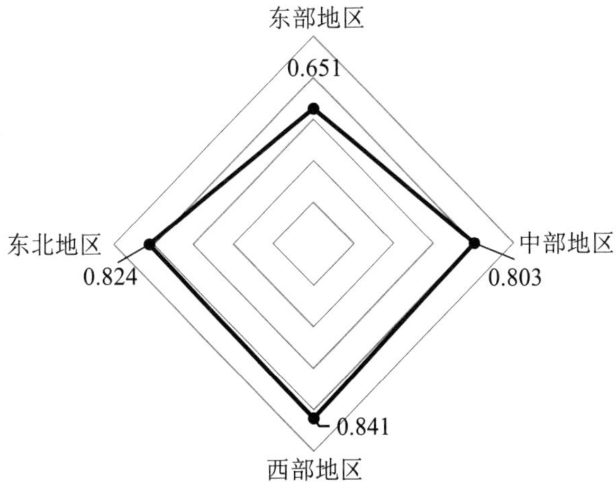

图 9.10　四大地区资源配置与利用效率雷达图

中部地区的得分为0.803，表现中规中矩，略低于西部和东北地区。中部地区凭借其区位优势和较为均衡的产业结构，在资源配置与利用方面表现较为稳健。该地区在推动传统产业升级和促进新兴产业发展的同时，也注重资源的优化配置和高效利用，推动了数字产业的发展。然而，相较于西部和东北地区，中部地区在资源配置优化的进一步提升方面仍有一定空间，尤其是在加快新技术引进和应用方面。相比之下，东部地区的得分为0.651，显著低于其他三个地区。东部地区的低得分可能反映在数字经济快速发展过程中，资源配置与利用效率面临挑战，如资源过度集中、区域发展不平衡、产业结构面临转型压力等。尽管东部地区具备较强的经济基础和创新能力，但在资源配置的优化和高效利用方面，仍需要进一步改进，以适应数字产业的持续发展和转型需求。

综上所述，我国四大地区在资源配置与利用效率方面的表现各异，反映各地区在推动数字产业创新生态系统运行中的不同策略和成效。西部地区和东北地区在资源配置与利用效率提升方面取得较大进展，而中部地区表现相对稳健，东部地区则面临资源配置与利用效率的挑战。为进一步提升全国数字产业创新生态系统运行效率，各地区需要结合自身特点，继续优化资源配置，提升利用效率，推动区域经济的协调发展和数字经济的全面繁荣。

9.2.3　经济效益与市场效率评价结果

东部地区的经济效益与市场效率情况如图9.11所示，北京的经济效益与市场效率最高，评价结果为1.169，表明北京在数字产业创新生态系统中具有较高的经济效益与市场效率，可能得益于其作为全国政治、文化、经济中心的地位，以及强大的科技创新能力和完善的产业链。上海的经济效益与市场效率评价结果为1.139，紧随北京其后，表明上海在数字产业的运作效率方面表现优异，尤其是在国际化程度高、科技资源丰富、金融服务发达的背景下，上海的数字产业具备较强的全球竞争力。天津和山东的经济效益与市场效率评价结果分别为1.022和1.018，处于中上水平，表明天津和山东在数字产业创新生态系统中也表现出较高的运行效率，天津可能依托其港口经济和制造业基础，山东则受益于其广泛的工业基础和快速发展的高新技术产业。

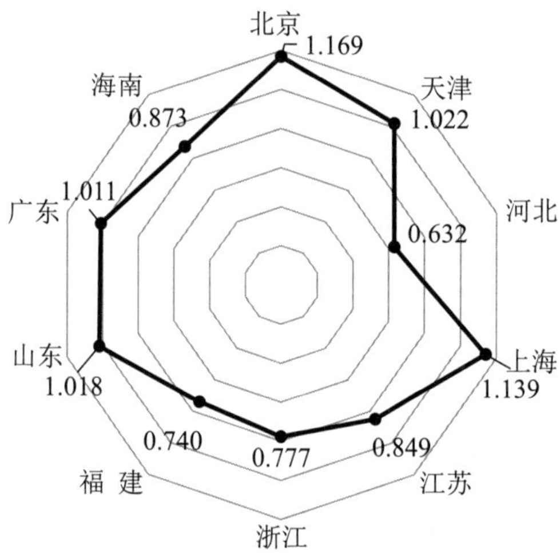

图 9.11　东部地区经济效益与市场效率雷达图

广东的经济效益与市场效率评价结果为1.011，稍低于天津和山东，表明尽管广东是中国经济最发达的省份之一，其在数字经济领域的表现较为稳定，但仍有提升空间，特别是在技术创新与产业升级方面。江苏、海南、浙江和福建的经济效益与市场效率评价结果分别为0.849、0.873、0.777和0.740，显示出相对较低的运行效率，反映这些省份在数字经济发展中存在一些结构性问题或创新资源的不足。然而，江苏和浙江尽管效率不如其他省份高，但仍是中国重要的制造业基地，具有较强的经济韧性。河北的经济效益与市场效率评价结果为0.632，东部地区中结果最低，表明河北在数字产业创新生态系统中的表现相对落后。可能与河北的产业结构、创新能力和市场活力等因素有关。说明河北需要进一步提升产业创新能力和市场效率，以提高数字产业创新生态系统的整体运行效率。

中部地区的经济效益与市场效率情况如图9.12所示，河南省的生产制造服务效率最高，评价结果为0.959。尽管其经济效益与市场效率低于东部地区的最高水平，但在中部地区已经表现出显著的优势，说明河南省在数字产业创新生态系统具有较高的经济效益和市场效率。近年来，河南通过加强产业升级和技术创新提高生产效率，并且在中部地区的整体发展中占据重要地位。安徽省的效率评价结果为0.733，位居中部地区第二。安徽在数字经济领域表现出中等偏上的经济效益与市场效率，反映该省在产业创新和经济结构调整方面的努力。近年来，安徽积极推进智能制造和高新技术产业的发展，一定程度上提升了其在数字经济中的表现。

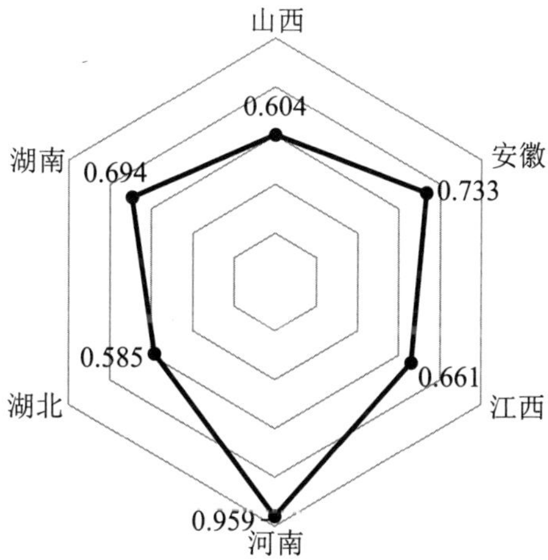

图 9.12 中部地区经济效益与市场效率雷达图

湖南省的经济效益与市场效率评价结果为0.694，紧随安徽省之后。尽管湖南的经济效益与市场效率不如安徽，但湖南在数字经济中的表现仍具有一定的竞争力。湖南基于其在工程机械、电子信息等领域的产业基础，逐步提升数字产业的效率和市场影响力。江西省的经济效益与市场效率评价结果为0.661，略低于湖南，表明江西在数字产业创新生态系统中的运行效率相对较低。江西在绿色经济和高技术产业领域具有一定的潜力，需要进一步加强产业链的整合和技术创新，以提高整体运行效率。山西省和湖北省的经济效益与市场效率评价结果分别为0.604和0.585，位于中部地区的尾部，山西省的经济效益与市场效率较低可能与其产业结构的重工业化特征有关，传统产业占比较大，导致数字经济发展较为滞后。湖北省的经济效益与市场效率低于预期，可能与近年来经济结构调整的压力及新兴产业发展的相对不足有关。尽管湖北省是中部地区的经济大省，但在数字经济领域的表现仍有待提升，特别是在提高市场效率和推动产业升级方面。

西部地区的经济效益与市场效率情况如图9.13所示，宁夏和青海的经济效益与市场效率最高，评价结果分别为1.239和1.189。两个省(区、市)在西部地区的表现尤为突出，显示出其在数字产业创新生态系统中的运行效率非常高，可能得益于其近年来在数字化转型、产业升级和市场开拓方面的成功实践，高效表现与其较低的产业基础相对不符，反映两个省(区、市)可能在特定行业或领域内有高效创新和经济效益提升。陕西的经济效益与市场效率评价结果为0.893，位列第三，陕西作为西部的科技和教育中心，依托其丰富的科技资源和雄厚的工业基础，在数字经济领域展现出较高的运行效率。西安作为国家中心城市之一，可以进一步推动陕西省的市场效率和创新能力提升。云南和重庆的经济效益与市场效率评价结果分别为0.735和0.710，处于中等水平。云南和重庆的表现表明，两个省(区、市)在数字经济中的运行效率尚可，但仍有提升空间。云南依赖于其丰富的自然资源和逐渐兴起的旅游产业，而重庆是国家中心城市和西南地区的重要枢纽，具有较大的发展潜力。

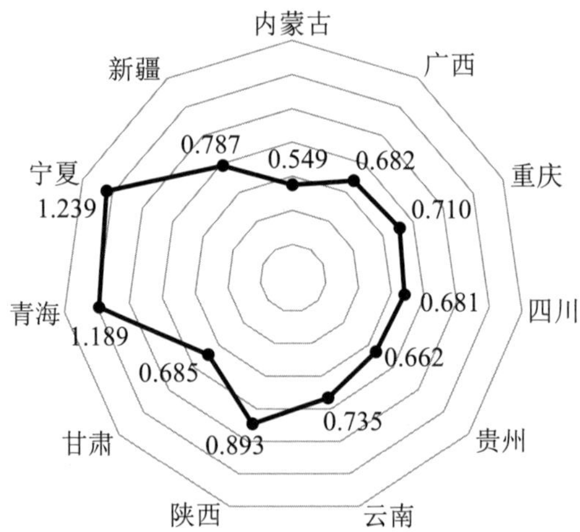

图 9.13　西部地区经济效益与市场效率雷达图

广西、四川、甘肃、贵州的经济效益与市场效率评价结果分别为0.682、0.681、0.685和0.662，表现相对接近。四个省(区、市)在数字产业中的运行效率偏低，可能与其传统产业占比较大、市场开放程度有限、创新资源相对不足等因素有关。然而，四个省(区、市)在西部地区的经济发展中仍占据重要地位，特别是在区域经济一体化和“一带一路”倡议的推动下，西部地区的数字产业未来有望取得更大进展。内蒙古的经济效益与市场效率评价结果为0.549，是西部地区中最低的，反映了内蒙古在数字产业中的运行效率相对落后，可能与其依赖资源型经济、产业结构单一，以及市场活力不足等因素有关。内蒙古未来需要在产业多元化、科技创新和市场效率提升方面做出更大努力，以推动数字经济的发展。新疆的经济效益与市场效率评价结果为0.787，表现出中等偏上的运行效率。新疆作为“一带一路”倡议的重要节点，尽管面临诸多挑战，但在数字经济中的表现较为稳定，其丰富的自然资源和有力的政策支持为经济效益与市场效率的提升提供了条件。

东北地区的经济效益与市场效率情况如图9.14所示，吉林省的经济效益与市场效率最高，评价结果为0.718。尽管其经济效益与市场效率在全国范围内并不突出，但在东北地区表现出相对优势，表明吉林省在数字产业中的运作效率较为稳健，特别是在汽车制造、农业机械和光电产业等领域具有相对优势，其优势产业的创新能力和市场响应速度使吉林省在数字经济领域保持较高效率。辽宁省的经济效益与市场效率评价结果为0.654，位居东北地区第二位，辽宁省在数字产业中的运行效率相对较低，但在东北地区仍有一定竞争力。辽宁是中国重要的重工业基地，传统产业占比较大，虽然近年来在高端制造和服务业方面有了一定发展，但整体数字产业的转型和升级速度仍需要加快，以进一步提升市场效率和创新能力。黑龙江省的经济效益与市场效率评价结果为0.536，在东北地区排名最低，表明黑龙江省在数字产业创新生态系统中的运行效率相对较差。黑龙江长期依赖资源型经济，特别是农业和煤炭工业，传统产业的占比和创新资源的匮乏导致其在数字经济中的表现较为落后。此外，黑龙江面临人口外流、经济增长乏力等问题，可能进一步制约其在数字经济领域的发展。

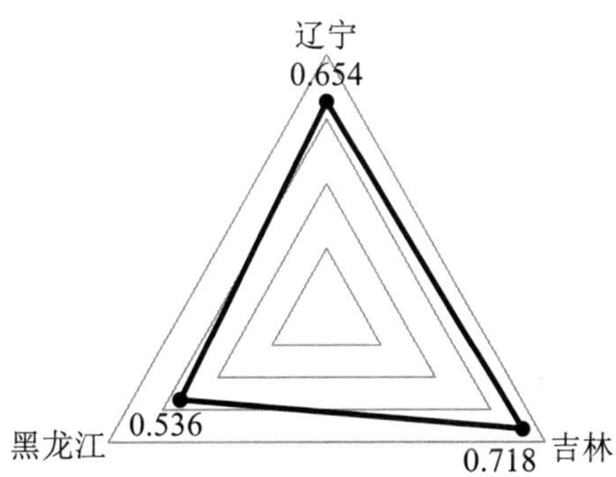

图 9.14　东北地区经济效益与市场效率雷达图

四大地区的经济效益与市场效率情况如图9.15所示。东部地区的经济效益与市场效率评价结果为0.807，明显高于其他三个地区，表明东部地区在数字产业创新生态系统中的运行效率最高，反映了东部地区发达的经济基础、完善的市场机制和强大的创新能力。东部地区集中了我国大部分科技资源、优质的教育资源和发达的金融市场，共同推动本地区数字经济的高速发展，尤其是北京、上海、广东等核心省(区、市)，凭借其在政策、资金和人才等方面的优势，显著提升了区域整体的经济效益与市场效率。中部地区的经济效益与市场效率评价结果为0.685，位居第二。中部地区在数字经济领域表现出中等偏上的运行效率，该结果与中部地区在近年来加速推进产业结构调整、发展高新技术产业和加强基础设施建设有关。尽管与东部地区相比，中部地区的经济基础和创新资源略显不足，但在政策支持和区域协同发展战略的推动下，中部地区的数字经济正在快速崛起。

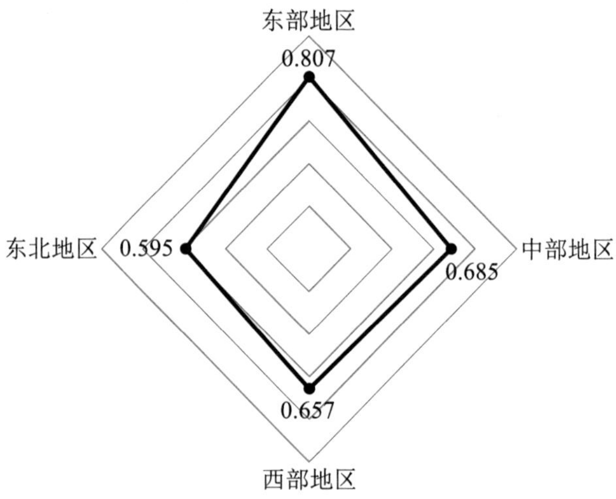

图 9.15　四大地区经济效益与市场效率雷达图

西部地区的经济效益与市场效率评价结果为0.657，略低于中部地区。西部地区的运行效率在四大地区中处于中等偏下水平，反映了西部地区在数字经济领域面临诸多挑战，包括产业基础相对薄弱、市场机制不够完善、创新资源较为匮乏等。然而，西部地区也具有独特的发展潜力，特别是在“一带一路”倡议支持下，西部地区的基础设施建设、对外开放程度及新兴产业的发展正在加速，为数字产业创新生态系统运行效率的提升奠定基础。东北地区的经济效益与市场效率评价结果为0.595，为四大地区中最低，表明东北地区在数字产业创新生态系统中的运行效率相对较低。东北地区长期依赖重工业和资源型经济，产业结构转型相对缓慢，创新能力和市场活力不足，导致其在数字经济领域的表现落后于全国平均水平，人口流失、市场需求不足和老龄化问题也进一步制约东北地区的数字经济发展。

综上所述，东部地区在数字产业创新生态系统的运行效率上表现最为突出，而东北地区则相对落后。中部和西部地区分别位居第二和第三，表现出一定的潜力，但仍需要加强。以上区域差异反映了我国各地区在经济基础、市场环境、创新能力和政策支持等方面的不同。未来通过区域协同发展和政策引导，可进一步缩小区域间差异，促进我国整体数字经济的均衡发展。

9.2.4　业务运营与投资效率评价结果

东部地区的业务运营与投资效率情况如图9.16所示，上海、福建和北京整体表现出高效的业务运营与投资效率。上海以1.191的评分位列第二，仅次于福建的1.202，两个省(区、市)的高效表现可能与其高度发达的经济环境、强大的基础设施及政策的支持密切相关。北京的评分为1.150，也处于较高水平，显示了其作为国家政治中心和经济中心的综合能力。三个省(区、市)的高效运营和投资水平不仅推动地方经济的快速发展，也为数字产业创新生态系统的完善奠定基础。山东、河北和广东整体呈现出中等偏上的业务运营与投资效率，山东的评分为0.699，略高于河北的0.568和广东的0.509。三个省(区、市)的运营与投资效率虽然不及前述的上海、福建、北京，但也体现了较为稳健的发展状态。尤其是山东，其较高的评分反映了在传统工业基础上转型发展的成功，而河北和广东则在多元化经济结构的基础上展现了较为平衡的运营与投资能力。

天津、浙江和江苏整体呈现出相对较低的业务运营与投资效率，天津的评分为0.393，浙江为0.370，而江苏则为0.308。三个省(区、市)在业务运营与投资效率上表现出一定不足，可能与产业结构、资源配置以及外部市场环境的影响有关。尽管三个省(区、市)在全国范围内有着重要的经济地位，但其业务运营与投资效率水平相对偏低，可能会在一定程度上限制创新生态系统的长期发展。海南的业务运营与投资效率最低，海南的评分为0.234，可能与海南的地理位置、经济基础较为薄弱及相对较低的工业化水平有关。海南作为以旅游业为主的省份，其业务运营与投资效率在数字产业创新生态系统中表现较为不足，表明其在进一步发展和吸引投资方面仍有较大提升空间。

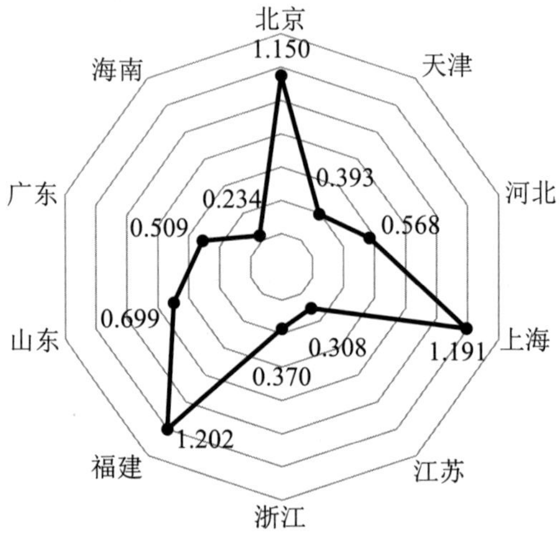

图 9.16　东部地区业务运营与投资效率雷达图

中部地区的业务运营与投资效率情况如图9.17所示，河南省以1.357的评分在中部地区遥遥领先，显示其在业务运营与投资方面的显著优势。河南作为中部地区的经济大省，近年来积极推进产业升级和创新发展，形成良好的产业基础和投资环境。高效的业务运营和投资能力为数字产业创新生态系统的建设提供有力支撑，也使其在中部地区脱颖而出。山西省的评分为0.731，位居中部地区第二位，显示出较为稳健的业务运营与投资效率。山西虽然在传统上以煤炭经济为主，但近年来积极推动产业结构转型，大力发展新兴产业。较高的评分表明山西在新旧动能转换过程中取得了一定成效，业务运营与投资效率得到显著提升。

安徽、湖南和湖北三省(区、市)的评分分别为0.473、0.461和0.457，表现出中等水平的业务运营与投资效率。三个省(区、市)在中部地区具有重要的经济地位，且各自具备一定的产业优势和创新能力，然而，其业务运营与投资效率相比河南和山西仍有差距，可能与产业结构、政策支持力度及外部市场环境的差异有关。要在数字经济领域实现更大的突破，三个省(区、市)需要进一步优化其业务流程和投资策略。江西省的评分为0.295，是中部地区最低，反映了江西在产业结构调整、投资环境优化和创新能力提升方面面临挑战。尽管江西在传统产业上具有一定的基础，但在新兴产业和数字经济领域的推进速度相对较慢，导致其业务运营与投资效率不及其他省(区、市)，表明江西未来需要加大在数字经济相关领域的投入与改革力度，提升整体竞争力。

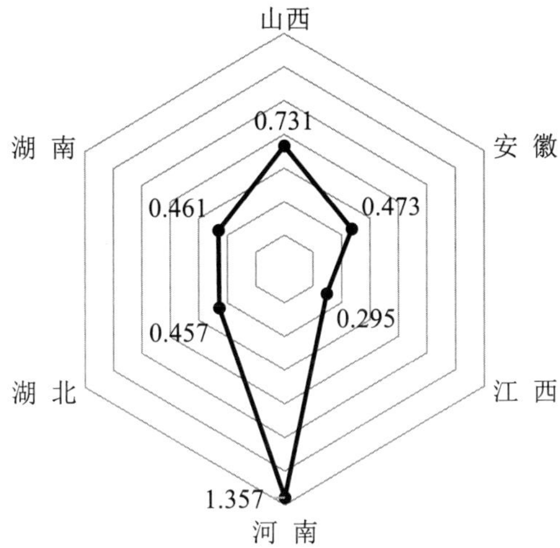

图 9.17　中部地区业务运营与投资效率雷达图

西部地区的业务运营与投资效率情况如图9.18所示，贵州省以1.711的评分在西部地区遥遥领先，表明贵州在业务运营和投资效率方面取得较大成就。贵州近年来在大数据产业和数字经济领域有了飞速发展，显著提升了整体的运营效率和投资吸引力。显著的业务运营与投资效率表现，与贵州在政策支持、产业创新及资源优化配置方面的成功密不可分，使其在西部地区中表现突出。重庆以0.682的评分位居第二，表现出较强的业务运营与投资能力。作为西部地区的重要经济中心，重庆通过加快产业转型升级，以及大力发展现代服务业和高新技术产业，显著提高了运营效率，也在区域经济协调发展中扮演了关键角色。

陕西、甘肃和青海的业务运营与投资效率评分分别为0.465、0.449和0.390，处于中等偏上水平，三个省(区、市)在业务运营与投资效率方面虽然不及贵州和重庆，但仍展现出一定的实力。陕西依托其丰富的历史文化资源和较强的工业基础，甘肃和青海则基于自然资源优势和生态环境进行产业布局，在数字经济领域具有一定的潜力。内蒙古、四川和云南的评分分别为0.374、0.346和0.369，表现出中等水平的业务运营与投资效率，三个省(区、市)在经济发展中面临基础设施相对薄弱、地理位置较为偏远等挑战，然而其在资源开发、生态保护及旅游业等方面的努力，使其在数字经济领域依然具备一定的竞争力。宁夏、广西和新疆的评分分别为0.334、0.275和0.227，处于较低水平，三个省(区、市)在业务运营与投资效率方面表现出一定不足，可能与其经济发展基础相对薄弱、创新能力有限及外部市场环境的制约有关。尤其是新疆评分最低，可能反映其在产业升级和数字经济发展中存在一定的困难。

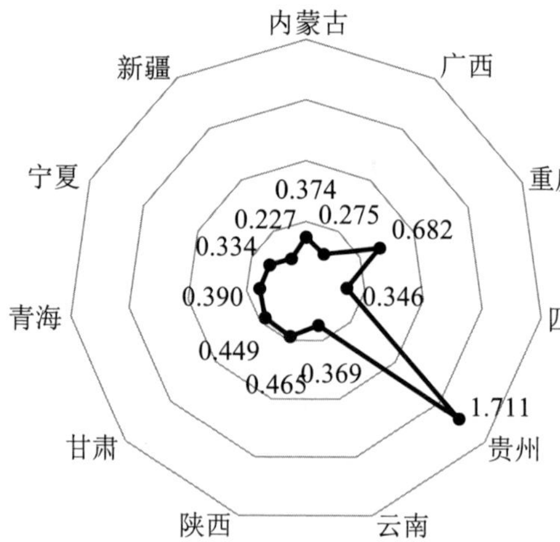

图 9.18　西部地区业务运营与投资效率雷达图

东北地区的业务运营与投资效率情况如图9.19所示，辽宁省以1.011的评分在东北地区遥遥领先，显示其在业务运营与投资效率方面的显著优势。辽宁作为东北地区的经济中心，拥有较为雄厚的工业基础和丰富的资源，为其数字产业的发展提供坚实基础。辽宁省近年来积极推动经济结构调整，大力发展新兴产业，提高了业务运营与投资效率，也表明辽宁在数字产业创新生态系统中的表现较为突出，能够有效地吸引和利用投资，推动产业升级。吉林省的评分为0.579，处于中等水平。吉林省虽然在传统工业上有一定优势，但与辽宁相比，其业务运营与投资效率还有一定差距。吉林在转型升级过程中面临一些挑战，如产业结构相对单一、创新能力有待提升。中等的效率水平反映了吉林省数字产业创新生态系统处于一个稳步发展的阶段，但仍需要进一步努力以提高其竞争力。

黑龙江省的业务运营与投资效率评分为0.431，为东北三省中最低，表明黑龙江在业务运营与投资效率方面面临较大挑战。黑龙江的经济结构以重工业和资源型产业为主，传统产业结构可能制约其在数字经济领域的发展。此外，黑龙江的地理位置和人口流失问题也可能对其投资吸引力和业务运营效率产生不利影响。较低的业务运营与投资效率水平表明，黑龙江需要在政策支持、创新能力提升和产业转型方面投入更多资源，以提高数字产业的表现。

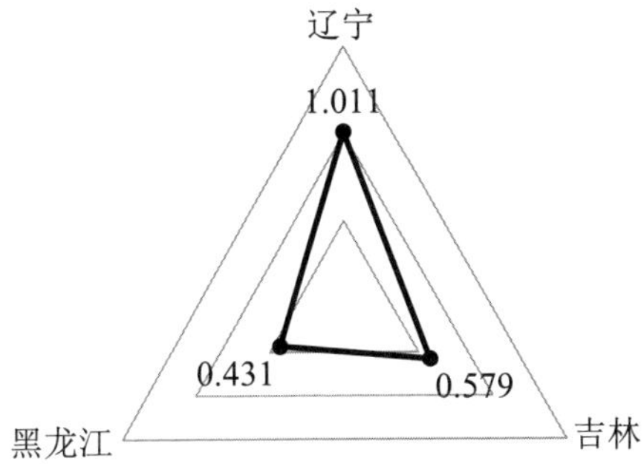

图 9.19　东北地区业务运营与投资效率雷达图

四大地区的业务运营与投资效率情况如图9.20所示，东北地区的业务运营与投资效率评分为0.539，在四大地区中排名最高。尽管东北地区整体经济面临转型挑战，历史上重工业基础较为厚重，但近年来，通过积极的产业结构调整和政策支持，东北地区在数字产业创新生态系统的建设上取得了较大的进展。较高的业务运营与投资效率反映该地区在吸引投资、优化业务运营及推动产业升级方面的成功实践。中部地区的评分为0.519，略低于东北地区，处于第二位。中部地区在地理位置和资源禀赋上具有一定优势，近年来随着区域经济一体化和产业转移的推进，中部地区逐渐发展成为我国经济发展的新增长极。较高的业务运营与投资效率说明该地区在承接产业转移、优化资源配置和提升产业附加值方面取得显著成效。

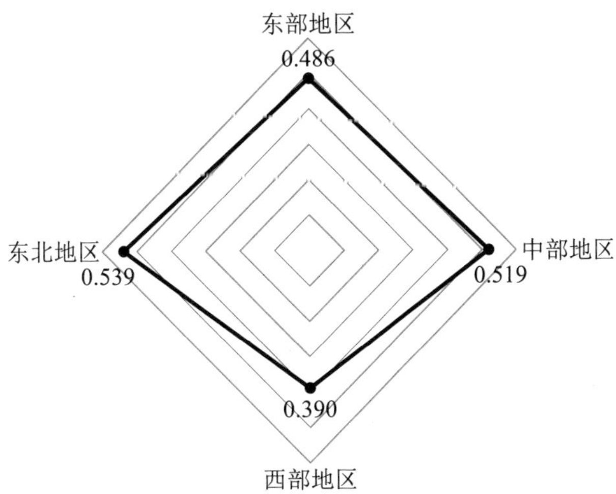

图 9.20　四大地区业务运营与投资效率雷达图

东部地区的评分为0.486，比中部和东北地区略低。东部地区作为我国经济最发达的区域，长期以来依托其强大的经济基础和开放政策，业务运营与投资效率本应较高。实际评分结果可能反映东部地区面临资源瓶颈、土地成本上升、产业升级压力等挑战，业务运营与投资效率受到一定影响。东部地区需要在继续保持其经济优势的同时，探索新的增长点，进一步提升数字产业的运行效率。西部地区的评分为0.390，为四大地区中最低。西部地区由于地理位置偏远、基础设施相对落后，业务运营与投资效率受到一定制约。近年来，尽管国家对西部地区的扶持力度不断加大，基础设施和营商环境有所改善，但西部地区在数字产业中的表现依然落后于其他地区。未来西部地区需要进一步加大政策支持和资源投入，提升其在全国范围内的竞争力和创新能力。

综上所述，我国四大地区在业务运营与投资效率上表现出明显的差异。东北地区凭借其在转型中的积极作为，位居首位；中部地区依托其地理优势和资源禀赋，保持稳健发展；东部地区尽管整体经济发达，但在产业升级压力下，效率略有下降；西部地区由于基础条件限制，效率较为落后。各地区需要根据自身实际情况，制定和实施有针对性的策略，进一步优化业务运营与投资效率，推动数字产业创新生态系统的协调发展。

9.3　数字产业创新生态系统运行效率评价结果

9.3.1　东部地区系统运行效率评价结果

中国东部地区数字产业创新生态系统运行效率评价结果如表9.1所示，由表中数据可知，北京的运行效率得分为0.606，在东部地区中表现最为优异。这表明北京在数字产业创新生态系统建设方面具有显著的优势，可能得益于其强大的科技创新能力、完善的基础设施及集聚效应。上海的运行效率得分为0.556，紧随北京之后。作为中国的经济中心，上海的数字产业创新生态系统具有较高的运行效率，表明其在推动产业创新和数字化转型方面具有较强的竞争力。相比之下，山东和海南的运行效率得分分别为0.335和0.375，处于中等水平，尽管山东和海南两个省(区、市)的得分低于北京和上海，但其数字产业创新生态系统仍然有一定的竞争力，可能在特定领域或产业集群中表现较好。

表9.1 东部地区数字产业创新生态系统运行效率

区域	生产制造与服务效率	资源配置与利用效率	经济效益与市场效率	业务运营与投资效率	系统运行效率
东部地区	0.569	0.651	0.807	0.486	0.187
北 京	1.000	1.011	1.169	1.150	0.606
天 津	0.702	0.674	1.022	0.393	0.278
河 北	0.420	0.910	0.632	0.568	0.204
上 海	0.596	1.051	1.139	1.191	0.556
江 苏	0.557	0.675	0.849	0.308	0.182
浙 江	1.041	0.623	0.777	0.370	0.218
福 建	0.550	0.718	0.740	1.202	0.290
山 东	0.509	0.789	1.018	0.699	0.335
广 东	0.660	0.666	1.011	0.509	0.283
海 南	1.103	1.007	0.873	0.234	0.375

其他省(区、市)如福建(0.290)、广东(0.283)、天津(0.278)和浙江(0.218)的得分略低，表明四个省(区、市)在数字产业创新生态系统建设方面可能面临更多的挑战。尽管四个省(区、市)在数字产业方面也有一定的发展基础，但与北京和上海相比，仍需要在创新能力、政策支持和基础设施建设等方面进一步提升。河北(0.204)和江苏(0.182)的得分最低，反映两个省(区、市)在数字产业创新生态系统发展方面存在较大的提升空间，可能原因包括产业结构较为传统、数字基础设施不够完善及创新资源较为分散等。

9.3.2 中部地区系统运行效率评价结果

中国中部地区数字产业创新生态系统运行效率评价结果如表9.2所示，由表中数据可知，河南的运行效率得分为0.511，是中部地区得分最高的省份。河南的高得分表明其在数字产业创新生态系统的建设中表现较为突出，也说明河南省可能在数字基础设施、政策支持及产业集群效应方面具有较强优势，从而推动整体效率的提升。安徽(0.287)、湖南(0.266)和江西(0.255)的运行效率得分较为接近，均处于中等水平。尽管三个省(区、市)的得分低于河南，但其数字产业创新生态系统仍展现出一定的竞争力，可能的原因包括这些省(区、市)在特定产业领域的较强表现，以及逐步完善的创新体系和政策支持。

表9.2　中部地区数字产业创新生态系统运行效率

区域	生产制造与服务效率	资源配置与利用效率	经济效益与市场效率	业务运营与投资效率	系统运行效率
中部地区	0.538	0.803	0.685	0.519	0.196
山 西	0.512	0.799	0.604	0.731	0.193
安 徽	0.591	1.012	0.733	0.473	0.287
江 西	0.668	1.041	0.661	0.295	0.255
河 南	0.495	1.080	0.959	1.357	0.511
湖 北	0.501	0.704	0.585	0.457	0.111
湖 南	0.509	1.032	0.694	0.461	0.266

山西的得分为0.193，略低于上述几个省(区、市)，表明山西的数字产业创新生态系统面临更多挑战。山西的传统产业结构可能限制了其数字经济的发展，创新资源的不足和数字基础设施的相对薄弱可能是得分较低的原因。湖北得分为0.111，是中部地区得分最低的省(区、市)。湖北的低得分可能与其数字产业创新生态系统的发展相对滞后有关，可能面临技术创新能力的不足、数字产业的布局不合理及产业转型升级的压力较大等挑战。中部地区的数字产业创新生态系统运行效率存在显著的地区差异。河南省表现最佳，显示出较强的创新生态系统运行能力，而湖北和山西的得分较低，说明具有较大的提升空间。

9.3.3　西部地区系统运行效率评价结果

中国西部地区数字产业创新生态系统运行效率评价结果如表9.3所示，由表中数据可知，青海的运行效率得分为0.666，是中部地区得分最高的省(区、市)。青海在数字产业创新生态系统方面表现出色，可能得益于其相对集中的产业结构、特定领域的技术优势及较强的政策扶持，同样显示出青海在推动数字经济创新和提升产业运行效率方面的显著成就。贵州的得分为0.412，也表现出较为突出的运行效率。贵州近年来在数字经济领域的快速发展和大数据产业的崛起，使其在创新生态系统的建设中取得显著进展。

表9.3　西部地区数字产业创新生态系统运行效率

区域	生产制造与服务效率	资源配置与利用效率	经济效益与市场效率	业务运营与投资效率	系统运行效率
西部地区	0.557	0.841	0.657	0.390	0.182
内蒙古	0.371	0.761	0.549	0.374	0.086
广 西	0.510	1.008	0.682	0.275	0.226
重 庆	0.581	0.783	0.710	0.682	0.229
四 川	0.544	1.203	0.681	0.346	0.308
贵 州	0.666	0.885	0.662	1.711	0.412
云 南	0.556	1.022	0.735	0.369	0.271
陕 西	0.627	0.886	0.893	0.465	0.305
甘 肃	0.508	1.044	0.685	0.449	0.265
青 海	2.000	1.070	1.189	0.390	0.666
宁 夏	0.715	0.785	1.239	0.334	0.389
新 疆	0.457	1.152	0.787	0.227	0.299

宁夏和四川的得分分别为0.389和0.308，表明两个省(区、市)的数字产业创新生态系统具有一定的竞争力。四川可能依靠其广泛的产业基础和较为完善的创新体系提升了整体运行效率。陕西(0.305)、重庆(0.229)、广西(0.226)、云南(0.271)、新疆(0.299)和甘肃(0.265)的得分相对接近，表明以上几个省(区、市)的数字产业创新生态系统处于中等水平。以上省(区、市)整体表现较为平均，仍需要在政策引导、技术创新和产业集聚方面进一步努力。内蒙古的得分为0.086，是中部地区得分最低的省(区、市)，反映内蒙古在数字产业创新生态系统建设中面临较大挑战，可能的原因包括产业结构较为传统、数字基础设施相对薄弱及创新资源较为分散等。

9.3.4　东北地区系统运行效率评价结果

中国东北地区数字产业创新生态系统运行效率评价结果如表9.4所示，由表中数据可知，吉林的运行效率得分为0.312，是东北地区得分最高的省(区、市)，表明吉林数字产业创新生态系统的建设具有相对较强的竞争力，同样说明吉林省在大数据、人工智能等新兴技术领域取得显著进展，为其数字经济的高效运行提供了有力支撑。黑龙江的得分为0.305，略低于吉林，但仍然表现出较高的运行效率。黑龙江可能依托其丰富的资源和较为成熟的工业基础，在数字经济的某些领域表现出色。尽管得分稍低于吉林，但黑龙江数字产业创新生态系统的表现依然值得肯定。相比之下，辽宁的得分为0.217，在东北地区中得分最低。辽宁的低得分反映其在数字产业创新生态系统建设中存在一定的困难，可能的原因包括传统产业占比过高、创新能力相对不足，以及在数字基础设施建设方面存在一定的短板等。

表9.4 东北地区数字产业创新生态系统运行效率

区域	生产制造与服务效率	资源配置与利用效率	经济效益与市场效率	业务运营与投资效率	系统运行效率
东北地区	0.424	0.731	0.654	1.011	0.163
辽 宁	0.441	1.118	0.718	0.579	0.217
吉 林	0.293	1.413	0.536	0.431	0.312
黑龙江	0.558	0.704	0.685	0.434	0.305

9.3.5 四大地区系统运行效率评价结果

中国四大地区数字产业创新生态系统运行效率评价结果如表9.5所示，由表中数据可知，中部地区的运行效率得分为0.196，是四大地区中得分最高的区域，表明中部地区的数字产业创新生态系统具有较强的竞争力。中部地区可能在政策支持、资源整合及产业集群效应等方面表现突出，从而推动数字产业的高效运行。东部地区的得分为0.187，略低于中部地区。东部地区作为我国经济最发达的区域之一，其数字经济基础设施相对完善，创新资源丰富。然而，由于东部地区数字产业的发展已经达到较高水平，进一步提升运行效率可能面临边际效应递减的挑战。

西部地区的得分为0.182，与东部地区相差不大，表明西部地区在数字产业创新生态系统建设方面的表现也较为突出。西部地区近年来在数字经济领域投入较大，尤其是在基础设施建设和产业扶持政策方面，成效显著。东北地区的得分为0.163，是四大地区中得分最低的，反映东北地区在数字产业创新生态系统的建设中面临更多挑战。东北地区可能受到产业结构相对单一、创新能力不足及人口流失等问题的影响，从而限制了其数字产业创新生态系统的整体运行效率。

总体来看，四大地区的数字产业创新生态系统运行效率存在一定的地区差异。中部地区表现最为突出，而东北地区则有较大的提升空间。各大地区应根据自身的实际情况，制定相应的发展策略，进一步优化数字产业创新生态系统，推动区域经济的高质量发展。

表9.5　四大地区数字产业创新生态系统运行效率

区域	生产制造与服务效率	资源配置与利用效率	经济效益与市场效率	业务运营与投资效率	系统运行效率
东部地区	0.569	0.651	0.807	0.486	0.187
中部地区	0.538	0.803	0.685	0.519	0.196
西部地区	0.557	0.841	0.657	0.390	0.182
东北地区	0.424	0.731	0.654	1.011	0.163

9.4　数字产业创新生态系统运行效率区域差异分析

9.4.1　系统运行效率总体特征分析

中国数字产业创新生态系统运行效率如表9.6所示，从全国层面的数据来看，中国数字产业创新生态系统运行效率得分为0.152，显示全国范围内数字产业创新生态系统的整体运行效率仍处于相对较低的水平。虽然中国在数字经济领域取得显著进展，特别是在互联网基础设施、电子商务和数字金融等方面走在世界前列，但在产业创新生态系统的运行效率方面仍有显著提升空间。

表9.6　中国数字产业创新生态系统运行效率

区域	生产制造与服务效率	资源配置与利用效率	经济效益与市场效率	业务运营与投资效率	系统运行效率
东部地区	0.569	0.651	0.807	0.486	0.187
中部地区	0.538	0.803	0.685	0.519	0.196

(续表)

区域	生产制造与服务效率	资源配置与利用效率	经济效益与市场效率	业务运营与投资效率	系统运行效率
西部地区	0.557	0.841	0.657	0.390	0.182
东北地区	0.424	0.731	0.654	1.011	0.163
全国	0.558	0.704	0.685	0.434	0.152

全国范围内，生产制造与服务效率维度的得分为0.558，表明我国在数字经济领域的生产制造与服务效率已经取得一定进展。较高的生产制造与服务效率水平主要得益于中国制造业的数字化转型和服务业的互联网化。我国近年来大力推动“工业4.0”“智能制造”和“数字中国”等数字化战略，通过智能工厂、机器人应用和物联网等新技术提升生产制造效率。同时，服务业的数字化转型也在加速，电子商务、在线教育、远程医疗等数字服务的发展显著提升了服务业效率。生产制造与服务效率评价结果也表明，全国范围内生产制造与服务效率仍有进一步提升空间，特别是在传统制造业的数字化改造、供应链的智能化管理及服务业的高效协同方面，仍然面临许多挑战。未来需要通过加大技术研发投入、提升生产自动化水平、优化供应链管理等措施，进一步提升生产制造与服务的整体效率。

全国范围内，资源配置与利用效率维度的得分为0.704，为数字产业创新生态系统运行效率四个维度中最高分，反映我国在资源配置与利用方面已建立较大优势。这得益于我国政府部门及系统各创新主体，对数字基础设施的大规模投资和资源的高效配置，数字经济的相关资源(如宽带网络、数据中心、云计算平台等)得到了较为充分的利用。然而，资源配置与利用效率的提升仍然受到区域发展不平衡的制约。东部地区由于经济基础雄厚、数字基础设施完善，资源配置效率较高；而中部、西部及东北地区在资源配置与利用效率上仍存在较大差距。全国范围内需要进一步缩小区域间的差距，通过政策引导和资金扶持，推动中部、西部和东北地区的数字基础设施建设，提升薄弱地区的资源配置与利用效率。

全国范围内，经济效益与市场效率维度的得分为0.685，表明中国数字经济在创造经济效益和提升市场效率方面取得了较好成果。数字经济的发展极大地推动了市场高效运转，降低了交易成本，扩大了市场覆盖范围，在电子商务、数字支付和共享经济等领域表现尤为突出。经济效益与市场效率维度的评价结果也说明，市场效率的提升并不均衡，尽管部分大型互联网平台在市场上表现强劲，创造了巨大经济效益，但中小企业和传统行业在数字化转型过程中仍面临诸多挑战，导致市场效率提升在全国范围内仍不够理想。未来仍需要进一步推动数字技术在各行业的广泛应用，尤其是支持中小企业的数字化转型，提升其市场竞争力，从而进一步提高全国范围内的市场效率。

全国范围内，业务运营与投资效率维度的得分为0.434，表明在数字经济领域，业务运营与投资效率的提升仍然是亟待解决的问题。尽管我国在数字经济的多个领域投入了大量资源，但投资回报率和业务运营的效率却未能达到预期。业务运营与投资效率水平相对较低的根源在于多方面：首先，部分地区的投资过于集中于特定领域，如房地产或传统制造业，而对数字经济新兴领域的投入不足；其次，企业运营模式的数字化转型遇到阻力，尤其是在传统企业中，业务流程数字化改造往往面临技术和管理方面的挑战。未来需要重点提升业务运营与投资效率，相关政府部门应通过政策引导促进多元化投资，鼓励企业进行业务模式创新，推动业务流程的全面数字化升级。

9.4.2　各区域系统运行效率特征分析

1. 东部地区系统运行效率特征分析

在全国范围内，东部地区数字产业创新生态系统运行效率的表现相对优异，系统运行效率得分为0.187，位居全国第二，该结果与东部地区的经济发达程度和数字经济发展基础密切相关。

东部地区在生产制造与服务效率维度的得分为0.569，表明其在该领域的表现较为优异。作为中国经济最发达的地区，东部地区拥有全国最完善的制造业基础和服务业体系。数字技术在制造业中的广泛应用，智能制造、工业互联网及物联网技术的普及，显著提升了生产制造效率。服务业方面，东部地区依托发达的互联网基础设施，催生了大量的数字服务企业，涵盖金融科技、电子商务、文化娱乐、健康医疗等多个领域。新兴产业相关企业通过互联网平台高效地连接供需双方，极大提升了服务业运行效率。然而，尽管东部地区制造业和服务业效率较高，但仍然面临一些挑战，如传统制造业的升级压力依然存在，特别是在高端制造和核心技术领域，仍需要进一步增强技术创新能力。同时，服务业数字化进程不应局限于互联网平台经济，还需要向传统服务行业渗透，进一步提升服务业的整体效率。

东部地区在资源配置与利用效率维度的得分为0.651，虽然略低于中西部地区，但仍然表现良好。东部地区在资源配置上的优势得益于其发达的基础设施和优越的地理位置，国家在东部地区进行了大量基础设施投资，包括高速互联网、先进的数据中心和广泛的5G网络覆盖，为资源高效配置和利用提供坚实基础。然而，东部地区的资源配置也面临挑战，特别是在资源利用的可持续性和效率提升方面。随着数字经济的快速发展，东部地区对能源、数据存储和计算资源的需求不断增加，对资源高效配置提出更高要求。未来东部地区需要通过技术创新和政策引导，进一步提高资源利用效率，实现经济发展与资源可持续利用的平衡。

东部地区在经济效益与市场效率维度的得分为0.807，在四个维度中表现最突出，反映了东部地区强大的市场活力和经济效益。东部地区集中了大量高科技企业和创新型企业，不仅在国内市场上表现出色，而且在国际市场上占据重要位置。电子商务、金融科技、人工智能和大数据等领域的企业已成为引领市场效率提升的重要力量。然而，东部地区的市场效率提升也面临瓶颈：首先，市场竞争的激烈性和行业的集中度较高，可能导致部分领域的市场垄断和创新动力不足；其次，中小企业在市场中的生存和发展仍面临较大压力，一定程度上限制了市场效率进一步提升。未来需要完善市场监管机制，促进公平竞争，支持中小企业的发展，以进一步提升市场效率。

尽管东部地区在其他维度表现优异，但业务运营与投资效率维度的得分为0.486，仍处于较低水平，结果表明东部地区在业务运营与投资效率方面仍然存在显著不足。业务运营方面，尽管数字技术已广泛应用于企业管理和运营，但许多传统企业仍面临运营效率提升的瓶颈，特别是在供应链管理、生产流程优化和客户关系管理方面。投资方面，尽管东部地区的资本市场发达，但投资效率偏低的问题依然存在，部分投资项目的回报率不高，甚至出现资源浪费现象。未来东部地区需要通过推动企业数字化转型，优化投资结构，进一步提高整个地区的业务运营与投资效率。

2. 中部地区系统运行效率特征分析

在全国范围内，中部地区数字产业创新生态系统运行效率的表现最为突出，系统运行效率得分为0.196，位居全国第一。中部地区在多个维度表现均衡，显示出较强的综合竞争力。

中部地区在生产制造与服务效率维度的得分为0.538，虽略低于东部地区，但仍然表现良好。中部地区拥有丰富的资源和坚实的制造业基础，是中国重要的工业基地。随着国家对中部地区的战略支持力度加大，智能制造和工业互联网在中部地区得到广泛应用，显著提升了生产制造效率。在服务业方面，中部地区的数字化转型正在加速。尽管相比东部地区，中部地区服务业数字化进程起步较晚，但随着电子商务、在线教育和远程医疗等数字服务的快速发展，中部地区的服务效率正在稳步提升。中部地区的服务业数字化水平仍有待提高，特别是在传统服务行业的数字化改造方面，仍需要进一步加强。

中部地区在资源配置与利用效率维度的得分为0.803，表现尤为突出，在四个维度中表现最为突出，表明中部地区在资源配置与利用方面具有明显优势，特别是在国家政策的支持下，中部地区的数字基础设施建设得到显著提升，资源配置效率大幅提高。中部地区资源配置效率高，得益于其得天独厚的地理位置和交通优势，使得资源流动性和利用率较高。此外，中部地区的能源和土地资源相对丰富，也为资源的高效利用提供了有利条件。未来中部地区应继续发挥资源优势，通过优化资源配置，提升资源利用效率，推动区域经济的可持续发展。

中部地区在经济效益与市场效率维度的得分为0.685，与全国平均水平一致，表明中部地区的经济效益与市场效率处于全国中上水平。中部地区近年来积极吸引外资和推进产业结构升级，显著提升了经济效益与市场效率。然而，中部地区的市场效率提升仍然面临一些挑战。首先，产业结构仍需要进一步优化，特别是高科技产业的比重较低，市场竞争力有待提升；其次，市场开放度较低，一定程度上限制了区域经济的发展潜力。未来中部地区应加大高科技产业的发展力度，提升市场竞争力，同时优化市场环境和政策支持，促进区域经济的高效运作。

中部地区在业务运营与投资效率维度的得分为0.519，是四大地区中得分最高的地区，表明中部地区在业务运营与投资效率方面表现优异。中部地区积极响应国家政策，推进企业数字化转型，通过引入先进的管理理念和运营模式，显著提升企业运营效率。同时，政府发挥积极投资引导和扶持方面的作用，推动区域内投资效率提升。尽管如此，中部地区的业务运营与投资效率仍有提升空间，特别是中小企业的运营效率方面，需要政府提供更多政策支持和技术服务，帮助中小企业提升数字化水平，提高运营效率。此外，在投资领域，需要进一步优化投资结构，提升投资回报率，实现区域内经济的高效增长。

3. 西部地区系统运行效率特征分析

在全国范围内，西部地区数字产业创新生态系统运行效率的表现相对较弱，系统运行效率得分为0.182，位居全国第三，与西部地区的经济发展水平和数字基础设施建设相对落后密切相关。

西部地区在生产制造与服务效率维度的得分为0.557，表现中等。西部地区地广人稀，制造业基础相对薄弱，但在国家政策的支持下，西部地区积极推进制造业的数字化转型，较大地提升了生产制造的效率。服务业方面，西部地区数字化进程较为缓慢，但随着政府和企业的共同努力，效率正在逐步提升。特别是在旅游、物流和能源服务等领域，西部地区利用其独特的地理和资源优势，推动数字服务业的发展。然而，西部地区的服务业数字化水平仍有待提高，特别是在高端服务业和信息技术服务领域，仍需要进一步加强。

西部地区在资源配置与利用效率维度的得分为0.841，是四大地区中得分最高的地区，表明西部地区在资源配置与利用方面具有显著优势，特别是在能源和土地资源的利用上，西部地区表现突出。西部地区的资源配置效率高，主要得益于其丰富的自然资源和相对较低的资源竞争压力。特别是在能源领域，西部地区拥有丰富的太阳能、风能和水资源，为数字经济的发展提供了充足的能源保障。西部地区未来应继续发挥自身资源优势，通过技术创新和管理优化，进一步提升资源利用效率，实现经济的可持续发展。

西部地区在经济效益与市场效率维度的得分为0.657，表现相对一般，表明西部地区在经济效益与市场效率方面仍存在较大提升空间。由于经济发展水平相对较低，西部地区的市场活力和经济效益受限，尤其是在高科技产业和现代服务业方面，市场效率有待提高。西部地区未来应加大产业结构调整力度，促进传统产业升级换代，提升市场竞争力。此外，通过吸引外资和技术引进，推动高科技产业的发展，提升市场效率和经济效益，从而增强区域经济的竞争力。

西部地区在业务运营与投资效率维度的得分为0.390，是四大地区中最低的，表明西部地区在业务运营与投资效率方面仍然面临严峻挑战。尽管政府在投资引导和基础设施建设方面做出了大量努力，但由于地理位置偏远和经济基础薄弱，西部地区业务运营效率较低，投资回报率偏低。西部地区未来应进一步优化投资环境，提升企业的业务运营效率，特别是在中小企业的数字化转型方面，加强政策支持和技术服务。同时，加大对新兴产业的投资，提升投资效率，实现区域内经济的高质量发展。

4. 东北地区系统运行效率特征分析

在全国范围内，东北地区数字产业创新生态系统运行效率的表现欠佳，系统运行效率得分为0.163，位居全国末位，与东北地区近年来经济发展相对滞后和产业结构调整缓慢密切相关。

东北地区在生产制造与服务效率维度的得分为0.471，是四大地区中得分最低的地区，反映了东北地区在生产制造与服务效率方面存在不足。作为中国的传统工业基地，东北地区的制造业虽然基础雄厚，但由于产业结构老化和技术创新不足，制造业效率相对较低。服务业方面，东北地区的数字化进程较为缓慢，特别是在高端服务业和信息技术服务领域，与东部地区相比，发展相对滞后，导致整体服务效率较低。东北地区未来需要加大产业结构调整力度，推动制造业的数字化升级，提升服务业的数字化水平，进而提高生产制造与服务效率。

东北地区在资源配置与利用效率维度的得分为0.824，表现较好，表明东北地区在资源配置与利用方面仍具有一定优势，特别是在土地和能源资源的利用上，表现相对较好。然而，东北地区的资源配置效率提升仍面临挑战。由于人口流失和经济发展滞后，资源的高效利用受到一定制约。此外，部分传统产业的资源利用效率较低，导致资源浪费现象较为严重。东北地区未来应通过优化资源配置结构，提升资源利用效率，推动经济的可持续发展。

东北地区在经济效益与市场效率维度的得分为0.595，得分相对较低，表明东北地区在经济效益与市场效率方面仍存在较大提升空间。由于经济结构单一，市场活力不足，东北地区的市场效率相对较低，特别是在高科技产业和现代服务业方面，市场竞争力不强。东北地区未来应通过加大产业结构调整力度，促进传统产业升级换代，提升市场竞争力。此外，还应大力吸引外资和加强技术引进，推动高科技产业的发展，提升经济效益与市场效率，从而增强区域经济的竞争力。

东北地区在业务运营与投资效率维度的得分为0.539，在四个维度中得分最高，但仍未达到理想水平，表明尽管东北地区在业务运营与投资效率方面有所提升，但整体效率仍有待提高。东北地区未来应通过进一步优化投资环境，提升企业业务运营效率，特别是在中小企业的数字化转型方面，加强政策支持和技术服务。同时，通过加大对新兴产业的投资，提升投资效率，实现区域内经济的高质量发展。

综上所述，中国四大地区数字产业创新生态系统运行效率存在显著差异。中部地区在整体运行效率上表现最佳，东部地区在经济效益与市场效率方面领先，而西部和东北地区则在资源配置与利用方面具有优势。整体来看，全国各区域在业务运营与投资效率方面仍存在较大提升空间。各地区未来应根据自身的优势和不足，采取有针对性的措施，提升整体运行效率，促进数字经济的进一步发展。

9.4.3 系统运行效率区域差异特征分析

1. 东部地区的数字产业创新生态系统运行效率特征

(1) 经济发展基础雄厚，市场效率领先。东部地区是中国经济最发达的区域，拥有丰富的资本和完善的市场机制。凭借强大的经济基础，东部地区在数字经济领域的投入和产出效率较高。具体而言，东部地区的经济效益与市场效率得分为0.807，是四大地区中得分最高的地区，表明东部地区在利用数字技术提升经济效益与市场效率方面具有显著优势。东部地区集中了大量的高科技企业和创新型企业，此类高科技企业不仅在国内市场表现优异，而且在全球市场上占据一定份额。数字金融、电子商务和人工智能等领域的企业在市场效率提升中发挥了关键作用。此外，东部地区的资本市场发达，为数字经济的快速发展提供了充足的资金支持。

(2) 制造业与服务业数字化转型深入。东部地区的生产制造与服务效率得分为0.569，显示出其在生产制造与服务方面的数字化转型效果显著。制造业方面，东部地区通过推动智能制造和工业互联网建设，较大程度地提升了生产效率。特别是在汽车、电子、家电等高技术含量的制造业领域，数字技术的应用极大地优化了生产流程和供应链管理。东部地区凭借发达的互联网基础设施和消费者市场，数字服务业发展迅猛，电子商务、互联网金融、在线教育等领域的数字化水平处于全国领先地位。尽管东部地区制造业和服务业数字化转型效果显著，但传统行业的升级改造仍面临一定的挑战，特别是在高端制造领域，需要进一步提高核心技术的自主创新能力。

(3) 资源配置效率相对均衡，但面临可持续性方面的挑战。东部地区资源配置与利用效率得分为0.651，略低于中部、西部地区，表现良好。东部地区在数字基础设施上的投入显著，拥有全国最为密集的光纤网络和数据中心布局，为资源的高效配置与利用提供有力保障。然而，由于经济活动密集，东部地区在资源利用的可持续性方面面临挑战。能源需求的快速增长、环境压力的加大，使得东部地区在提升资源配置效率的同时，还需要注重资源的可持续利用。

(4) 业务运营与投资效率存在提升空间。尽管东部地区在其他维度表现优异，但在业务运营与投资效率方面得分相对较低，仅为0.486，表明东部地区在资源投入后的实际产出效益，以及企业运营效率方面仍存在提升空间。部分原因在于东部地区的传统企业在数字化转型过程中，面临组织结构调整、技术整合等复杂挑战。此外，投资结构的多元化和合理化需要进一步提升，以确保投资的高效回报和资源的有效配置。

2. 中部地区的数字产业创新生态系统运行效率特征

(1) 资源配置效率领先，经济效益稳步提升。中部地区在资源配置与利用效率维度的得分为0.803，是全国最高的区域，表明中部地区在资源配置与利用方面具有显著优势，特别是在基础设施建设和资源的有效利用方面。中部地区的地理位置优越，交通网络发达，使得资源的流通和配置效率较高。同时，中部地区丰富的自然资源和相对较低的土地成本，为资源的高效配置提供了有利条件。在经济效益与市场效率方面，中部地区的得分为0.685，虽不如东部地区，但仍处于全国中上水平。中部地区近年来通过优化产业结构和加大对高技术产业的投入，显著提升了经济效益与市场效率。中部地区的制造业基础雄厚，通过引入先进技术和管理模式，逐步实现产业升级和市场效率提高。

(2) 制造业数字化转型较快，但服务业数字化起步较晚。中部地区的生产制造与服务效率得分为0.538，显示出该地区在制造业数字化转型方面取得了一定进展。作为中国重要的工业基地，中部地区的制造业在国家政策支持下，积极推进数字化转型，特别是在智能制造和工业互联网方面，取得显著成效。然而，中部地区的服务业数字化转型相对滞后。尽管电子商务、远程医疗等领域的发展速度较快，但整体服务业的数字化水平仍有较大提升空间。传统服务业的数字化转型尚未全面展开，特别是在中小企业和传统服务业中，数字技术的应用还处于初级阶段。因此，中部地区需要在服务业的数字化改造上投入更多资源和精力，以实现全面的产业升级。

(3) 业务运营与投资效率相对较高。中部地区在业务运营与投资效率维度的得分为0.519，为全国最高，表明中部地区在企业的业务运营与投资效率方面表现较好。中部地区近年来积极推进企业数字化转型，通过引入先进管理理念和运营模式，显著提升企业运营效率。此外，地方政府在投资引导和政策扶持方面也发挥积极作用，推动区域内的投资效率提升。尽管如此，中部地区的投资回报率仍有进一步提升的空间，特别是在创新型企业和高科技产业的投资中，需要加强对风险的控制和对回报的评估，以实现更高效的资本利用和更高的投资回报。

3. 西部地区的数字产业创新生态系统运行效率特征

(1) 资源配置效率优势显著，但市场效率较低。西部地区的资源配置与利用效率得分为0.841，为全国最高，显示出西部地区在资源配置与利用方面具有独特的优势。西部地区拥有丰富的自然资源，如能源和矿产资源，为数字经济的发展提供了坚实基础，特别是太阳能、风能和水资源的利用，使得西部地区在绿色能源方面具有显著优势。然而，西部地区的经济效益与市场效率得分仅为0.657，相对较低，表明西部地区在利用资源提升经济效益与市场效率方面仍面临挑战。西部地区的市场活力不足，市场竞争力相对较弱，特别是在高科技产业和现代服务业领域，市场效率有待提高。西部地区应进一步优化产业结构，提升市场开放度，吸引更多外资和技术资源，推动市场高效运作。

(2) 制造业与服务业基础较弱，数字化转型进程缓慢。西部地区的生产制造与服务效率得分为0.557，表明该地区的制造业和服务业数字化转型较为缓慢。尽管西部地区在国家政策的支持下，积极推进制造业的数字化改造，但由于基础较弱，整体效率提升有限。西部地区的制造业以传统行业为主，技术水平相对落后，产业升级的难度较大。服务业方面，西部地区的数字化水平较低，特别是在高端服务业和信息技术服务领域，发展滞后，导致整体服务效率较低，难以满足数字经济发展的需求。西部地区未来需要加大对制造业和服务业的数字化投入，推动产业结构升级，提高整体经济效益。

(3) 业务运营与投资效率偏低。西部地区的业务运营与投资效率得分为0.390，为全国最低，表明西部地区在企业运营与投资效率方面存在显著不足。尽管政府在基础设施建设和投资引导方面做出了大量努力，但由于地理位置偏远、经济基础薄弱，西部地区的企业运营效率较低，投资回报率偏低。西部地区未来需要优化投资环境，提升企业的业务运营效率，特别是在中小企业的数字化转型方面，加强政策支持和技术服务。同时，加大对新兴产业的投资，提升投资效率，实现区域内经济的高质量发展。

4. 东北地区的数字产业创新生态系统运行效率特征

(1) 传统工业基础雄厚，资源配置效率较高。东北地区的资源配置与利用效率得分为0.824，显示出该地区在资源配置与利用方面的优势。作为中国的传统工业基地，东北地区拥有丰富的工业资源和较为完备的工业体系。特别是在土地和能源资源的利用方面，东北地区表现较为出色。然而，东北地区的经济效益与市场效率得分为0.595，水平较低，表明东北地区在利用资源提升经济效益与市场效率方面存在不足。由于产业结构单一、市场活力不足，东北地区的市场效率较低，特别是在高科技产业和现代服务业领域，市场竞争力不强。

(2) 产业结构老化，数字化转型难度大。东北地区的生产制造与服务效率得分为0.471，为四大地区中最低，表明东北地区在生产制造与服务效率方面面临严峻挑战。尽管东北地区的制造业基础雄厚，但由于产业结构老化、技术创新不足，制造业效率相对较低。传统产业数字化转型难度较大，导致整体生产效率难以提升。服务业方面，东北地区的数字化进程较为缓慢，特别是在高端服务业和信息技术服务领域，发展滞后，导致整体服务效率较低，难以满足数字经济发展的需求。东北地区未来需要加大产业结构调整力度，推动制造业的数字化升级，提升服务业的数字化水平，进而提高整体经济效益。

(3) 业务运营与投资效率有待提高。东北地区的业务运营与投资效率得分为0.539，尽管是该地区得分最高的维度，但仍未达到理想水平，表明东北地区在企业的业务运营与投资效率方面仍有待提高。东北地区未来应进一步优化投资环境，提升企业的业务运营效率，特别是在中小企业的数字化转型方面，加强政策支持和技术服务。同时，加大对新兴产业的投资，提升投资效率，实现区域内经济的高质量发展。

中国数字产业创新生态系统运行效率的区域差异，反映了各地区在经济发展、产业结构、资源禀赋和政策支持等方面的显著不同。东部地区凭借其雄厚的经济基础和完善的市场机制，在数字经济发展中处于领先地位。然而，其资源利用的可持续性和业务运营效率仍需要进一步提升。中部地区在资源配置与利用方面表现突出，显示出较强的综合竞争力，但服务业数字化水平有待提高。西部地区虽然在资源配置效率上具有优势，但市场效率和业务运营效率较低，需要加大产业结构调整力度。东北地区面临产业结构老化、市场效率低下的挑战，亟须推动产业升级和数字化转型。

针对区域差异，中国在推动数字经济发展的过程中，应根据各地区具体特点采取差异化的政策与措施。东部地区应进一步优化资源利用和投资效率，推动高端制造业和服务业的数字化升级。中部地区应加快服务业的数字化进程，提升整体产业效率。西部地区应加强对新兴产业的投资，提升市场效率和企业运营效率。东北地区应加大产业结构调整力度，推动传统工业的数字化转型，提升区域经济的竞争力。通过采取有针对性的措施，进一步缩小区域差异，提升全国数字产业创新生态系统的整体运行效率。

9.5 本章小结

本章通过实证分析，全面评估数字产业创新生态系统的运行效率，并揭示了各区域在系统运行效率上的差异特征，为理解系统运行状态提供数据支持和理论依据。一方面，研究通过详细的评价设计和多维度的数据分析，确保评价结果的科学性和可靠性，研究表明生产制造与服务效率、资源配置与利用效率、经济效益与市场效率、业务运营与投资效率等维度的评估，能够全面反映系统的运行状态和整体效能；另一方面，区域差异分析部分，研究揭示东部、中部、西部和东北等区域系统运行效率的差异，研究发现东部地区由于具备优越的基础设施、雄厚的资本和丰富的人才资源，系统运行效率明显优于其他区域，而中部、西部和东北地区则在资源配置、技术水平和市场条件方面存在不同程度的不足。

第 10 章　数字产业创新生态系统运行效率提升策略与运行实施保障

本章聚焦于通过策略制定和实施保障，提升数字产业创新生态系统的运行效率。随着数字经济的快速发展，提升核心产业创新生态系统的运行效率已经成为产业界和政策制定者的共识。本章在对系统结构、共生机制和运行效率进行详细分析的基础上，针对各地区数字产业创新生态系统运行效率的特征，有针对性地提出提升系统运行效率的策略，并探讨相应的实施保障措施。

10.1　数字产业创新生态系统运行效率提升策略

10.1.1　推进智能制造升级

1. 东部地区

作为中国经济最发达的区域，东部地区在智能制造领域已初步奠定领先地位，成为全国制造业转型升级的重要引擎。然而，面对全球制造业竞争格局日益复杂和技术创新不断加速的现状，东部地区需要进一步巩固并扩大自身优势，通过高端化、智能化升级，推动制造业迈向更高技术水平。首先，东部地区应着力推动核心技术的自主创新，特别是在智能装备、工业机器人、自动化控制系统等关键领域，加大研发投入，推动技术突破，提升制造业的技术含量与生产效率，核心技术的创新突破不仅有助于增强企业的核心竞争力，还能帮助企业在全球市场中占据更大份额；其次，东部地区应注重产业链上下游的协同创新，通过引入和应用数字化工具，优化供应链管理，实现产业链各环节的无缝对接和高效运作。协同创新效应将极大提升制造业整体运营效率，降低生产成本，提高产品质量，从而为东部地区制造业的可持续发展奠定坚实基础。此外，东部地区应积极推动制造业与新兴技术的深度融合，探索人工智能、大数据、物联网等技术在制造业中的应用场景，打造全球领先的智能制造生态系统。

2. 中部地区

中部地区以其坚实的制造业基础和丰富的资源禀赋，在我国经济版图中占据重要地位。相较于东部地区，中部地区在智能制造领域的应用尚不够广泛，限制了其在全球价值链中的竞争力。为了实现制造业的提质增效，中部地区应充分抓住国家中部崛起战略的历史机遇，加速推进传统制造业的智能化改造。特别是在装备制造、汽车制造、食品加工等优势产业领域，中部地区应大力引入和应用智能制造技术，提升生产效率，优化产品质量，缩短生产周期，降低生产成本。中部地区应引进先进的工业互联网平台和智能工厂解决方案，推动企业实现生产过程的全面数字化、网络化和智能化，提升企业的市场响应速度和生产灵活性。此外，中部地区还应积极推动本地企业与国内外科技企业、高校和科研机构的合作，开展联合研发和技术攻关，构建区域创新体系，从而为中部地区制造业的高质量发展注入强劲动力。

3. 西部地区

西部地区虽然制造业基础相对薄弱，在国家“一带一路”倡议的推进下，西部地区正迎来制造业发展的新契机。面对历史性机遇，西部地区应将制造业数字化转型作为区域经济发展的突破口，特别是在能源、化工、冶金等传统产业领域，通过智能制造技术的引入，实现生产流程的优化和效率的显著提升。具体来说，西部地区应着力引进和推广先进的智能装备、自动化生产线和工业互联网平台，推动传统制造业向智能化方向迈进。在能源领域，西部地区应加大智能化技术的应用力度，实现能源生产与管理的精准控制和高效利用；在化工和冶金领域，通过智能制造技术的引入，显著提升资源利用效率，减少环境污染，推动产业的绿色发展。同时，西部地区应加强与东部地区的合作，通过学习和借鉴东部地区智能制造的成功经验，缩短自身发展周期，加快制造业的现代化进程。此外，西部地区还应注重培养和引进智能制造领域的高端技术人才，为区域制造业的可持续发展提供智力支持。

4. 东北地区

作为中国曾经的重工业基地，东北地区过去积累了丰富的工业经验和雄厚的产业基础，近年来面临产业结构老化、技术创新不足等挑战，在一定程度上削弱了区域制造业竞争力。为了重振东北制造业，东北地区必须加大智能制造技术的应用力度，推动传统重工业的数字化和智能化转型。首先，东北地区应引进智能装备、自动化生产线和工业互联网平台，全面优化生产流程，实现生产过程的精准控制和高效运作，以提升生产效率和产品质量，降低生产成本。特别是在钢铁、化工、机械制造等传统支柱产业，智能制造技术的应用将为这些行业带来质的飞跃，提升其在国内外市场中的竞争力。其次，东北地区应加强与中部和东部地区的技术合作，通过引进先进的智能制造技术和管理经验，推动本地制造业的转型升级。此外，东北地区还应注重智能制造领域人才的培养和引进，构建完善的区域创新体系和产业生态，为制造业的可持续发展提供强有力的技术支撑和智力保障。通过这些措施，东北地区将能够重新焕发制造业的活力，成为我国重要的智能制造基地。

10.1.2　加速服务业数字化转型

1. 东部地区

东部地区的服务业在数字化转型方面已取得显著成就，尤其是在金融科技、电子商务和物流服务等领域，已然走在全国乃至全球的前列，形成了具有较强国际竞争力的产业集群。然而，面对全球数字经济的快速发展和新兴技术的不断涌现，东部地区的服务业数字化仍需要进一步深化与拓展。东部地区未来应着力推动服务业在更广泛的领域实现数字化转型，特别是在健康医疗、教育培训和文化娱乐等与民生密切相关的领域。通过大数据、人工智能、区块链等先进技术的应用，东部地区应实现医疗服务的智能化管理、教育资源的个性化推送及文化娱乐产业的数字化创新，从而进一步提升服务业的质量和效率。同时，东部地区应充分发挥其在数字经济方面的独特优势，通过政策引导和市场驱动，推动服务业向高附加值和高技术含量的方向发展。通过构建全球领先的数字服务产业集群，东部地区不仅可以巩固其在国内市场的领导地位，还能够在国际市场上赢得更多的竞争优势，成为全球数字服务业的重要枢纽和创新高地。

2. 中部地区

中部地区在服务业数字化转型方面虽然起步较晚，但随着区域内数字基础设施的逐步完善和数字经济的兴起，中部地区服务业的数字化发展潜力巨大。中部地区未来有望通过一系列政策推动和技术创新，实现服务业的跨越式发展。中部地区应将传统服务业的数字化改造作为当前的优先任务，特别是在零售、餐饮和旅游等与居民日常生活息息相关的领域，通过推动电子商务平台的广泛应用、推广数字支付系统，以及引入智能化管理手段，提升服务业的运营效率和客户体验，使传统服务业焕发新的生机。同时，中部地区应积极发展现代服务业，尤其是信息技术服务和金融服务，通过引进国内外先进的技术和管理经验，以及培养和引进高端服务人才，打造具有区域特色的现代服务业产业链。通过这些努力，中部地区不仅可以提升服务业的整体竞争力，还能推动区域经济的转型升级，提高在全国服务业版图中的地位。

3. 西部地区

西部地区由于经济发展起步较晚，服务业的基础较为薄弱，数字化转型进程相对滞后。然而，基于国家大力推动数字经济的政策机遇，西部地区在服务业数字化方面正迎来前所未有的发展机遇。西部地区应以此为契机，加快服务业的数字化进程，特别是在旅游、物流和教育等具有区域特色和资源优势的领域。通过引入先进的数字技术，西部地区可以显著提升服务业的运营效率和服务质量。在旅游领域，西部地区应利用数字平台打造智能旅游系统，实现景区智能化管理和游客个性化服务；在物流领域，西部地区应重点建设智慧物流体系，推动电子商务平台与物流服务的深度融合，提升物流效率，降低成本。同时，西部地区应加强与东部地区的战略合作，学习和引进东部地区在数字服务业方面的成功经验和先进技术，通过技术输出、人才交流和合作项目，快速提升本地服务业的数字化水平和市场竞争力，推动区域经济的协调发展。

4. 东北地区

东北地区服务业的数字化水平在全国范围内相对较低，传统服务业在信息化和数字化应用方面还存在较大差距，严重制约服务业的竞争力和发展潜力。为提升服务业的整体竞争力，东北地区应加快推进服务业的数字化转型，特别是在零售、物流和文化旅游等关键领域，东北地区应大力推动电子商务平台的建设和移动支付的普及，以提升服务业的运营效率和市场响应速度。通过推动线上线下融合的零售模式，东北地区的传统零售业可以突破地域限制，开拓更广泛的市场；通过引入智能仓储和配送系统，可以大幅提升物流效率，减少运营成本。此外，东北地区还应高度重视服务业从业人员的数字化技能培训，制订并实施全面的数字化培训计划，提高服务业从业人员的数字化素养，进而推动服务业的数字化转型。通过各方面的数字化改进措施，逐步缩小与其他区域在服务业数字化方面的差距，实现服务业的全面升级和持续发展，为区域经济的振兴和增长提供强有力的支持。

10.1.3　提升自动化与智能化水平

1. 东部地区

东部地区作为我国经济发展的引擎，应继续保持并进一步巩固其在自动化和智能化领域的领先地位，特别是在高端制造业领域。东部地区应大幅增加研发投入，重点支持关键技术的自主研发和核心装备的创新，确保在全球科技竞争中占据有利位置。同时，东部地区应积极引进和应用国际先进技术，通过技术合作与国际交流，提升区域内企业在自动化和智能化方面的技术水平和创新能力。具体来说，东部地区应鼓励企业在智能制造、智能物流和智能建筑等关键领域进行技术创新和应用示范，培育一批具有国际竞争力的智能制造示范企业和产业集群，形成以点带面的辐射效应，推动区域整体经济的高质量发展。此外，东部地区还应高度重视人工智能技术的广泛应用，推动人工智能与传统产业的深度融合，逐步实现产业的智能化升级，提升产业整体的智能化水平，从而在全球智能制造和服务业的竞争中占据领先地位。

2. 中部地区

中部地区在提升制造业和服务业的自动化与智能化水平方面，应紧跟国家战略布局，力争在区域发展中脱颖而出。为此，中部地区应重点引进和推广先进的自动化设备和智能管理系统，优化现有的生产和服务流程，以提高生产效率、降低生产成本、提升产品质量为核心目标。特别是在汽车制造、家电制造和食品加工等优势产业领域，中部地区应加大对自动化设备的引进和应用力度，促进这些行业的技术升级和产品迭代，从而增强区域内企业的市场竞争力。此外，中部地区还应大力推动人工智能技术在制造业和服务业中的应用，通过智能化手段，提升产业的整体运营效率；推广智能生产线、智能仓储系统、智能客服平台等，进一步优化企业的资源配置和生产调度，提升企业的运营效益和市场响应能力。与此同时，中部地区应积极推动本地企业与高校、科研机构的合作，建立技术创新平台和产业协同发展机制，形成创新驱动的发展模式，推动区域经济的高质量发展。

3. 西部地区

西部地区在推进制造业和服务业的自动化与智能化升级过程中，应充分利用数字经济发展的历史机遇，引进先进技术和设备，提升传统产业的技术水平和市场竞争力。特别是在能源、化工和矿产资源等传统支柱产业领域，西部地区应重点引进和应用高效能的自动化设备和智能管理系统，以提升生产效率、降低能耗和提高资源利用效率为主要目标，推动传统产业的技术革新和模式升级。同时，西部地区应积极借鉴东部地区在自动化和智能化领域的成功经验，通过加强区域合作，推进技术转移和创新成果的应用，推动本地产业的智能化发展。西部地区还应重点建设智能制造示范园区和数字化服务中心，打造区域性的智能制造和服务业发展高地，吸引更多的外部资本和技术资源进入本地区，为区域经济的转型升级提供强有力的支持。此外，西部地区应注重培育本地技术人才，形成自动化和智能化发展的内生动力，确保区域经济的可持续增长。

4. 东北地区

东北地区作为我国的传统工业基地，在推进自动化和智能化升级方面，具有深厚的产业基础和丰富的技术储备。因此，东北地区应抓住国家振兴东北老工业基地的政策机遇，加快传统工业的自动化和智能化转型升级。具体而言，东北地区应重点引进国内外先进的自动化设备和智能管理系统，优化现有的生产流程和管理模式，以提升生产效率、降低生产成本为目标，实现传统产业的现代化改造。在钢铁、化工和机械制造等传统优势产业领域，东北地区应通过推广与应用自动化生产线、智能监控系统和数字化管理平台，全面提升产业的技术水平和市场竞争力。同时，东北地区还应加快服务业的智能化转型，特别是在智能客服、智能物流和智能零售等领域，通过推动智能化应用场景的落地，提高服务业的运营效率和客户满意度，助力区域经济的全面振兴和可持续发展。此外，东北地区还应加强与东部和中部地区的技术合作与交流，借鉴先进的管理经验和技术成果，推动区域内企业实现智能化转型，形成新的竞争优势。

10.2　数字产业创新生态系统运行实施保障

10.2.1　技术研发与推广

1. 东部地区

东部地区应在智能制造和数字服务技术的研发方面继续保持并扩大领先优势，巩固自身在全国乃至全球的竞争地位。因此，东部地区应设立多层次、多渠道的专项研发基金，通过政府引导和市场化运作，精准支持企业和科研机构在核心技术领域的创新研发。特别是在人工智能、5G通信、工业互联网等高科技领域，东部地区应加大研发投入力度，制定长期发展战略，鼓励企业通过自主研发、技术并购及国际合作等多种途径推动前沿技术的开发和商业化应用。与此同时，东部地区应大力推动产学研合作，深化企业与高校、科研院所之间的联动，共同承担国家重大科技项目，加速技术成果的转化和大规模推广与应用，增强区域创新能力和产业竞争力。此外，东部地区还应积极营造有利于科技创新的政策环境和市场氛围，完善知识产权保护机制，吸引全球高端人才和创新资源，建设世界级的创新高地。

2. 中部地区

中部地区应充分认识智能制造和数字服务技术对经济转型升级的重要性，加大政策支持和资金投入力度，通过设立创新基金、技术孵化器及产业联盟等多种方式，积极推动区域内技术创新和产业升级。特别是在装备制造、汽车制造、食品加工等具有传统优势的领域，中部地区应重点支持相关企业提升研发能力，增加在新材料、新工艺、智能制造装备等方面的技术投入，以提高产品的技术含量和附加值，从而增强市场竞争力。同时，中部地区还应积极引进和应用东部地区的先进技术，通过技术转移和本地化应用，推动区域内技术水平的整体提升。在此过程中，中部地区还应注重加强与东部地区的对接合作，建立技术合作平台，共享研发资源和创新成果，促进区域经济协调发展和共同进步。

3. 西部地区

西部地区在推动智能制造和数字服务技术的引进和应用推广方面，应采取更加积极的措施，以加快传统产业的转型升级。为此，西部地区应设立专项资金和技术孵化器，重点支持本地企业进行技术创新和应用示范，尤其是在能源、化工和矿产资源等传统支柱产业领域，应大力引进东部和中部地区的先进技术，通过本地化应用和推广，显著提升产业的技术水平和生产效率。同时，西部地区还应加强与东部、中部地区的技术合作，充分借鉴其在技术研发和产业化方面的成功经验，推动本地技术创新体系的建立和完善，加快形成具有区域特色的智能制造产业集群。此外，西部地区还应积极探索创新驱动发展的新模式，通过政策引导和市场激励，鼓励本地企业与科研机构合作，提升自主创新能力，为区域经济的可持续发展提供强大动力。

4. 东北地区

东北地区作为我国传统工业基地，在推动传统产业数字化转型的过程中，应特别注重对技术支持的力度和广度。基于此，东北地区应设立专项研发基金，集中资源支持企业在技术改造和升级方面的投入，尤其是在重工业和机械制造领域，重点推动智能制造技术的应用与推广，通过技术升级实现传统产业的提质增效，增强其在国内外市场的竞争力。同时，东北地区应积极加强与中部和东部地区的技术合作，充分引进和借鉴先进的智能制造和数字服务技术，通过技术转移和合作开发，推动本地技术创新和产业转型升级。此外，东北地区还应着力改善创新环境，通过优化产业政策、提升企业创新能力及加强人才培养等多方面的努力，逐步实现从传统工业基地向现代智能制造中心的跨越，助力区域经济的高质量发展。

10.2.2　人才培养与引进

1. 东部地区

东部地区应在已有的基础上，进一步完善高端技术人才培养体系，以满足智能制造和服务业数字化转型的需求。具体而言，应深化职业教育与培训的改革，构建多层次、多形式的职业教育体系，涵盖从基础技能培训到高端技术能力培养的各个层面。为了增强地区的全球竞争力，东部地区应大力推动高校与企业的合作，开展针对智能制造与服务业数字化领域的定向培养项目，重点培养既具备理论知识又具备实际操作能力的复合型人才。同时，应设立更具吸引力的人才引进计划，通过提供优厚的薪酬待遇、良好的科研环境及便捷的生活设施，吸引全球顶尖的数字化和智能制造技术人才到东部地区工作。为了地区的长远发展，还应设立专门的人才基金，支持高端人才在科研和产业化过程中取得突破性进展，从而形成可持续的智力支持体系。

2. 中部地区

中部地区在人才培养和引进方面，应注重区域内外的联动与合作。因此，中部地区应推动高校与企业之间的深度合作，建立智能制造与服务业数字化的培训基地，为本地企业输送合格的技术人才，承担区域创新技术研发和应用推广任务，打造人才培养和技术转化的双重基地。与此同时，中部地区应制定和实施一系列政策激励措施，吸引东部地区的高端人才到中部地区工作或创业。采取提供安家补贴、创业基金和税收优惠等多种激励手段，弥补本地高端技术人才的短缺。此外，中部地区还应积极与东部地区建立人才交流机制，定期邀请东部地区的专家和学者到中部地区进行技术指导和交流，帮助提升本地人才的技术水平和创新能力，从而为区域经济的可持续发展提供智力支撑。

3. 西部地区

西部地区在人才培养与引进方面，应结合本地产业发展的实际需求，制定更加切实可行的措施。西部地区应设立专项资金，支持本地大学和职业学校开设与智能制造和数字服务相关的专业课程，紧密结合本地产业的发展方向，注重实用技能的培养，确保学生毕业后能够迅速适应产业需求，成为推动区域经济发展的中坚力量。同时，西部地区还应通过制定优惠政策，吸引东部和中部的技术人才和专家到西部地区长期工作或进行技术指导。优惠政策可包括提供优厚的薪酬待遇、设立人才公寓、提供科研经费支持等，吸引高水平人才为西部地区的技术创新和产业升级贡献力量。此外，西部地区还应通过建立区域间的合作平台，加强与东部和中部地区的联动，促进技术人才的交流与合作，提升区域内的整体技术水平。

4. 东北地区

东北地区作为我国的传统工业基地，在推动智能制造和服务业数字化转型过程中，必须重视技术工人和工程师的培养。因此，东北地区应加大对职业教育的扶持力度，优化职业学校的课程设置，尤其是注重智能制造和服务业数字化转型所需的关键技术培训，确保学生毕业后能够胜任相关岗位。此外，东北地区应设立人才回流政策，吸引在外工作的东北籍高端技术人才回流。通过提供科研经费、设立高水平的研究机构及改善工作与生活条件等措施，鼓励这些人才回到家乡，为区域经济发展提供强有力的智力支持。与此同时，东北地区还应加强与中部和东部地区的合作，通过人才交流和技术合作，借鉴外部地区的成功经验，推动本地区在技术人才培养和产业转型方面的突破。

10.2.3　政策引导与激励

1. 东部地区

东部地区应继续积极出台并完善支持智能制造和服务业数字化发展的优惠政策，以进一步推动区域内企业在技术创新和产业升级方面的投入。具体来说，东部地区应在现有税收减免、贷款贴息等普惠性政策的基础上，结合产业发展现状与前沿技术需求，出台更具有针对性的财税优惠政策，如应针对特定高技术企业和新兴产业，提供更高比例的税收减免或长期的贷款贴息支持，降低企业在技术研发和产业化过程中的资金成本，激励企业加大技术投资。此外，东部地区还应加强对企业进行智能制造与服务业数字化国际合作的支持，设立专项基金和政策激励，鼓励企业通过跨国并购、国际合作研发等方式，引进和吸收全球领先的技术和管理经验，以提升本地区的全球竞争力。东部地区还需要加强政策的连续性与稳定性，确保企业在政策激励下持续推进技术创新和产业升级。

2. 中部地区

中部地区应充分发挥省级相关部门的政策引导作用，通过制定和实施一系列有力的政策措施，推动区域内智能制造与服务业数字化的发展。为此，中部地区应设立区域性智能制造示范区，作为推动产业转型升级的重要载体。在示范区内，中部地区应积极引导企业参与其中，通过政策支持、技术指导和资金投入等多种方式，帮助企业实现数字化转型。为进一步增强企业参与数字化转型的动力，中部地区相关部门还应提供全面的财税优惠政策和专项补贴，特别是针对传统产业的数字化升级，相关部门应设立专项资金，支持企业进行设备更新、工艺改造和技术创新。同时，中部地区还应建立科学、有效的政策评估机制，定期评估政策实施效果，确保政策引导的精准性和有效性，推动区域经济的高质量发展。

3. 西部地区

西部地区在政策引导与激励方面，应根据本地区的特殊发展需求，出台专门针对西部地区的产业扶持政策。西部地区应通过制定优惠政策，鼓励外部资本和技术进入西部地区，特别是在智能制造和服务业数字化领域，引导资金和技术向本地区聚集。为吸引东部地区的先进制造和服务业数字化经验，西部地区还应与东部地区建立紧密的政策协同机制，通过政策引导和资金支持，促进两地企业间的技术交流与合作。具体措施包括设立跨区域合作基金、推动联合研发项目及设立技术转移平台等，帮助西部地区企业借鉴东部地区的成功经验，加快产业升级步伐。此外，西部地区还应注重政策的长效性和可操作性，确保各项扶持政策能够切实推动区域内智能制造和服务业数字化的发展，助力西部地区经济的可持续增长。

4. 东北地区

针对东北地区产业结构老化和转型升级的迫切需求，东北地区应制定专项政策，推动区域内企业进行智能化改造。东部地区应加大对智能制造和数字服务领域的支持力度，通过设立专项研发基金和技术改造基金，帮助企业引进先进设备、升级生产工艺，实现生产过程的智能化和数字化。为进一步鼓励企业进行技术创新，东北地区应通过政府采购和政策支持，优先采购采用智能制造技术和数字服务解决方案的产品与服务，从而为企业提供市场保障，激发企业的创新动力。此外，东北地区还应加强政策的顶层设计，制定系统化、长期性的政策规划，通过与中央政策的有效衔接，确保政策的连贯性和实施效果，从而为区域经济的高质量发展提供强有力的政策支撑。

10.2.4　区域协作与经验分享

1. 东部地区

东部地区作为我国智能制造和服务业数字化发展的先行者，具有丰富的实践经验和先进的技术积累。为推动全国范围内企业的协同发展，东部地区应积极建立区域合作机制，采用系统化的方式推动东部与中部、西部及东北地区间的智能制造和服务业数字化经验分享。具体而言，东部地区应通过组织产业对接会、技术交流论坛和专家研讨会等多种形式，分享在智能制造和数字服务领域的最佳实践和成功经验。此外，东部地区应在区域合作中发挥引领作用，推动跨区域产业链的整合与优化，通过技术合作、联合研发等方式，将东部地区的先进技术和管理经验向其他区域输出，帮助中部、西部和东北地区加速产业转型升级。同时，东部地区还应积极参与国家层面的区域协同发展战略，配合国家政策，推动多层次、全方位的区域合作，共同推动我国智能制造和服务业的整体发展。

2. 中部地区

中部地区在区域协作与经验分享方面，应更加注重与东部地区的紧密合作，借鉴东部地区在智能制造和服务业数字化转型中的先进经验，助力自身的产业升级。为此，中部地区应积极推动与东部地区的深度合作，通过设立联合研发中心、共建产业联盟等方式，促进双方企业在技术研发、产品创新、市场开拓等方面的合作开发。同时，中部地区应积极参与东部地区的技术培训和经验分享活动，组织本地企业管理者和技术人员前往东部地区进行学习和培训，直接汲取东部地区在智能制造和数字化转型中的先进经验。此外，中部地区还应探索与东部地区在市场资源共享方面的合作模式，通过共同开发新市场、共享供应链资源等方式，提升区域内企业的市场竞争力，实现双方互利共赢的发展格局。

3. 西部地区

西部地区在推进智能制造和服务业数字化发展过程中，充分利用区域协作的优势，通过建立跨区域协作平台，推动与东部和中部地区的合作。具体而言，应在相关部门的引导下，构建专门的跨区域合作机制，涵盖技术输出、项目合作、人才交流等多个方面。通过跨区域协作平台，有效吸引东部和中部地区的先进技术和管理经验，提升自身数字化水平和产业竞争力。特别是在智能制造领域，应与东部和中部地区开展更为广泛的技术合作，通过引进和吸收先进技术，推动本地传统产业的数字化转型。此外，西部地区还应利用区域协作平台，开展联合项目合作，特别是在基础设施建设、智能制造示范项目等领域，通过与东部和中部地区的企业合作，共同推进区域内的重大项目实施，带动本地经济的快速发展。

4. 东北地区

东北地区应抓住国家振兴东北的政策机遇，积极推动与东部和中部地区的协同发展，加强与东部、中部地区的技术合作与经验分享，通过引入外部先进的智能制造和服务业数字化技术，加快本地产业的转型升级。因此，应设立专门的合作机制，推动本地企业与东部和中部地区的企业进行深度合作，特别是在智能制造领域，通过技术转移、联合开发等方式，充分借鉴其他区域的成功经验，提升本地企业的技术水平和市场竞争力。同时，还应利用政府采购、政策扶持等手段，鼓励外部企业和技术团队参与本地区的智能制造和数字服务项目，推动区域内技术创新和产业升级。此外，相关政府部门还应注重人才的双向流动，通过与东部、中部地区的高校和科研机构合作，培养和引进高端技术人才，为区域经济的可持续发展提供坚实的智力支持。

10.3　本章小结

本章通过系统的策略分析和实施保障措施，有针对性地提出不同地区提升数字产业创新生态系统运行效率的具体策略，为推动系统的可持续发展提供实践指导和政策建议。一方面，系统运行效率提升策略部分通过深入分析，提出智能制造升级、服务业数字化转型，以及提升自动化与智能化水平等策略，并探讨了不同地区的改进策略，确保策略的针对性和可操作性。推进智能制造升级不仅能够提升生产制造效率，还可以通过技术创新和生产流程优化，实现资源的有效配置和利用。另一方面，系统运行实施保障部分，提出包括技术研发与推广、人才培养与引进、政策引导与激励、区域协作与经验分享等保障措施，通过系统主体提出保障措施实施路径，推动系统整体效能的提升。

参 考 文 献

[1] Acedo F J, Barroso C, Galan J L. The resource-based theory: dissemination and main trends[J]. Strategic Management Journal, 2006,27(7):621-636.

[2] Adams K M, Hester P T, Bradley J M, et al. Systems theory as the foundation for understanding systems[J]. Systems Engineering, 2014,17(1):112-123.

[3] Adner R. Match your innovation strategy to your innovation ecosystem[J]. Harvard Business Review, 2006,84(4):98-107.

[4] Adner R. Ecosystem as structure: An actionable construct for strategy[J]. Journal of Management, 2017,43(1):39-58.

[5] Adner R, Kapoor R. Value creation in innovation ecosystems: how the structure of technological interdependence affects firm performance in new technology generations[J]. Strategic Management Journal, 2010,31(3):306-333.

[6] Akbar Y H, Tracogna A. The digital economy and the growth dynamics of sharing platforms: A transaction cost economics assessment[J]. Journal of Digital Economy, 2022,1(3):209-226.

[7] Alvarez S A, Busenitz L W. The entrepreneurship of resource-based theory[J]. Journal of Management, 2001,27(6):755-775.

[8] Anderson P, Tushman M L. Technological discontinuities and dominant designs: A cyclical model of technological change[J]. Administrative Science Quarterly, 2001,35(4):604-633.

[9] Appio F P, Frattini F, Petruzzelli A M, et al. Digital transformation and innovation management: A synthesis of existing research and an agenda for future studies[J]. Journal of Product Innovation Management, 2021,38(1):4-20.

[10] Awan U, Shamim S, Khan Z, et al. Big data analytics capability and decision-making: The role of data-driven insight on circular economy performance[J]. Technological Forecasting and Social Change, 2021,168:120766.

[11] Bacon E, Williams M D, Davies G H. Recipes for success: Conditions for

knowledge transfer across open innovation ecosystems[J]. International Journal of Information Management, 2019,49:377-387.

[12] Barney J B, Ketchen D J, Wright M. The future of resource-based theory: revitalization or decline?[J]. Journal of Management, 2011,37(5):1299-1315.

[13] Barney J B, Ketchen D J, Wright M. Resource-based theory and the value creation framework[J]. Journal of Management, 2021,47(7):1936-1955.

[14] Barney J. Firm resources and sustained competitive advantage[J]. Journal of Management, 1991,17(1):99-120.

[15] Beliaeva T, Ferasso M, Kraus S, et al. Dynamics of digital entrepreneurship and the innovation ecosystem[J]. International Journal of Entrepreneurial Behavior & Research, 2020,26(2):266-284.

[16] Beltagui A, Rosli A, Candi M. Exaptation in a digital innovation ecosystem: The disruptive impacts of 3D printing[J]. Research Policy, 2020,49(1):1-16.

[17] Bereznoy A, Meissner D, Scuotto V. The intertwining of knowledge sharing and creation in the digital platform based ecosystem. A conceptual study on the lens of the open innovation approach[J]. Journal of Knowledge Management, 2021,25(8):2022-2042.

[18] Berman S J, Hagan J. How technology-driven business strategy can spur innovation and growth[J]. Strategy and Leadership, 2006,34(2):28-34.

[19] Bertoni F, Croce A, Guerini M. Venture capital and the investment curve of young high-tech companies[J]. Journal of Corporate Finance, 2015,35:159-176.

[20] Bharadwaj A, El Sawy O A, Pavlou P A, et al. Digital business strategy: toward a next generation of insights[J]. Mis Quarterly, 2013,37(2):471-482.

[21] Blackstone M, Hage S, McWilliams I. Understanding the role of cultural networks within a creative ecosystem: a Canadian case-study[J]. Journal of Cultural Management and Policy, 2016,6(1):13-29.

[22] Blei D M, Ng A Y, Lafferty J D. Latent dirichlet allocation[J]. Journal of Machine Learning Research, 2003(3):933-1002.

[23] Blondel V D, Guillaume J, Lambiotte R, et al. Fast unfolding of communities in large networks[J]. Journal of Statistical Mechanics, 2008(10):1-12.

[24] Boal K B, Schultz P L. Storytelling, time, and evolution: The role of strategic leadership in complex adaptive systems[J]. The Leadership Quarterly, 2007,18(4):411-428.

[25] Bonini S, Capizzi V. The role of venture capital in the emerging entrepreneurial finance ecosystem: future threats and opportunities[J]. Venture Capital, 2019,21(2-3):137-175.

[26] Borgatti S P, Foster P C. The network paradigm in organizational research: A review and typology[J]. Journal of Management, 2003,29(6):991-1013.

[27] Brin S, Page L. The anatomy of a large-scale hypertextual web search engine[J]. Computer Networks and ISDN Systems, 1998,30(1):107-117.

[28] Calabrese M, La Sala A, Fuller R P, et al. Digital platform ecosystems for sustainable innovation: Toward a new meta-organizational model?[J]. Administrative Sciences, 2021,11(4):119.

[29] Cao X, Chen X, Huang L, et al. Detecting technological recombination using semantic analysis and dynamic network analysis[J]. Scientometrics, 2024,129(11):7385-7416.

[30] Capaldo A. Network structure and innovation: The leveraging of a dual network as a distinctive relational capability[J]. Strategic Management Journal, 2007,28(6):585-608.

[31] Carmona-Lavado A, Gimenez-Fernandez E M, Vlaisavljevic V, et al. Cross-industry innovation: A systematic literature review[J]. Technovation, 2023,124:1-27.

[32] Catalini C, Gans J S. Some simple economics of the blockchain[J]. Communications of the Acm, 2020,63(7):80-90.

[33] Chae B K. A General framework for studying the evolution of the digital innovation ecosystem: The case of big data[J]. International Journal of Information Management, 2019,45:83-94.

[34] Chen A, Lin Y, Mariani M, et al. Entrepreneurial growth in digital business ecosystems: an integrated framework blending the knowledge-based view of the firm and business ecosystems[J]. The Journal of Technology Transfer, 2023,48(5):1628-1653.

[35] Chen Y, Jiang Y J, Tang G, et al. High-commitment work systems and middle managers' innovative behavior in the Chinese context: The moderating role of work-life conflicts and work climate[J]. Human Resource Management, 2018,57(5):1317-1334.

[36] Chertow M, Ehrenfeld J. Organizing self-organizing systems[J]. Journal of Industrial Ecology, 2012,16(1):13-27.

[37] Chesbrough H W. The era of open innovation[J]. Managing innovation and change, 2006,127(3):34-41.

[38] Chesbrough H. Business model innovation: it's not just about technology anymore[J]. Strategy & leadership, 2007,35(6):12-17.

[39] Chesbrough H, Bogers M. Explicating open innovation: Clarifying an emerging paradigm for understanding innovation[J]. Handbook of Innovation Management, 2014,3-24(1):3-28.

[40] Chesbrough H, Rosenbloom R S. The role of the business model in capturing value from innovation: evidence from Xerox Corporation's technology spin-off companies[J]. Industrial and Corporate Change, 2002,11(3):529-555.

[41] Cho M, Xiong Y, Boatwright B. Through the lens of ethnicity: Semantic network and thematic analyses of United Airlines' dragging crisis[J]. Public Relations Review, 2021,47(1):1-11.

[42] Choi Y, Lim Y. Optimization approach for resource allocation on cloud computing for IoT[J]. International Journal of Distributed Sensor Networks, 2016,12(3):1-6.

[43] Collings D G, Mellahi K. Strategic talent management: A review and research agenda[J]. Human Resource Management Review, 2009,19(4):304-313.

[44] Costa L D F, Rodrigues F A, Travieso G, et al. Characterization of complex

networks: A survey of measurements[J]. Advances in Physics, 2007,56(1):167-242.

[45] Daouadi K E, Zghal Rebaï R, Amous I. Optimizing semantic deep forest for tweet topic classification[J]. Information Systems, 2021,101:10-18.

[46] Das T K, Teng. B. A resource-based theory of strategic alliances[J]. Journal of Management, 2000,26(1):31-61.

[47] Davenport T H, Ronanki R. Artificial intelligence for the real world[J]. Harvard Business Review, 2018,96(1):108-116.

[48] Davis J P. The group dynamics of interorganizational relationships: Collaborating with multiple partners in innovation ecosystems[J]. Administrative Science Quarterly, 2016,61(4):621-661.

[49] Day G S. Closing the marketing capabilities gap[J]. Journal of Marketing, 2011,75(4):183-195.

[50] de Vasconcelos Gomes L A, Facin A L F, Salerno M S, et al. Unpacking the innovation ecosystem construct: Evolution, gaps and trends[J]. Technological Forecasting and Social Change, 2018,136:30-48.

[51] Dedehayir O, Mäkinen S J, Ortt J R. Roles during innovation ecosystem genesis: A literature review[J]. Technological Forecasting and Social Change, 2018,136:18-29.

[52] Dekker H C, Ding R, Groot T. Collaborative performance management in interfirm relationships[J]. Journal of Management Accounting Research, 2016,28(3):25-48.

[53] Dentoni D, Pinkse J, Lubberink R. Linking sustainable business models to socio-ecological resilience through cross-sector partnerships: A complex adaptive systems view[J]. Business & Society, 2021,60(5):1216-1252.

[54] Ferreira J J, Fernandes C I, Veiga P M, et al. The effects of entrepreneurial ecosystems, knowledge management capabilities, and knowledge spillovers on international open innovation[J]. R & D Management, 2023,53(2):322-338.

[55] Foster J. From simplistic to complex systems in economics[J]. Cambridge

Journal of Economics, 2005,29(6):873-892.

[56] Gamidullaeva L, Tolstykh T, Bystrov A, et al. Cross-sectoral digital platform as a tool for innovation ecosystem development[J]. Sustainability, 2021,13(21):1-24.

[57] Gawer A. Bridging differing perspectives on technological platforms: Toward an integrative framework[J]. Research Policy, 2014,43(7):1239-1249.

[58] Gawer A, Cusumano M A. Industry platforms and ecosystem innovation[J]. Journal of Product Innovation Management, 2017,31(3):417-433.

[59] Ge S, Liu X. Catch-up in solar PV industry of China: A perspective of industrial innovation ecosystem[J]. International Journal of Innovation and Technology Management, 2022,19(6):1-16.

[60] Gioia D A, Corley K G, Hamilton A L. Seeking qualitative rigor in inductive research: Notes on the Gioia methodology[J]. Organizational Research Methods, 2013,16(1):15-31.

[61] Gomes L A D V, Facin A L F, Salerno M S, et al. Unpacking the innovation ecosystem construct: Evolution, gaps and trends[J]. Technological Forecasting and Social Change, 2018,136:30-48.

[62] Granovetter M. Economic action and social structure: The problem of embeddedness[J]. American Journal of Sociology, 1985,91(3):481-510.

[63] Granstrand O, Holgersson M. Innovation ecosystems: A conceptual review and a new definition[J]. Technovation, 2020,90-91:1-12.

[64] Grant R M. The resource-based theory of competitive advantage: implications for strategy formulation[J]. California Management Review, 1991,33(3):114-135.

[65] Grant R M. Toward a knowledge-based theory of the firm [J]. Strategic Management Journal, 1996,17(2):109-122.

[66] Grilli L, Murtinu S. Government, venture capital and the growth of European high-tech entrepreneurial firms[J]. Research Policy, 2014,43(9):1523-1543.

[67] Gupta R, Mejia C, Kajikawa Y. Business, innovation and digital ecosystems

landscape survey and knowledge cross sharing[J]. Technological Forecasting and Social Change, 2019,147:100-109.

[68] Hanelt A, Bohnsack R, Marz D, et al. A systematic review of the literature on digital transformation: Insights and implications for strategy and organizational change[J]. Journal of Management Studies, 2021,58(5):1159-1197.

[69] Hao S, Song M. Technology-driven strategy and firm performance: Are strategic capabilities missing links?[J]. Journal of Business Research, 2016,69(2):751-759.

[70] Hao X, Liu G, Zhang X, et al. The coevolution mechanism of stakeholder strategies in the recycled resources industry innovation ecosystem: the view of evolutionary game theory[J]. Technological Forecasting and Social Change, 2022,179:1-42.

[71] Haveliwala T H. Topic-sensitive PageRank: a context-sensitive ranking algorithm for Web search[J]. Ieee Transactions On Knowledge and Data Engineering, 2003,15(4):784-796.

[72] Helfat C E, Raubitschek R S. Dynamic and integrative capabilities for profiting from innovation in digital platform-based ecosystems[J]. Research Policy, 2018,47(8):1391-1399.

[73] Herczeg G, Akkerman R, Hauschild M Z. Supply chain collaboration in industrial symbiosis networks[J]. Journal of Cleaner Production, 2018,171:1058-1067.

[74] Holbrook M B. Complexity and management: Fad or radical challenge to systems thinking?[J]. Journal of Macromarketing, 2002,22(2):198-201.

[75] Holgersson M, Granstrand O, Bogers M. The evolution of intellectual property strategy in innovation ecosystems: Uncovering complementary and substitute appropriability regimes[J]. Long Range Planning, 2018,51(2):303-319.

[76] Holland J H. Complex adaptive systems[J]. Daedalus, 1992,121(1):17-30.

[77] Hou J, Yang X, Chen C. Emerging trends and new developments in information science: A document co-citation analysis (2009-2016)[J]. Scientometrics,

2018,115:869-892.

[78] Huang B, Song J, Xie Y, et al. The effect of big data analytics capability on competitive performance: the mediating role of resource optimization and resource bricolage[J]. Frontiers in Psychology, 2022,13:1-14.

[79] Huang M, Wang Z, Chen T. Analysis on the theory and practice of industrial symbiosis based on bibliometrics and social network analysis[J]. Journal of Cleaner Production, 2019,213:956-967.

[80] Iansiti M, Levien R. Keystones and dominators: Framing operating and technology strategy in a business ecosystem[J]. Harvard Business School, Boston, 2004,3:1-82.

[81] Inigo E A, Albareda L. Understanding sustainable innovation as a complex adaptive system: a systemic approach to the firm[J]. Journal of Cleaner Production, 2016,126(10):1-20.

[82] Jacobides M G, Cennamo C, Gawer A. Towards a theory of ecosystems[J]. Strategic Management Journal, 2018,39(8):2255-2276.

[83] Jacobides M G, MacDuffie J P, Tae C J. Agency, structure, and the dominance of OEMs: Change and stability in the automotive sector[J]. Strategic Management Journal, 2016,37(9):1942-1967.

[84] Jato-Espino D, Ruiz-Puente C. Bringing facilitated industrial symbiosis and game theory together to strengthen waste exchange in industrial parks[J]. Science of the Total Environment, 2021,771:1-17.

[85] Ji H, Zou H, Liu B. Research on dynamic optimization and coordination strategy of value co-creation in digital innovation ecosystems[J]. Sustainability, 2023,15(9):1-28.

[86] Jiménez-Jiménez D, Cegarra-Navarro J G. The performance effect of organizational learning and market orientation[J]. Industrial Marketing Management, 2007,36(6):694-708.

[87] Jordon M, Lanham H J, Anderson R A, et al. Implications of complex adaptive systems theory for interpreting research about health care organizations[J].

Journal of Evaluation in Clinical Practice, 2010,16(1):228-231.

[88] Karrer B, Newman M E J. Stochastic blockmodels and community structure in networks[J]. Physical Review E, 2011,83(1) :1-12.

[89] Katri V, Marko S, Maria M, et al. Orchestrating innovation ecosystems: A qualitative analysis of ecosystem positioning strategies[J]. Technology Innovation Management Review, 2017,7(3):12-24.

[90] Kero C A, Bogale A T. A systematic review of resource-based view and dynamic capabilities of firms and future research avenues[J]. International Journal of Sustainable Development & Planning, 2023,18(10):3137-3154.

[91] Kiziloglu M. The effect of organizational learning on firm innovation capability: An investigation in the banking sector[J]. Global Business & Management Research, 2015,7(3):17-33.

[92] Kogut B, Zander U. Knowledge of the firm, combinative capabilities, and the replication of technology[J]. Organization Science, 1992,3(3):383-397.

[93] Kohli R, Melville N P. Digital innovation: A review and synthesis[J]. Information Systems Journal, 2019,29(1):200-223.

[94] Kolagar M, Parida V, Sjödin D. Ecosystem transformation for digital servitization: A systematic review, integrative framework, and future research agenda[J]. Journal of Business Research, 2022,146:176-200.

[95] Kozlenkova I V, Samaha S A, Palmatier R W. Resource-based theory in marketing[J]. Journal of the Academy of Marketing Science, 2014,42(1):1-21.

[96] Leidner D. Review and theory symbiosis: An introspective retrospective[J]. Journal of the Association for Information Systems, 2018,19(6):552-567.

[97] Lesmond D A, Ogden J P, Trzcinka C A. A new estimate of transaction costs[J]. The Review of Financial Studies, 1999,12(5):1113-1141.

[98] Li X, Zhang L, Cao J. Research on the mechanism of sustainable business model innovation driven by the digital platform ecosystem[J]. Journal of Engineering and Technology Management, 2023,68:1-48.

[99] Lichtenstein B B, Plowman D A. The leadership of emergence: A complex

systems leadership theory of emergence at successive organizational levels[J]. The Leadership quarterly, 2009,20(4):617-630.

[100] Lin Y, Wu L. Exploring the role of dynamic capabilities in firm performance under the resource-based view framework[J]. Journal of Business Research, 2014,67(3):407-413.

[101] Liu M, Li C, Wang S, et al. Digital transformation, risk-taking, and innovation: Evidence from data on listed enterprises in China[J]. Journal of Innovation & Knowledge, 2023,8(1):1-15.

[102] Lorenz E N, Haman K. The essence of chaos[J]. Pure and Applied Geophysics, 1993,147(3):598-599.

[103] Lu H, Shaharudin M S. Role of digital transformation for sustainable competitive advantage of SMEs: a systematic literature review[J]. Cogent Business & Management, 2024,11(1):1-21.

[104] Ma'Ayan A. Complex systems biology[J]. Journal of the Royal Society Interface, 2017,14(134):391-399.

[105] Mann G, Karanasios S, Breidbach C F. Orchestrating the digital transformation of a business ecosystem[J]. The Journal of Strategic Information Systems, 2022,31(3):1-42.

[106] Mazzucato M. Financing innovation: creative destruction vs. destructive creation[J]. Industrial and Corporate Change, 2013,22(4):851-867.

[107] Mikolov T, Sutskever I, Chen K, et al. Distributed representations of words and phrases and their compositionality[J]. Advances in Neural Information Processing Systems, 2013(26):3111-3119.

[108] Mitchell M, Newman M. Complex systems theory and evolution[J]. Encyclopedia of evolution, 2002(1):1-5.

[109] Mohammed M A, Ahmed M A, Hacimahmud A V. Data-driven sustainability: Leveraging big data and machine learning to build a greener future[J]. Babylonian Journal of Artificial Intelligence, 2023,2023:17-23.

[110] Moore J F. Predators and prey: a new ecology of competition[J]. Harvard

Business Review, 1993,71(3):75-86.

[111] Moore J F. Business ecosystems and the view from the firm[J]. The antitrust bulletin, 2006,51(1):31-75.

[112] Nachira F, Dini P, Nicolai A. A network of digital business ecosystems for Europe: roots, processes and perspectives[J]. European Commission, Bruxelles, Introductory Paper, 2007(106):1-20.

[113] Nambisan S. Digital entrepreneurship: Toward a digital technology perspective of entrepreneurship[J]. Entrepreneurship Theory and Practice, 2017,41(6):1029-1055.

[114] Nambisan S, Lyytinen K, Majchrzak A, et al. Digital innovation management[J]. Mis Quarterly, 2017,41(1):223-238.

[115] Nambisan S, Siegel D, Kenney M. On open innovation, platforms, and entrepreneurship[J]. Strategic Entrepreneurship Journal, 2018,12(3):354-368.

[116] Nel-Sanders D, Thomas P. The role of government in promoting innovation-led entrepreneurial ecosystems[J]. Africa's Public Service Delivery & Performance Review, 2022,10(1):1-13.

[117] Nelson R R, Winter S G. The Schumpeterian tradeoff revisited[J]. The American Economic Review, 1982,72(1):114-132.

[118] Newman M E. Modularity and community structure in networks [J]. Proceedings of the National Academy of Sciences India Section a-Physical Sciences, 2006,103(23):8577-8582.

[119] Öberg C, Alexander A T. The openness of open innovation in ecosystems-Integrating innovation and management literature on knowledge linkages[J]. Journal of Innovation & Knowledge, 2019,4(4):211-218.

[120] Ochuba N A, Amoo O O, Okafor E S, et al. Strategies for leveraging big data and analytics for business development: a comprehensive review across sectors[J]. Computer Science & IT Research Journal, 2024,5(3):562-575.

[121] Oh D, Phillips F, Park S, et al. Innovation ecosystems: A critical examination[J]. Technovation, 2016,54:1-6.

[122] Oh M M, Kim S S. Dimensionality of ethnic food fine dining experience: An application of semantic network analysis[J]. Tourism Management Perspectives, 2020,35:1-13.

[123] Olavarrieta S, Ellinger A E. Resource-based theory and strategic logistics research[J]. International Journal of Physical Distribution & Logistics Management, 1997,27(9):559-587.

[124] Palla G, Barabási A, Vicsek T. Quantifying social group evolution[J]. Nature, 2007,446(7136):664-667.

[125] Palmié M, Miehé L, Oghazi P, et al. The evolution of the digital service ecosystem and digital business model innovation in retail: The emergence of meta-ecosystems and the value of physical interactions[J]. Technological Forecasting and Social Change, 2022,177:121496.

[126] Pasi B N, Mahajan S K, Rane S B. Development of innovation ecosystem framework for successful adoption of industry 4.0 enabling technologies in Indian manufacturing industries[J]. Journal of Science and Technology Policy Management, 2022,13(1):154-185.

[127] Patil K, Garg V, Gabaldon J, et al. Firm performance in digitally integrated supply chains: a combined perspective of transaction cost economics and relational exchange theory[J]. Journal of Enterprise Information Management, 2024,37(2):381-413.

[128] Penrose E T. Profit sharing between producing countries and oil companies in the Middle East[J]. Economic Journal, 1959,69(274):238-254.

[129] Porter M E, Heppelmann J E. How smart, connected products are transforming competition[J]. Harvard Business Review, 2014,92(11):64-88.

[130] Prahalad C K, Ramaswamy V. Co-creating unique value with customers[J]. Strategy & Leadership, 2004,32(3):4-9.

[131] Prigogine I. Exploring complexity[J]. European Journal of Operational Research, 1987,30(2):97-103.

[132] Purbasari R, Wijaya C, Rahayu N. Most roles actors play in entrepreneurial

ecosystem: A network theory perspective[J]. Journal of Entrepreneurship Education, 2020,23(2):1-16.

[133] Ramos-Martin J. Empiricism in ecological economics: a perspective from complex systems theory[J]. Ecological Economics, 2003,46(3):387-398.

[134] Rauniyar K, Wu X, Gupta S, et al. Risk management of supply chains in the digital transformation era: contribution and challenges of blockchain technology[J]. Industrial Management & Data Systems, 2022,123(1):253-277.

[135] Reis D, Moura F, Aragão I. Entrepreneurship, intellectual property and innovation ecosystems[J]. International Journal for Innovation Education and Research, 2021,9(2):108-134.

[136] Rey-Garcia M, Mato-Santiso V, Felgueiras A. Transitioning collaborative cross-sector business models for sustainability innovation: Multilevel tension management as a dynamic capability[J]. Business & Society, 2021,60(5):1132-1173.

[137] Roeck D, Sternberg H, Hofmann E. Distributed ledger technology in supply chains: a transaction cost perspective[J]. International Journal of Production Research, 2020,58(7):2124-2141.

[138] Rothaermel F T, Deeds D L. Exploration and exploitation alliances in biotechnology: a system of new product development[J]. Strategic Management Journal, 2004,25(3):201-221.

[139] Roundy P T, Bradshaw M, Brockman B K. The emergence of entrepreneurial ecosystems: a complex adaptive systems approach[J]. Journal of Business Research, 2018,86(5):1-10.

[140] Sapp J. The dynamics of symbiosis: an historical overview[J]. Canadian Journal of Botany, 2004,82(8):1046-1056.

[141] Saurin T A, Rooke J, Koskela L. A complex systems theory perspective of lean production[J]. International Journal of Production Research, 2013,51(19):5824-5838.

[142] Schmidt C G, Wagner S M. Blockchain and supply chain relations: A

transaction cost theory perspective[J]. Journal of Purchasing and Supply Management, 2019,25(4):10-52.

[143] Schneider A, Wickert C, Marti E. Reducing complexity by creating complexity: A systems theory perspective on how organizations respond to their environments[J]. Journal of Management Studies, 2017,54(2):182-208.

[144] Schneider M, Somers M. Organizations as complex adaptive systems: implications of complexity theory for leadership research[J]. The Leadership Quarterly, 2006,17(4):351-365.

[145] Schuchmann D, Seufert S. Corporate Learning in Times of Digital Transformation: A Conceptual Framework and Service Portfolio for the Learning Function in Banking Organisations[J]. International Journal of Advanced Corporate Learning (iJAC), 2015,8(1):31-39.

[146] Senyo P K, Liu K, Effah J. Digital business ecosystem: Literature review and a framework for future research[J]. International Journal of Information Management, 2019,47:52-64.

[147] Shi X, Shi Y. Unpacking the process of resource allocation within an entrepreneurial ecosystem[J]. Research Policy, 2022,51(9):1-50.

[148] Shin D, Konrad A M. Causality between high-performance work systems and organizational performance[J]. Journal of Management, 2017,43(4):973-997.

[149] Sklyar A, Kowalkowski C, Sörhammar D, et al. Resource integration through digitalisation: a service ecosystem perspective[J]. Journal of Marketing Management, 2019,35(11-12):974-991.

[150] Straton A. A complex systems approach to the value of ecological resources[J]. Ecological Economics, 2006,56(3):402-411.

[151] Suseno Y, Laurell C, Sick N. Assessing value creation in digital innovation ecosystems: A Social Media Analytics approach[J]. The Journal of Strategic Information Systems, 2018,27(4):335-349.

[152] Tansley A G. The classification of vegetation and the concept of development[J]. The Journal of Ecology, 1920,8(2):118-149.

[153] Teece D J. Profiting from technological innovation: Implications for integration, collaboration, licensing and public policy[J]. Research Policy, 1986,15(6):285-305.

[154] Teece D J. Explicating dynamic capabilities: the nature and microfoundations of (sustainable) enterprise performance[J]. Strategic Management Journal, 2007,28(13):1319-1350.

[155] Teece D J. Business models, business strategy and innovation[J]. Long Range Planning, 2010,43(2-3):172-194.

[156] Teece D J. Business models and dynamic capabilities[J]. Long Range Planning, 2018,51(1):40-49.

[157] Teece D J, Pisano G, Shuen A. Dynamic capabilities and strategic management[J]. Strategic Management Journal, 1997,18(7):509-533.

[158] Turner J R, Baker R M. Complexity theory: An overview with potential applications for the social sciences[J]. Systems, 2019,7(1):4-26.

[159] Tushman M L, O'Reilly C A. Ambidextrous organizations: Managing evolutionary and revolutionary change[J]. California Management Review, 1996,38(4):8-30.

[160] Valdez-De-Leon O. How to develop a digital ecosystem-a practical framework[J]. Technology Innovation Management Review, 2019,9(8):43-54.

[161] Vial G. Understanding digital transformation: A review and a research agenda[J]. The Journal of Strategic Information Systems, 2019,28(2):118-144.

[162] Vial G. Understanding digital transformation: A review and a research agenda[J]. Managing digital transformation, 2021(1):19-26.

[163] Walrave B, Talmar M, Podoynitsyna K S, et al. A multi-level perspective on innovation ecosystems for path-breaking innovation[J]. Technological Forecasting and Social Change, 2018,136:103-113.

[164] Wan W P, Hoskisson R E, Short J C, et al. Resource-based theory and corporate diversification: accomplishments and opportunities[J]. Journal of Management, 2011,37(5):1335-1368.

[165] Wang C, Teo T S H, Janssen M. Public and private value creation using artificial intelligence: An empirical study of AI voice robot users in Chinese public sector[J]. International Journal of Information Management, 2021,61:10-40.

[166] Wang J, Meng F, Dong L, et al. A comparative study on the identification methods of urban-rural integration zones from the perspective of symbiosis theory and urban expansion theory[J]. Land, 2023,12(7):1272-1295.

[167] Wang P. Connecting the parts with the whole: Toward an information ecology theory of digital innovation ecosystems.[J]. Mis Quarterly, 2021,45(1):1-12.

[168] Wernerfelt B. A resource-based view of the firm[J]. Strategic Management Journal, 1984,5(2):171-180.

[169] West J, Gallagher S. Challenges of open innovation: the paradox of firm investment in open-source software[J]. R & D Management, 2006,36(3):319-331.

[170] Whitney K, Bradley J M, Baugh D E, et al. Systems theory as a foundation for governance of complex systems[J]. International Journal of System of Systems Engineering, 2015,6(1):15-32.

[171] Wójcik P. Exploring links between dynamic capabilities perspective and resource-based view: A literature overview[J]. International Journal of Management and Economics, 2015,45(1):83-107.

[172] Wollmann D, Steiner M T A. The strategic decision-making as a complex adaptive system: a conceptual scientific model[J]. Complexity, 2017,2017(10):1-13.

[173] Xie X, Li X, Fan H, et al. Spatial analysis of production-living-ecological functions and zoning method under symbiosis theory of Henan, China[J]. Environmental Science and Pollution Research, 2021,28(48):69093-69110.

[174] Xu G, Wu Y, Minshall T, et al. Exploring innovation ecosystems across science, technology, and business: A case of 3D printing in China[J]. Technological Forecasting and Social Change, 2018,136:208-221.

[175] Xu W, Xu Y, Li J. A study of RI clusters based on symbiosis theory[J]. Sustainability, 2017,9(3):396-409.

[176] Yoo Y. It is not about size: a further thought on big data[J]. Journal of Information Technology, 2015,30(1):63-65.

[177] Yoo Y, Henfridsson O, Lyytinen K. Research commentary-the new organizing logic of digital innovation: an agenda for information systems research[J]. Information Systems Research, 2010,21(4):724-735.

[178] Yuan S, Pan X. Inherent mechanism of digital technology application empowered corporate green innovation: Based on resource allocation perspective[J]. Journal of Environmental Management, 2023,345:11-41.

[179] Zaccaro S J, Horn Z N J. Leadership theory and practice: Fostering an effective symbiosis[J]. The Leadership Quarterly, 2003,14(6):769-806.

[180] Zhang J, Chen Z. Exploring Human Resource Management Digital Transformation in the Digital Age[J]. Journal of the Knowledge Economy, 2024,15(1):1482-1498.

[181] Zhang L, Zhao Y. Research on the Coupling Coordination of Green Finance, Digital Economy, and Ecological Environment in China[J]. Sustainability, 2023,15(9):7551-7567.

[182] Zhang W, Lam J S L. Maritime cluster evolution based on symbiosis theory and Lotka-Volterra model[J]. Maritime Policy & Management, 2013,40(2):161-176.

[183] Zhang Y, Zheng H, Chen B, et al. A review of industrial symbiosis research: theory and methodology[J]. Frontiers of Earth Science, 2015,9(1):91-104.

[184] Zou H, Ji H, Qin H, et al. Research on the strategy evolution of knowledge innovation in an enterprise digital innovation ecosystem: kinetic and potential perspectives[J]. Ieee Access, 2022,10:78764-78779.

[185] 曹裕，李想，胡韩莉，等. 数字化如何推动制造企业绿色转型？——资源编排理论视角下的探索性案例研究[J]. 管理世界，2023，39(3)：96-112.

[186] 戴万稳，赵曙明，蒋建武，等. 复杂系统、知识管理与组织学习过程动态

模型研究[J]. 中国软科学, 2006(6)：120-128.

[187] 戈兴成，季璐. 数字经济产业创新生态系统的形成与演化分析[J]. 经济体制改革，2023(1)：125-134.

[188] 谷斌，李润宜，基于系统动力学的数字创新生态系统价值创造路径[J]. 系统工程，2022，40(03)：56-65.

[189] 郭金花，郭淑芬，徐腾达. 创新生态系统中多主体互动影响绿色创新的组态路径研究[J]. 科学学与科学技术管理，2024，45(2)：100-114.

[190] 韩凤芹，马婉宁，陈亚平，等. 创新生态系统的演进逻辑——基于江苏产研院的单案例分析[J]. 科学学研究，2024：1-20.

[191] 韩莹，许晓惠. 数字平台金融生态系统的网络赋能与价值共创——基于蚂蚁集团动态共演逻辑[J]. 技术经济，2024，43(2)：79-91.

[192] 贾卫峰，吴格倩，党兴华，等. 颠覆性双元创新对数字产业技术融合的影响研究——市场与技术的联动效应[J]. 技术经济，2023，42(3)：27-39.

[193] 解学梅，韩宇航，代梦鑫. 企业开放式创新生态系统种群共生关系与演化机理研究[J]. 科技进步与对策，2022，39(21)：85-95.

[194] 靳毓，文雯，何茵. 数字化转型对企业绿色创新的影响——基于中国制造业上市公司的经验证据[J]. 财贸研究，2022，33(7)：69-83.

[195] 李菲菲，崔金栋，王胜文，等. 复杂系统视角下我国汽车产业技术创新网络演进研究[J]. 科技管理研究，2019，39(21)：154-159.

[196] 李海艳. 数字农业创新生态系统的形成机理与实施路径[J]. 农业经济问题，2022(5)：49-59.

[197] 李律成，曾媛杰，彭华涛. 数字创新生态系统驱动新质生产力发展的组态路径研究[J]. 科研管理，2024，45(8)：1-10.

[198] 李树文，罗瑾琏，唐慧洁，等. 使命驱动科创企业产品突破性创新实现的路径[J]. 科研管理，2023，44(1)：164-172.

[199] 李晓娣，张小燕. 我国区域创新生态系统共生及其进化研究——基于共生度模型、融合速度特征进化动量模型的实证分析[J]. 科学学与科学技术管理，2018，40(4)：48-64.

[200] 李晓娣，张小燕. 区域创新生态系统共生对地区科技创新影响研究[J]. 科

学学研究，2019，37(5)：909-918.

[201] 李晓娣，张小燕，尹士. 共生视角下我国区域创新生态系统发展观测——基于TOPSIS生态位评估投影模型的时空特征分析[J]. 运筹与管理，2020，29(6)：198-209.

[202] 林艳，卢俊尧. 什么样的数字创新生态系统能提高区域创新绩效——基于NCA与QCA的研究[J]. 科技进步与对策，2022，39(24)：19-28.

[203] 刘寅斌，余咪咪，李洪波，等. 多目标项目调度研究综述：复杂系统优化的视角[J]. 系统科学学报，2020，28(3)：84-89.

[204] 罗桑扎西，甄峰，张姗琪. 复杂网络视角下的城市人流空间概念模型与研究框架[J]. 地理研究，2021，40(4)：1195-1208.

[205] 马鸿佳，吴娟，李炜文. 平台企业共生关系测度及其对竞争优势的影响[J]. 科学学研究，2024：1-14.

[206] 齐磊磊. 复杂系统的研究方法[J]. 系统科学学报，2014，22(2)：24-27.

[207] 邱锐，郁培丽，王层层. 数字产业创新生态系统价值创造研究综述[J]. 外国经济与管理，2024：1-15.

[208] 曲冠楠，陈劲，梅亮. 有意义的创新：基于复杂系统视角的交互耦合框架[J]. 科学学研究，2020，38(11)：2058-2067.

[209] 盛昭瀚，王海燕，胡志华. 供应链韧性：适应复杂性——基于复杂系统管理视角[J]. 中国管理科学，2022，30(11)：1-7.

[210] 盛昭瀚，于景元. 复杂系统管理：一个具有中国特色的管理学新领域[J]. 管理世界，2021，37(6)：36-50.

[211] 滕婕，胡广伟，王婷. 基于动态语义依赖关系网的社会诉求主题识别与演化路径分析[J]. 情报资料工作，2022，43(3)：20-33.

[212] 田庆锋，沈伟康，李瑶. 共生视域下区域数字创新生态系统进化与障碍度研究[J]. 科技进步与对策，2024，41(16)：1-12.

[213] 汪寿阳，胡毅，熊熊，等. 复杂系统管理理论与方法研究[J]. 管理科学学报，2021，24(8)：1-9.

[214] 王歌，覃柳淼，曾赛星，等. 新型举国体制下重大工程创新生态系统的资源配置模式——来自港珠澳大桥技术创新的证据[J]. 管理世界，2024，40(5)：192-216.

[215] 王宏起， 赵天一， 李玥. 产业创新生态系统数字化转型的政策组合研究[J]. 中国软科学， 2023(10)：119-131.

[216] 王节祥， 瞿庆云， 邱逸翔. 数字生态中创业企业如何实施平台镶嵌战略？[J]. 外国经济与管理， 2021，43(9)：24-42.

[217] 王玲， 彭正银， 彭秀青. 创业生态系统情境下共生关系研究演进与未来展望[J]. 科技进步与对策， 2023，40(15)：150-160.

[218] 王文静， 刘一伟， 赵子萱. 群落演化对区域创新生态系统韧性的影响研究[J]. 科研管理， 2023，44(11)：114-123.

[219] 王震， 周晓宏， 王介石， 等. 长三角地区数字创意产业创新生态系统建模与仿真[J]. 科技管理研究， 2023，43(9)：56-66.

[220] 魏江， 赵雨菡. 数字创新生态系统的治理机制[J]. 科学学研究， 2021，39(6)：965-969.

[221] 吴欣桐， 梅亮. 基于定量分析的创新生态系统文献评述与整合框架[J]. 科研管理， 2024，45(6)：53-61.

[222] 吴艳， 白明君， 贺正楚. 基于动态能力的数字创新生态系统构建：以华为汽车为例[J]. 技术经济， 2024，43(2)：56-67.

[223] 辛本禄，耿晶晶，朱成峰. 中国冰雪产业创新生态系统的建构及运行机制研究[J]. 中国软科学，2024(5)：48-57.

[224] 辛晓华，缪小明，魏芬芬. 产业创新生态系统组态与产业竞争力——基于模糊集定性比较分析[J]. 中国科技论坛，2023(3)：82-92.

[225] 闫晓勇，李烨，王刘伟，等. 基于三方演化博弈的创新生态系统自组织集聚机制研究[J]. 科学学与科学技术管理，2023，44(3)：63-79.

[226] 杨伟，劳晓云，周青，等. 区域数字创新生态系统韧性的治理利基组态[J]. 科学学研究，2022，40(3)：534-544.

[227] 杨伟，刘健，武健. “种群-流量”组态对核心企业绩效的影响——人工智能数字创新生态系统的实证研究[J]. 科学学研究，2020，38(11)：2077-2086.

[228] 殷杰，王亚男. 社会科学中复杂系统范式的适用性问题[J]. 中国社会科学，2016(3)：62-79.

[229] 张超，陈凯华，穆荣平. 数字创新生态系统：理论构建与未来研究[J]. 科研

管理，2021，42(3)：1-11.

[230] 张培，刘世静. 数字创新生态系统赋能互补者演进过程与内在机制[J]. 科技管理研究，2023，43(10)：179-190.

[231] 张笑楠. 战略性新兴产业创新生态系统共生演化仿真研究[J]. 系统科学学报，2021，29(2)：64-69.

[232] 张治河，高中一. 人工智能产业创新生态系统模型的构建与分析[J]. 科研管理，2023，44(10)：10-21.

[233] 赵天一，王宏起，李玥，等. 新兴产业创新生态系统综合优势形成机理——以新能源汽车产业为例[J]. 科学学研究，2023，41(12)：2267-2278.

[234] 赵艺璇，成琼文，郭波武. 创新生态系统情境下核心企业跨界扩张的实现机制——社会嵌入视角的纵向单案例分析[J]. 南开管理评论，2022，25(6)：52-65.

[235] 赵玉帛，张贵，王宏. 数字经济产业创新生态系统韧性理念、特征与演化机理[J]. 软科学，2022，36(11)：86-95.

[236] 周全，程梦婷，吴绍波，等. 新能源汽车企业创新生态系统协同构建研究[J]. 科研管理，2024，45(4)：32-41.

[237] 曹霞，张鑫. 社会资本对战略性新兴产业协同创新网络的影响研究[J]. 科研管理，2024，45(10)：34-44.

[238] 黄鲁成. 区域技术创新生态系统的制约因子与应变策略[J]. 科学学与科学技术管理，2006，27(11)：93-97.

[239] 刘军，王新华，付莉. 安全生产共生系统中共生单元间的互惠共生模式研究[J]. 管理工程学报，2024，38(6)：201-215.

[240] 苗红，黄鲁成. 区域技术创新生态系统健康评价初探[J]. 科技管理研究，2007，27(11)：101-103.

[241] 蔡冬松，柴艺琳，田志雄. 基于PMC指数模型的吉林省数字经济政策文本量化评价[J]. 情报科学，2021，39(12)：139-145.

[242] 曹霞，张蓝汀，吕丹. 跨界搜索与新兴技术企业责任式创新的关系研究——柔性惯例复制的中介作用和知识场活性的调节作用[J]. 管理评论，2024，36(7)：142-154.

[243] 陈邑早，黄诗华，王圣媛. 我国区域创新生态系统运行效率：基于创新价值链视角[J]. 科研管理，2022，43(7)：11-19.

[244] 储节旺，李佳轩. 知识生态系统视角下的产学研协同共生演化机理研究[J]. 情报科学，2023，41(4)：2-9.

[245] 单子丹，曾燕红，李慧敏，等. 数据资源如何重塑数字创新生态系统多主体竞合关系？——基于智能驾驶数字创新生态系统的解构与重组[J]. 研究与发展管理，2022，34(6)：79-91.

[246] 韩少杰，苏敬勤. 数字化转型企业开放式创新生态系统的构建——理论基础与未来展望[J]. 科学学研究，2023，41(2)：335-347.

[247] 何建洪，李林，朱浩，等. 新兴技术创新生态系统中主体共生演化分析[J]. 中国软科学，2024(1)：186-200.

[248] 贾昌进，张宝建. 技术创新网络社群对创新绩效的影响——以中国电子信息材料专利网络为例[J]. 中国科技论坛，2022(8)：28-38.

[249] 姜忠辉，赵迪，孟朝月，等. 绿色人力资源管理对绿色技术创新的影响——绿色动态能力与组织调节定向的中介及调节作用[J]. 科技进步与对策，2023，40(10)：25-35.

[250] 李东红，陈昱蓉，周平录. 破解颠覆性技术创新的跨界网络治理路径——基于百度Apollo自动驾驶开放平台的案例研究[J]. 管理世界，2021，37(4)：130-159.

[251] 李娜娜，张宝建. 创业生态系统演化：社会资本的理论诠释与未来展望[J]. 科技进步与对策，2021，38(5)：11-18.

[252] 李亚兵，夏月，赵振. 数字时代制度压力对零售企业商业模式创新影响研究——基于资源基础理论动态观[J]. 软科学，2022，36(10)：40-46.

[253] 李煜华，张敬怡，褚祝杰. 技术动荡情境下数字化技术赋能制造企业服务化转型绩效研究——基于资源—能力的链式中介作用[J]. 科学学与科学技术管理，2022，43(11)：161-182.

[254] 刘家树，石洪波，齐昕. 创新链与资金链融合的路径研究——基于区域创新生态系统共生理论框架的组态分析[J]. 科学管理研究，2022，40(1)：153-161.

[255] 刘经涛，宁连举，高琦芳. 数字创新生态系统：内涵、特征与运行机制[J]. 科技管理研究，2023，43(22)：13-22.

[256] 刘洋，董久钰，魏江. 数字创新管理：理论框架与未来研究[J]. 管理世界，2020，36(7)：198-217.

[257] 刘政，万玮，匡慧姝，等. 数字赋能、动态能力与企业双元创新：拓宽还是掘深？[J]. 科学学与科学技术管理，2024(8)：1-22.

[258] 罗秀丽，金晓斌，刘笑杰，等. 共生理论视角下全域土地综合整治助推城市边缘区城乡融合机制与模式[J]. 自然资源学报，2024，39(5)：1053-1067.

[259] 孟方琳，田增瑞，赵袁军，等. 创新生态系统视域下公司创业投资中企业种群间共生演化——基于Logistic扩展模型[J]. 系统管理学报，2022，31(1)：37-52.

[260] 宁连举，刘经涛，肖玉贤，等. 数字创新生态系统共生模式研究[J]. 科学学研究，2022，40(8)：1481-1494.

[261] 曲小瑜. 制度环境、动态能力与高管认知影响中小企业朴素式创新的组态效应[J]. 科研管理，2022，43(11)：103-110.

[262] 盛昭瀚. 管理：从系统性到复杂性[J]. 管理科学学报，2019，22(3)：2-14.

[263] 孙笑明，刘偲，苏屹，等. 预研情境下关键研发者创新绩效提升——知识网络与合作网络的组合视角[J]. 管理评论，2023，35(2)：135-146.

[264] 孙新波，张明超. 工业互联网平台赋能智能制造生态系统构建——基于海尔卡奥斯的案例研究[J]. 经济管理，2023，45(11)：5-26.

[265] 孙永磊，朱壬杰，宋晶. 数字创新生态系统的演化和治理研究[J]. 科学学研究，2023，41(2)：325-334.

[266] 王娟，李岳翰. 数字化进展对企业全要素生产率的影响——基于动态能力的中介和调节作用[J]. 管理评论，2024，36(10)：62-74.

[267] 王开阳，孙倬，陈鹏程. 数字化转型对企业财务绩效的影响：企业动态能力的中介作用和调节作用[J]. 管理评论，2024，36(10)：1-14.

[268] 温兴琦，孙凯新，李诗瑶. 产学研合作、知识吸收能力与企业创新绩效——高管学术背景与政府创新补贴的调节作用[J]. 科技进步与对策，2024，41(15)：55-64.

[269] 吴彬，徐旭初. 农业产业数字化转型：共生系统及其现实困境——基于对甘肃省临洮县的考察[J]. 学习与探索，2022(2)：127-135.

[270] 辛冲，吴怡雯，李明洋，等. 创新生态系统的知识共享困境研究——社会资本的视角[J]. 管理科学，2023，36(4)：44-60.

[271] 辛杰，屠云峰，张晓峰. 平台企业社会责任的共生系统构建研究[J]. 管理评论，2022，34(11)：218-232.

[272] 杨力，刘敦虎，魏奇锋. 共生理论下区域创新生态系统能级提升研究[J]. 科学学研究，2023，41(10)：1897-1909.

[273] 于景元. 钱学森系统科学思想和系统科学体系[J]. 科学决策，2014，27(12)：2-22.

[274] 张广胜，杨春荻. 传统制造业企业数字化转型战略形成的机理研究——基于计划行为理论和资源基础理论的双重视角[J]. 科学学与科学技术管理，2023，44(4)：102-120.

[275] 张影，高长元，王京. 跨界创新联盟生态系统共生演化模型及实证研究[J]. 中国管理科学，2022，30(6)：200-212.

[276] 赵树宽，范雪媛，王泷，等. 企业数字化转型与全要素生产率——基于创新绩效的中介效应[J]. 科技管理研究，2022，42(17)：130-141.

[277] 赵艺璇，成琼文，李紫君. 共生视角下技术主导型与市场主导型创新生态系统价值共创组态路径研究[J]. 科技进步与对策，2022，39(11)：21-30.

[278] 周青，吴翌晨，曹鑫. 基于共生理论的“互联网+”企业创新生态系统关系治理模式研究[J]. 科技管理研究，2024，44(8)：171-181.

附　录

附表A　初始范畴结果

序号	初始范畴	序号	初始范畴	序号	初始范畴	序号	初始范畴
1	运营成本	22	劳动力	43	未来规划	64	区域经济
2	运营效率	23	适应能力	44	职业培训	65	企业注册
3	能源利用效率	24	成本控制	45	职业发展	66	产业集群
4	投入产出比	25	动态评估	46	工时评估	67	区域布局
5	资源动态调度	26	能力提升	47	工人管理	68	区域协同
6	资源利用最大化	27	供需平衡	48	资源储备	69	区域发展
7	碳排放核算	28	人员配置	49	人才筛选	70	企业规模
8	产能利用率	29	人员流动	50	流动监控	71	区域市场
9	资产利用率	30	技能培训	51	绩效评估系统	72	企业分布
10	资产全生命周期	31	职业技能	52	招聘计划	73	企业成长
11	成本效益分析	32	供需匹配	53	技能管理	74	企业数量
12	费用最小化	33	动态调配	54	岗位配置	75	企业扩展
13	系统维护管理	34	需求评估	55	管理调配	76	企业登记
14	数据可视分析	35	智能匹配系统	56	主体结构	77	规模化发展
15	库存周转率	36	人岗匹配	57	中小企业	78	企业增量
16	资源动态优化	37	灵活用工	58	市场主体	79	企业布局
17	风险预警管理	38	劳务派遣	59	企业效益	80	公司注册
18	数字化运营	39	技能开发	60	规模分布	81	规模增长
19	动态反馈机制	40	岗位胜任	61	企业发展	82	区域主体
20	人力成本	41	人才流动	62	规模集群	83	产业融合
21	人力资源	42	效能优化	63	大型企业	84	主体优化

(续表)

序号	初始范畴	序号	初始范畴	序号	初始范畴	序号	初始范畴
85	风险控制	111	客户流量	137	效益分析	163	产出效率
86	增值业务	112	销售目标	138	利润最大化	164	成本约束
87	结构调整	113	销售分析	139	投资回报率	165	资产负债
88	营收	114	产能利用	140	利润分配	166	投资收益
89	销售额	115	业务跟踪	141	利润率	167	成本管控
90	成本效益	116	成本结构	142	盈亏平衡	168	收益评估
91	定价策略	117	市场细分	143	净利润	169	规模扩展
92	财务指标	118	业务收入	144	毛利率	170	投资规划
93	目标分解	119	增量分析	145	边际收益	171	资源适配
94	业务目标	120	收入水平	146	利润增长	172	规模效应
95	市场空间	121	业务分析模型	147	收益分析	173	投资回收
96	销售预测	122	收益目标	148	盈利空间	174	产业升级
97	财务分析	123	收益风险	149	收益优化	175	资金周转
98	营业额	124	渠道分析	150	经营利润	176	规模控制
99	市场分析	125	业绩分析	151	盈利分析	177	价值实现
100	产品优化	126	市场拓展	152	利润预测	178	产业价值链
101	业务分布	127	资源效益	153	结构优化	179	资产分布
102	市场开发	128	销售潜力	154	资源共享	180	资源集约
103	客户分析	129	业务核心指标	155	投资成本	181	资源动态管理
104	收入预测	130	区域销售	156	资源优化	182	资产运营
105	利润空间	131	业务占比	157	价值评估	183	资产安全性
106	业务稳定性	132	产品结构优化	158	资源占用率	184	信号传输
107	市场份额	133	客户贡献	159	盈利能力	185	无线信号
108	营业收入	134	资金回流	160	收益分配	186	数据中心
109	产品收益	135	盈利	161	资产配置	187	通信网络
110	销售收入	136	收益率	162	资源投放	188	网络拓扑

(续表)

序号	初始范畴	序号	初始范畴	序号	初始范畴	序号	初始范畴
189	边缘计算	215	基站建设	241	网络互通	267	通信覆盖范围
190	无线接入	216	基站管理	242	高性能网络	268	线路覆盖
191	通信链路	217	基站数量	243	资源池化	269	固定电话线路
192	通信基站	218	信号分发	244	网络密度	270	服务接入点
193	通信传输	219	基站维护	245	端到端传输	271	固定电话用户
194	移动通信网络	220	光纤铺设	246	带宽容量	272	移动电话
195	频谱资源	221	资源共享平台	247	光纤覆盖	273	移动用户
196	传输带宽	222	网络智能化	248	带宽共享	274	信号覆盖
197	5G基站	223	无线宽带网络	249	用户接入控制	275	手机用户
198	蜂窝网络	224	宽带基站	250	高效数据传输	276	用户数量
199	网络负载	225	基站功率	251	网络运行效率	277	区域覆盖
200	移动基站	226	基站选址	252	资源调度平台	278	移动终端用户
201	网络延迟	227	移动设备接入	253	区域接入	279	信号覆盖范围
202	网络吞吐量	228	信号覆盖率	254	互联网宽带	280	网络接入点
203	通信频段	229	基站升级	255	网络连接稳定	281	网络传输速率
204	网络容量	230	动态频谱管理	256	宽带管理	282	移动终端接入
205	网络安全防护	231	网络全覆盖	257	多节点组网	283	基站覆盖范围
206	数据传输链	232	小区分布	258	资源配置	284	信号优化
207	流量管理	233	数据负载均衡	259	信号稳定性	285	通信网络资源
208	资源调配	234	无线网络架构	260	信号传输稳定	286	移动电话用户
209	设备互联	235	基站布局	261	电话用户	287	移动通信用户
210	通信容量	236	覆盖率提升	262	固定线路	288	移动网络用户
211	小区覆盖	237	网络运维成本	263	用户分布	289	基站密度
212	无线通信传输	238	接入点管理	264	线路资源	290	用户数据流量
213	无线网络覆盖	239	接入线路	265	通信网络覆盖	291	网络优化策略
214	移动物联网	240	网络传输效率	266	通信服务质量	292	用户体验分析

(续表)

序号	初始范畴	序号	初始范畴	序号	初始范畴	序号	初始范畴
293	资源利用率	319	设备运维管理	345	数据传输优化	371	电话交换
294	数据传输速率	320	设备配置管理	346	光缆网络	372	设备状态监测
295	资源利用效率	321	网络投资	347	光纤信号传输	373	网络维护
296	网络负载均衡	322	资本投入	348	线路建设	374	电话交换机
297	接入用户	323	网络设备升级	349	光纤数据传输	375	设备稳定性
298	服务质量保障	324	设备运维成本	350	光缆长度	376	设备部署
299	数据资源管理	325	设备寿命评估	351	光纤链路传输	377	网络交换设备
300	用户密度	326	光纤通信	352	光缆维护	378	通信网络设备
301	带宽分配策略	327	通信线路	353	网络承载能力	379	硬件升级
302	网络连通率	328	光纤网络	354	光缆布线	380	设备状态评估
303	用户规模	329	光纤接入	355	线路投资	381	设备稳定运行
304	服务可达性	330	通信光缆	356	通信网络规划	382	设备规划
305	资源动态配置	331	网络资源利用	357	网络光缆	383	设备使用率
306	接入资源配置	332	光纤线路	358	线路规划方案	384	终端设备配置
307	用户分布密度	333	网络扩展	359	光纤带宽	385	通信网络优化
308	服务资源匹配	334	光缆线路	360	光纤维护	386	设备故障监测
309	用户覆盖范围	335	资源分配方案	361	网络布线系统	387	设备生命周期
310	带宽资源调度	336	光纤传输系统	362	光缆设施	388	设备数据管理
311	资源动态调配	337	光缆铺设	363	资源分配评估	389	通信硬件
312	用户接入能力	338	光缆传输	364	移动终端	390	网络设备维护
313	电信设备	339	基础设施建设	365	终端设备	391	设备互联互通
314	投资回报	340	高速光纤	366	通信设备	392	硬件资源配置
315	网络资源配置	341	网络扩容	367	网络设备	393	设备智能管理
316	基础设施管理	342	光纤回路	368	交换设备	394	设备资产管理
317	资源配置效率	343	光纤布线	369	移动终端设备	395	移动设备管理
318	设备替换	344	网络光纤	370	移动通信设备	396	硬件资源管理

(续表)

序号	初始范畴	序号	初始范畴	序号	初始范畴	序号	初始范畴
397	网络设备资源	422	电信业务	447	通信服务能力	472	终端设备接入
398	设备规模	423	业务发展	448	市场数据分析	473	用户扩展
399	设备扩容	424	网络承载	449	服务发展	474	网络资源优化
400	移动网络设备	425	市场发展	450	通信覆盖	475	用户终端接入
401	设备性能评估	426	通信资源管理	451	普及率	476	用户覆盖率
402	移动设备安全	427	服务升级	452	移动网络覆盖	477	宽带服务
403	硬件设备管理	428	业务覆盖	453	服务覆盖	478	用户增长
404	移动终端资源	429	服务优化	454	网络覆盖率	479	宽带覆盖
405	设备动态管理	430	业务优化	455	移动覆盖	480	区域覆盖优化
406	设备负载均衡	431	业务评估	456	数据覆盖率	481	用户普及
407	设备资源共享	432	电信服务	457	服务覆盖范围	482	网络连接质量
408	交换机升级	433	服务扩展	458	手机普及	483	接入优化
409	交换机容量	434	业务增长	459	网络接入	484	网络接入能力
410	设备部署方案	435	业务承载能力	460	网络覆盖	485	带宽资源优化
411	通信设备集成	436	市场评估	461	网络用户	486	服务网络优化
412	网络设备部署	437	市场规模	462	用户服务	487	网络普及
413	用户需求	438	服务用户数	463	接入服务	488	终端网络接入
414	数据流量	439	业务规模	464	宽带接入	489	终端用户接入
415	市场竞争力	440	业务覆盖范围	465	互联网用户	490	固定资产
416	运营管理	441	运营数据分析	466	用户接入	491	设备投资
417	通信业务	442	市场优化	467	互联网接入	492	通信设施
418	数据传输量	443	网络服务能力	468	网络覆盖范围	493	设备扩展
419	电信运营	444	通信网络容量	469	宽带接入服务	494	通信优化
420	业务扩展	445	客户服务需求	470	宽带用户	495	设施建设
421	市场潜力	446	服务扩容	471	用户覆盖	496	固定资产管理

(续表)

序号	初始范畴	序号	初始范畴	序号	初始范畴	序号	初始范畴
497	投资规模	523	网络优化	549	移动信号覆盖	575	用户信息推送
498	固定通信	524	无线设备	550	移动设备配置	576	服务质量优化
499	设备评估	525	设备升级	551	设备生命周期管理	577	平台资源管理
500	固定网络	526	无线通信设备	552	通信投资	578	短信技术
501	网络升级	527	移动服务	553	无线基础设施	579	短信用户
502	固定服务	528	网络建设	554	通信基站建设	580	用户覆盖面
503	通信网络管理	529	设备采购	555	5G网络建设	581	用户渗透率
504	设备发展	530	设施管理	556	通信网络维护	582	移动短消息
505	固定资产投资	531	无线传输设备	557	移动设备扩展	583	短消息技术
506	通信设备运行	532	设备优化	558	移动通信	584	智能短信平台
507	通信网络建设	533	网络设施	559	通信服务	585	网络服务
508	通信设备维护	534	网络资源管理	560	短信发送	586	网络通信
509	通信设备升级	535	设施维护	561	业务量	587	互联互通
510	基础设施投资	536	设备运行管理	562	用户行为分析	588	电话网络
511	通信设备配置	537	通信基础设施	563	通信扩展	589	通话质量
512	资本支出	538	无线网络优化	564	短信服务	590	网络服务质量
513	设备运营管理	539	设备建设	565	短信平台	591	电话服务
514	设备维护周期	540	网络信号质量	566	移动业务	592	网络互联
515	基础设施维护	541	移动数据传输	567	用户活跃度	593	通信时间
516	无线通信	542	无线数据网络	568	短信业务	594	电话通信
517	无线网络	543	移动网络传输	569	用户数据分析	595	网络基础设施
518	移动设备	544	设施优化	570	短信应用	596	通话时长
519	设备管理	545	无线资源配置	571	用户需求分析	597	通信互联
520	移动网络	546	无线网络规划	572	短消息服务	598	电话通话
521	设备维护	547	设备资源配置	573	用户体验提升	599	电话连接
522	移动通信技术	548	网络运维管理	574	移动短信	600	通话服务

(续表)

序号	初始范畴	序号	初始范畴	序号	初始范畴	序号	初始范畴
601	资源配置优化	606	通信时长	611	服务资源调度	616	线路管理系统
602	网络覆盖优化	607	网络故障恢复	612	服务质量提升	617	网络响应速度
603	网络通信服务	608	语音质量评估	613	互联服务		
604	服务响应时间	609	网络覆盖评估	614	通话接通率		
605	通话管理	610	语音通话质量	615	网络节点优化		

附表B　轴心编码结果

编号	主范畴	初始范畴示例
M01	业务优化与管理	市场优化、服务优化、业务评估、市场分析、业务稳定性
M02	通信设备资源管理	基站数量、基站密度、基站布局、设备配置、设备资源共享
M03	动态资源调度	网络负载均衡、资源动态配置、动态频谱管理、信号传输稳定、资源池化
M04	业务营收分析	销售额、营收、利润预测、业务目标、收入预测
M05	宽带覆盖管理	网络节点、网络带宽、传输速率、信号覆盖、线路资源
M06	业务结构调整	结构优化、增值业务、业务核心指标、目标分解、产品优化
M07	能源利用管理	能源利用效率、碳排放核算、产能利用率、资源动态调度、资产利用率
M08	资产管理效率	资产利用率、资产全生命周期、价值评估、资源占用率、资源优化
M09	通信基础设施投资	基础设施建设、通信基站建设、固定通信、无线基础设施、资本支出
M10	用户服务与普及	服务覆盖率、用户覆盖率、移动普及率、宽带接入普及率、用户需求分析
M11	运营成本管控	成本控制、成本结构、成本效益、资源配置效率、费用最小化
M12	移动通信资源管理	移动网络、移动基站、移动设备接入、移动用户覆盖、移动服务
M13	网络基础设施规模	数据中心、网络拓扑、信号传输、边缘计算、无线接入
M14	产业升级规划	价值评估、产业升级、规模扩展、产业集群、区域协同
M15	动态管理机制	风险预警管理、动态反馈机制、灵活用工、流动监控、动态评估
M16	设备生命周期管理	设备维护周期、设备稳定性、设备规划、设备资产管理、硬件升级
M17	劳动力管理	人力资源、灵活用工、适应能力、人岗匹配、动态评估
M18	供应链效率	库存周转率、风险预警管理、资源动态优化、供需平衡、数据可视分析
M19	硬件设备优化	设备互联、设备资源配置、设备升级、设备智能管理、设备生命周期
M20	通信设备投资	设备投资、设备扩展、设备升级、固定资产投资、资本支出

(续表)

编号	主范畴	初始范畴示例
M21	生产资源配置	资源调度、资源储备、能力提升、系统维护管理、投入产出比
M22	业务增长潜力	用户增长、业务增长、市场潜力、区域覆盖优化、业务覆盖
M23	资源调度与优化	动态资源调配、资源共享平台、资源优化配置、动态频谱管理、调度效率
M24	数据传输效率优化	数据传输速率、带宽容量、信号优化、光纤数据传输、传输带宽
M25	运营成本管理	运营成本、成本控制、成本效益分析、费用最小化、动态调配
M26	光纤资源管理	光纤传输、光纤网络、光纤铺设、光缆线路、线路建设
M27	投资回报管理	投资收益、投资回报率、收益优化、资金回流、资本投入
M28	市场规模与扩展	市场主体、企业规模、规模分布、企业数量、区域市场
M29	用户接入服务	网络接入、服务覆盖、用户终端接入、接入服务、网络普及
M30	资源利用率优化	资源动态调配、资源共享、资源优化、带宽共享、资源占用率
M31	终端设备投资管理	终端设备、设备运维成本、设备配置管理、设备互联互通、设备部署方案
M32	网络智能化发展	网络资源利用、网络智能化、动态调配系统、资源配置平台、智能匹配系统
M33	服务网络优化	网络优化策略、服务网络优化、接入优化、信号优化、终端用户接入
M34	宽带资源配置	宽带管理、宽带覆盖、宽带接入、网络负载均衡、用户覆盖率
M35	服务扩容与升级	服务扩展、业务优化、服务升级、用户服务扩容、通信优化
M36	用户覆盖水平	电话用户、移动用户、用户规模、用户数量、手机用户
M37	产业资产配置	资产分布、资产运营、资源动态管理、资源适配、产业升级
M38	通信网络运行	通信优化、网络运行效率、通信网络管理、网络故障恢复、网络响应速度
M39	利润率优化	利润率、收益分析、投资回报率、利润最大化、净利润
M40	运营效率提升	运营效率、投入产出比、资源利用最大化、数字化运营、动态反馈机制